Rechtsfolgen einer Interessenkollision
bei AG-Vorstandsmitgliedern

Europäische Hochschulschriften

Publications Universitaires Européennes

European University Studies

Reihe II

Rechtswissenschaft

Série II Series II

Droit

Law

Bd./Vol. 4077

PETER LANG

Frankfurt am Main · Berlin · Bern · Bruxelles · New York · Oxford · Wien

Pamela Maria Baumanns

Rechtsfolgen einer Interessenkollision bei AG-Vorstandsmitgliedern

PETER LANG
Europäischer Verlag der Wissenschaften

Bibliografische Information Der Deutschen Bibliothek
Die Deutsche Bibliothek verzeichnet diese Publikation in der Deutschen Nationalbibliografie; detaillierte bibliografische Daten sind im Internet über <http://dnb.ddb.de> abrufbar.

Zugl.: Saarbrücken, Univ., Diss., 2004

D 291
ISSN 0531-7312
ISBN 3-631-53269-5

www.peterlang.de

Dem Andenken an meine Mutter

Hedy Baumanns

Vorwort

Diese Arbeit lag im Sommersemester 2004 dem Fachbereich Rechtswissenschaft der Rechts- und Wirtschaftswissenschaftlichen Fakultät der Universität des Saarlandes als Dissertation vor.

Mein besonderer Dank gilt Herrn Prof. Dr. Dr. Dr. h.c. Michael Martinek M.C.J. (New York) für seine Betreuung während der Entstehung der Arbeit und des Promotionsverfahrens. Danken möchte ich auch Frau Dr. Susanne Wimmer-Leonhardt für die Übernahme und rasche Erstellung des Zweitgutachtens.

Martin Glaser danke ich für seine Unterstützung und scheinbar unendliche Geduld während der Anfertigung der Arbeit.

Stuttgart, im August 2004

Pamela Maria Baumanns

INHALTSVERZEICHNIS

I. Einleitung 1

1. Gegenstand der Dissertation 1
   a) Allgemeines 1
   b) Eingrenzung des Themas 1

2. Praktische Relevanz des Themas 2

3. Aufbau der Dissertation 3

II. Pflicht zur Offenbarung von Interessenkollisionen 5

1. Einleitung 5

2. Pflichten der Vorstandsmitglieder nach § 93 Abs. 1 AktG 6
   a) Grundsätze 6
   b) Allgemeine Verhaltenspflichten 8
      aa) Sorge für ein rechtmäßiges Verhalten der Aktiengesellschaft nach außen 8
      bb) Sorge für die Rechtmäßigkeit der Organisation der Aktiengesellschaft 8
      cc) Beachtung der Regeln sorgfältiger Unternehmensleitung 9
   c) Treuepflicht 9
   d) Weitere Pflichten 11
      aa) Schweigepflicht nach § 93 Abs. 1 Satz 2 AktG 11
      bb) Berichtspflichten des Vorstands nach § 90 AktG 11
      cc) Pflichten bei Verlust, Überschuldung und Zahlungsunfähigkeit nach § 92 AktG 12
      dd) Pflichten im Zusammenhang mit der Hauptversammlung 12
      ee) Wettbewerbsverbot nach § 88 AktG 13
         (1) Allgemeines 13
         (2) Anwendbarkeit auf die Fallbeispiele 14
      ff) Sonstige Mitteilungs-, Bekanntmachungs- und Berichtspflichten 16

3. Pflichten nach dem Corporate Governance Kodex 16
   a) Entstehungsgeschichte 16
   b) Aufbau des Corporate Governance Kodex 18
   c) Rechtsnatur der Empfehlungen des Corporate Governance Kodex 19
      aa) Allgemeines 19
      bb) Vergleichbarkeit mit § 342 HGB 21
         (1) Allgemeines zu § 342 HGB 21

(2) Vergleichbarkeit der Empfehlungen des Corporate Governance Kodex mit den DRS ... 22

cc) Einordnung als Handelsbrauch ... 24

dd) Vergleichbarkeit mit anderen Regelwerken ... 24

(1) Allgemeines zu den Insiderhandels-Richtlinien ... 25

(2) Allgemeines zum Übernahmekodex ... 25

(3) Rechtsnatur der Anerkennung im Rahmen des Übernahmekodex ... 26

(4) Sanktionen für Verstöße ... 28

(5) Unterschiede der Kodex-Empfehlungen gegenüber den Insiderhandels-Richtlinien und dem Übernahmekodex ... 28

ee) Konkretisierung des Sorgfaltsmaßstabs ... 29

ff) Ergebnis zu c) ... 30

d) Wirkung der Abgabe der Entsprechenserklärung ... 31

aa) Schuldner der Verpflichtung zur Abgabe der Entsprechenserklärung ... 31

bb) Inhalt der Entsprechenserklärung ... 31

cc) Bindung an die Entsprechenserklärung ... 33

dd) Unterjährige Korrektur der Entsprechenserklärung ... 35

ee) Ergebnis zu d) ... 36

4. Ableitung einer Offenbarungspflicht aus den unter 2. und 3. dargestellten Pflichten ... 37

a) Ableitung einer Offenbarungspflicht aus den zu § 93 AktG dargestellten Grundsätzen ... 37

aa) Allgemeines ... 37

bb) Allgemeine Verhaltenspflichten ... 38

cc) Treuepflicht ... 41

dd) Rechtsprechung ... 45

ee) Übertragung der Grundsätze zur Interessenkollision bei Aufsichtsratsmitgliedern ... 47

ff) Ergebnis zu a) ... 50

b) Ableitung einer Offenbarungspflicht aus dem Corporate Governance Kodex ... 51

aa) Umwandlung der Kodex-Empfehlungen in rechtlich verbindliche Verhaltenspflichten ... 51

(1) Allgemeines ... 51

(2) Regelung im Anstellungsvertrag ... 51

(3) Regelung in der Satzung ... 52

(4) Regelung in der Geschäftsordnung ... 52

(5) Regelung durch Organbeschluss ... 54

(a) Geeignetheit eines Vorstandsbeschlusses ... 55

(b) Einstimmigkeit ... 55

(c) Inhalt des Vorstandsbeschlusses ... 56
(d) Vorgehen bei neuen Vorstandsmitgliedern ... 57
(6) Ergebnis zu aa) ... 57
bb) Verpflichtung zur Befolgung der Kodex-Empfehlungen auf Grund der allgemeinen Sorgfaltspflicht ... 57
cc) Ergebnis zu b) ... 61
c) Ergebnis zu 4. ... 61

5. Ergebnis zu II. ... 62

III. Vertretung der Aktiengesellschaft beim Vertragsschluss und Zuständigkeit für vorbereitende Maßnahmen ... 63

1. Einleitung ... 63

2. Vertretungsbefugnis des Aufsichtsrats ... 63
a) Allgemeines ... 63
b) Analoge Anwendung des § 112 AktG ... 64
aa) Analoge Anwendung auf Variante a) des ersten Fallbeispiels ... 64
(1) Rechtsprechung ... 65
(2) Literatur ... 66
(3) Gegenauffassung von *Fischer* ... 66
(4) Stellungnahme ... 68
bb) Analoge Anwendung auf Variante b) und c) des ersten Fallbeispiels ... 71
cc) Analoge Anwendung auf das zweite Fallbeispiel ... 72
dd) Ergebnis zu b) ... 73
c) Rechtsfolge eines Verstoßes gegen § 112 AktG ... 74
aa) Darstellung des Streitstandes ... 74
bb) Stellungnahme ... 75
cc) Ergebnis zu c) ... 77

3. Ausschluss der Vertretungsbefugnis des Vorstandsmitglieds nach § 181 BGB ... 78
a) Allgemeines ... 78
b) Analoge Anwendung ... 78
c) Ergebnis zu 3. ... 80

4. Ergebnis zu III. ... 80

IV. Stimmrechtsausschluss für Vorstandsbeschlüsse und Teilnahmeverbot für Vorstandssitzungen 81

1. Einleitung 81

2. Praktischer Anwendungsbereich 82
   a) Keine Abweichung vom Prinzip der Gesamtgeschäftsführung und der Gesamtvertretung 82
   b) Unanwendbarkeit von § 112 AktG 83

3. Analoge Anwendung mitgliedschaftlicher Stimmverbote 83
   a) Planwidrige Regelungslücke 83
      aa) Variante b) und c) des ersten Fallbeispiels 84
      bb) Zweites Fallbeispiel 87
      cc) Ergebnis zu a) 89
   b) Vergleichbarkeit der Fallbeispiele mit den Tatbeständen der §§ 136 Abs. 1, 142 Abs. 1 AktG 89
      aa) Allgemeines 89
      bb) Vergleichbarkeit 90
      cc) Ergebnis zu b) 92
   c) Vergleichbarkeit der Fallbeispiele mit den Tatbeständen des § 47 GmbH 92
      aa) Allgemeines 92
      bb) Einzelheiten zur Vergleichbarkeit 93
         (1) Analoge Anwendung des § 47 Abs. 4 GmbHG auf einen GmbH-Gesellschafter, der an einer Drittgesellschaft beteiligt ist 93
         (2) Übertragbarkeit des Meinungsstreits zur analogen Anwendung von § 47 Abs. 4 GmbHG 95
      cc) Ergebnis zu c) 97
   d) Ergebnis zu 3. 97

4. § 181 BGB 97
   a) Rechtsprechung des *Bundesgerichtshofs* 98
   b) Die Auffassung von *Hübner* 98
   c) Stellungnahme 99
   d) Ergebnis zu 4. 101

5. §§ 28, 34 BGB 101
   a) Allgemeines 101
   b) Vergleichbarkeit 102
   c) Ergebnis zu 5. 107

6. Bestehen eines allgemeinen Rechtsgrundsatzes 107
a) Allgemeines 107
b) Darstellung des Meinungsstands 108
c) Stellungnahme 109
d) Ergebnis zu 6. 110

7. Treu und Glauben 110
a) Darstellung des Meinungsstands 110
b) Stellungnahme 112
c) Ergebnis zu 7. 113

8. Sorgfalts- und Treuepflicht 113
a) Die Auffassung von *Engfer* 113
b) Stellungnahme 114
c) Ergebnis zu 8. 116

9. Zwischenergebnis zu 3. bis 8. 116

10. Rechtsfolgen eines Verstoßes gegen ein Stimmverbot 116
a) Darstellung des Meinungsstands 116
aa) Allgemeines 116
bb) Nichtigkeit des Beschlusses 117
cc) Differenzierung zwischen nichtigen und anfechtbaren Beschlüssen 118
dd) Wirksamkeit des Beschlusses 120
b) Stellungnahme 121
c) Geltendmachung der Rechtsfolgen von Verstößen gegen das Stimmverbot 122
aa) Klageart 123
(1) Analoge Anwendung der §§ 241 ff. AktG 123
(2) Ablehnung einer analogen Anwendung der §§ 241 ff. AktG 124
(3) Stellungnahme 125
bb) Weitere Einzelheiten zur gerichtlichen Geltendmachung 127
(1) Klagegegner 127
(2) Kläger 128
(a) Vorstandsmitglieder 128
(b) Aufsichtsrat 128
(c) Einzelne Aufsichtsratsmitglieder 133
(d) Aktionäre und Dritte 135
(3) Frist 135
(4) Urteilswirkungen 136

11. Teilnahmeverbot ... 137

12. Ergebnis zu IV. ... 138

V. Schadensersatzverpflichtungen des Vorstandsmitglieds ... 139

1. Einleitung ... 139

2. Schadensersatzpflicht aus § 93 Abs. 2 AktG ... 140
   a) Allgemeines ... 140
   b) Pflichtverletzung ... 140
   c) Verschulden ... 141
      aa) Allgemeines ... 141
      bb) Verletzung der Offenbarungspflicht bei nicht auflösbarer Interessenkollision ... 141
      cc) Verletzung der Offenbarungspflicht bei Bestehen eines Stimmverbots sowie bei Verstoß gegen das Stimmverbot ... 142
      dd) Verletzung der Offenbarungspflicht bei Anwendbarkeit des § 112 AktG ... 142
      ee) Verletzung der Sorgfaltspflicht durch Verstoß gegen Ziffer 4.3.4 Corporate Governance Kodex ... 142
      ff) Ergebnis zu c) ... 143
   d) Schaden ... 143
      aa) Allgemeines ... 143
      bb) Verletzung der Offenbarungspflicht bei nicht auflösbarer Interessenkollision ... 143
      cc) Verletzung der Offenbarungspflicht bei Bestehen eines Stimmverbots sowie Verstoß gegen das Stimmverbot ... 144
      dd) Verletzung der Offenbarungspflicht bei Anwendbarkeit des § 112 AktG ... 146
      ee) Verletzung der Sorgfaltspflicht durch den Verstoß gegen Ziffer 4.3.4 Corporate Governance Kodex ... 147
      ff) Ergebnis zu d) ... 148
   e) Anspruchsinhaber ... 148
   f) Beweislast ... 149
   g) Ergebnis zu 2. ... 149

3. Schadensersatzanspruch der Aktionäre aus § 823 Abs. 1 und Abs. 2 BGB ... 150
   a) Allgemeines ... 150
   b) § 823 Abs. 1 BGB ... 150
   c) § 823 Abs. 2 BGB ... 152
   d) Ergebnis zu 3. ... 153

4. Schadensersatzanspruch der Aktionäre aus § 826 BGB 154

5. Sonstige Schadensersatzansprüche der Aktionäre 155

6. Ergebnis zu V. 155

VI. Regelungen zu Interessenkollisionen in anderen Rechtsordnungen 157

1. Regelungen auf der Ebene der Europäischen Union 157
   a) Strukturrichtlinie 157
   b) Statut der Europäischen Aktiengesellschaft 158
   c) Aktueller Stand 160

2. Regelungen in Frankreich 160
   a) Grundzüge der geltenden Regelungen 160
   b) Einzelheiten 161
      aa) Definition der *convention* 161
      bb) Erfasste Vereinbarungen 162
         (1) Vereinbarungen mit Mitgliedern der Leitungs- und Aufsichtsorgane 162
         (2) Vereinbarungen, an denen Mitglieder der Leitungs- und Aufsichtsorgane ein indirektes Interesse haben 163
         (3) Vereinbarungen mit Unternehmen, zu denen die Organmitglieder besondere Beziehungen unterhalten 163
      cc) Nicht erfasste Vereinbarungen 164
      dd) Verfahrensablauf 164

3. Regelungen in den USA 166
   a) Allgemeines 166
   b) Regelungen zu Interessenkollisionen in den Bundesstaaten 167
      aa) Geschichtliche Entwicklung 167
      bb) Gemeinsamkeiten der einzelstaatlichen Regelungen 168
      cc) Regelungen in Delaware, New York und Kalifornien 170
         (1) Delaware 170
         (2) Kalifornien 172
         (3) New York 173
   c) Principles of Corporate Governance 174
   d) Regelungen zu Interessenkollisionen nach dem Sarbanes-Oxley Act 176

4. Zusammenfassung zu VI. 177

VII. Thesen ... 179

1. Pflicht zur Offenbarung von Interessenkonflikten ... 179

2. Vertretung der Aktiengesellschaft beim Vorliegen von Interessenkollisionen ... 180

3. Bestehen eines Stimmrechtsausschlusses sowie eines Teilnahme verbots beim Vorliegen einer Interessenkollision ... 180

4. Schadensersatzverpflichtungen des befangenen Vorstandsmitglieds .. 180

LITERATURVERZEICHNIS

Abram, Nils
- Ansprüche von Anlegern wegen Verstoßes gegen Publizitätspflichten oder den Deutschen Corporate Governance Kodex?, in: NZG 2003, 307-313
- Ansprüche von Anlegern wegen Verstoßes gegen § 161 AktG oder den Deutschen Corporate Governance Kodex - ein Literaturbericht, in: ZBB 2003, 41-58

American Law Institute
- Principles of Corporate Governance: Analysis and Recommendations, Volume 1 Parts I-IV §§ 1.01-6.02, As Adopted and Promulgated by the American Law Institute at Washington, D.C. May 13, 1992, St. Paul, Minnesota 1994

Armbrüster, Christian
- Wettbewerbsverbote im Kapitalgesellschaftsrecht, in: ZIP 1997, 1269-1279

Assmann, Heinz-Dieter
- Verhaltensregeln für freiwillige öffentliche Übernahmeangebote, in: AG 1995, 563-572

Axhausen, Michael
- Anfechtbarkeit aktienrechtlicher Aufsichtsratsbeschlüsse, Frankfurt am Main 1986

Balensi, Yvan
- Les conventions entre les sociétés commerciales et leurs dirigeants, Paris 1975

Bastuck, Burkhard
- Enthaftung des Managements, Köln, Berlin, Bonn, München 1986

Baumbach, Adolf; Hopt, Klaus J.
- Handelsgesetzbuch, 31. Aufl., München 2003
- Handelsgesetzbuch, 29. Aufl., München 1995

Baumbach, Adolf; Hueck, Alfred
- GmbH Gesetz, 17. Aufl., München 2000

Baums, Theodor
- Der fehlerhafte Aufsichtsratsbeschluß, in: ZGR 1983, 300-344

Baums, Theodor (Hrsg.)
- Bericht der Regierungskommission Corporate Governance, Unternehmensführung - Unternehmenskontrolle - Modernisierung des Aktienrechts, Frankfurt 2001

Behr, Volker
- Teilnahmerecht und Mitwirkungsmöglichkeit des Aufsichtsratsmitglieds bei der Aufsichtsratssitzung, in: AG 1984, 281-287

Berg, Stefan; Stöcker, Mathias
- Anwendungs- und Haftungsragen zum Deutschen Corporate Governance Kodex, in: WM 2002, 1569-1582

Beveridge, Norwood P.
- Interested Director Contracts at Common Law: Validation under the Doctrine of Constructive Fraud, in: Loyola of Los Angeles Law Review, Vol. 33:97, S. 97-130, abrufbar unter http://llr.lls.edu/volumes/v33-issue1/ beveridge.pdf

Black, Bernard S.
- The Core Fiduciary Duties of Outside Directors, Stanford Law School, John M. Olin Program in Law and Economics, Working Paper No. 219, abrufbar unter www.stanford.edu/~bblack/corporations/readings.html

Bork, Reinhard
- Materiell-rechtliche und prozeßrechtliche Probleme des Organstreits zwischen Vorstand und Aufsichtsrat einer Aktiengesellschaft, in: ZGR 1989, 1-43

Brücher, Horst
- Ist der Aufsichtsrat einer Gesellschaft befugt, gegen den Vorstand oder die Geschäftsführung zu klagen?, in: AG 1989, 190-193

Canaris, Claus-Wilhelm
- Handelsrecht, 23. Aufl., München 2000

Claussen, Carsten Peter; Bröcker, Norbert
- Der Corporate Governance-Kodex aus der Perspektive der kleinen und mittleren Börsen-AG, in: DB 2002, 1199-1206

Cromme, Gerhard
- Ausführungen von Dr. Gerhard Cromme anlässlich der Veröffentlichung des Entwurfs Deutscher Corporate Governance-Kodex am 18. Dezember 2001 in Düsseldorf, abrufbar unter www.corporate-governance-code.de
- Ausführungen von Dr. Gerhard Cromme anlässlich der Pressekonferenz nach Übergabe des Deutschen Corporate Governance-Kodex an die Bundesministerin der Justiz Frau Prof. Dr. Herta Däubler-Gmelin am 26. Februar 2002 in Berlin, abrufbar unter www.corporate-governance-code.de

Deckert, Martina R.
- Inkompatibilitäten und Interessenkonflikte, in: DZWir 1996, 406-411

Dose, Stefan
- Die Rechtsstellung der Vorstandsmitglieder einer Aktiengesellschaft, 3. Aufl., Köln 1975

Dreher, Meinrad
- Interessenkonflikte bei Aufsichtsratsmitgliedern von Aktiengesellschaften, in: JZ 1990, 896-904

Engfer, Klaus
- Der Ausschluß des organschaftlichen Stimmrechts bei Interessenkollision, Frankfurt am Main 1970

Erhardt, Olaf; Nowak, Eric
- Die Durchsetzung von Corporate-Governance-Regeln, in: AG 2002, 336-345

Erman, Bürgerliches Gesetzbuch (hrsg. von Westermann, Harm Peter)
- Band I, 10. Aufl., Münster; Köln 2000
  zitiert als: *Erman/Bearbeiter*

Ernst, Christoph
- Überblick über die Änderungen des Handelsgesetzbuchs zu Rechnungslegung und Abschlußprüfung, in: Reform des Aktienrechts, der Rechnungslegung und Prüfung, Stuttgart 1999, herausgegeben von Dörner, Dietrich; Menold, Dieter, Pfitzer, Norbert, S. 321-367

Ettinger, Jochen; Grützediek, Elke
- Haftungsrisiken im Zusammenhang mit der Abgabe der Corporate Governance Entsprechenserklärung gemäß § 161 AktG, in: AG 2003, 353-366

Europäische Kommission
- Comparative Study Of Corporate Governance Codes Relevant to the European Union And Its Member States On behalf of the EUROPEAN COMMISSION, Internal Market Directorate General, Final Report & Annexes I-III, January 2002
  zitiert als: *Comparative Study*
- Synthesis of the responses to the Communication of the Commission to the Council and the European Parliament, "Modernising Company Law and Enhancing Corporate Governance in the European Union - A Plan to Move Forward" - COM(2003) 284 final of 21 May 2003, A Working Document of DG Internal Market, abrufbar unter http://europa.eu.int/comm/internal_market/en/company/company/modern/governance-consult-responses_en.pdf
  zitiert als: *Synthesis*

Fischer, Klaus K.
- Vertretung einer Aktiengesellschaft durch den Aufsichtsrat - Auslegungsprobleme des § 112 AktG aus notarieller Sicht -, in: ZnotP 2002, 297-303

Folk, Ernest L.
- The Delaware General Corporation Law, A Commentary and Analysis, Wilmington, Delaware 1972

Geßler, Ernst; Hefermehl, Wolfgang; Eckhardt, Ulrich; Kropff, Bruno
- Aktiengesetz, Kommentar, Band II, §§ 76-147, Lfg. 5, München 1974

Giesen, Hans-Michael
- Organhandeln und Interessenkonflikt, Berlin 1984

Goldschmit, Friedrich
- Das Recht des Aufsichtsrats, Berlin 1922

Götz, Heinrich
- Rechtsfolgen fehlerhafter Aufsichtsratsbeschlüsse, Analoge Anwendung der §§ 241 ff. AktG?, in: Verfahrensrecht am Ausgang des 20. Jahrhunderts, Festschrift für Gerhard Lüke zum 70. Geburtstag, München 1997

Groß, Wolfgang
- Übernahmekodex für öffentliche Übernahmeangebote: Anerkennung und Rolle des begleitenden Wertpapierdienstleistungsunternehmens, in: DB 1996, 1909-1914

Großkommentar zum Aktiengesetz (begr. von Gadow, W., Heinichen, E. u.a., hrsg. von Hopt, Klaus J.; Wiedemann, Herbert)
- §§ 76-147, 3. Aufl., Berlin, New York 1973
- §§ 76-83, 4. Aufl., Berlin, New York 2003
- §§ 92-94, 4. Aufl., Berlin, New York 1999
  zitiert als: *Großkomm. AktG/Bearbeiter*

Habersack, Mathias
- Patronatserklärungen ad incertas personas, in: ZIP 1996, 257-263

Habersack, Mathias; Mayer, Christian
- Der neue Vorschlag 1997 einer Takeover-Richtlinie - Überlegungen zur Umsetzung in das nationale Recht, in: ZIP 1997, 2141-2146

Habscheid, Walther J.
- Prozessuale Probleme hinsichtlich der „Geltendmachung von Gläubigerrechten" durch den Konkursverwalter beim Konkurs der Aktiengesellschaft (§ 93 Abs. 5 AktG), in: Festschrift für Friedrich Weber zum 70. Geburtstag am 19. Mai 1975, Berlin, New York 1975; S. 197-214

Hachenburg Großkommentar GmbHG (hrsg.von Ulmer, Peter)
- §§ 45-52, 8. Aufl., Berlin 1991
  zitiert als: *Hachenburg/Bearbeiter*

Hachenburg, Max
- Aus dem Rechte der Gesellschaft mit beschränkter Haftung, in: LZ 1907, Sp. 460-472

Hamilton, Robert W.
- Corporations, 2. Aufl., St. Paul, Minnesota 1986
  zitiert als: *Hamilton, Corporations*
- Cases and Materials on Corporations including Partnerships and Limited Partnerships, 2. Aufl., St. Paul, Minnesota 1981
  zitiert als: *Hamilton, Cases and Materials*

Häsemeyer, Ludwig
- Der interne Rechtsschutz zwischen Organen, Organmitgliedern und Mitgliedern der Kapitalgesellschaft als Problem der Prozeßführungsbefugnis, in: ZHR 144 (1980), 265-288

Heermann, Peter W.
- Unternehmerisches Ermessen, Organhaftung und Beweislastverteilung, in: ZIP 1998, 761-769

Hémard, Jean; Terré, Francois; Mabilat, Pierre
- Sociétés commerciales, Band I, Introduction, Généralités, Sociétés de personnes, Société à responsabilité limitée, Société anonyme: constitution, direction et administration, Paris 1972

Herzfelder, Franz
- Stimmrecht und Interessenkollision bei den Personenverbänden des deutschen Reichsprivatrechts, München 1927

Hochrangige Gruppe von Experten
- Bericht der Hochrangigen Gruppe von Experten auf dem Gebiet des Gesellschaftsrechts über moderne gesellschaftsrechtliche Rahmenbedingungen in Europa, Brüssel 2002, abrufbar unter http:// europa.eu.int/comm/internal_market/de/company/company/modern/index.htm
  zitiert als: *Bericht der Hochrangigen Gruppe von Experten*
- Moderne gesellschaftsrechtliche Rahmenbedingungen in Europa: Ein Konsultationspapier der Hochrangigen Expertengruppe auf dem Gebiet des Gesellschaftsrechts, S. 19 f., abrufbar unter http://europa.eu.int/comm/internal_market/de/company/company/modern/consult/consult_de.pdf.
  zitiert als: *Konsultationspapier der Hochrangigen Expertengruppe*

Hoffmann, Dietrich; Preu, Peter
- Der Aufsichtsrat, Ein Leitfaden für Aufsichtsräte, 5. Aufl., München 2003

Hoffmann-Becking, Michael
- Vorstands-Doppelmandate im Konzern, in: ZHR 150 (1986), 570-584
- Zur rechtlichen Organisation der Zusammenarbeit im Vorstand der AG, in: ZGR 1998, 497-519
- Münchener Handbuch des Gesellschaftsrechts, Band 4, Aktiengesellschaft, 2. Aufl., München 1999

Hommelhoff, Peter
- Der aktienrechtliche Organstreit - Vorüberlegungen zu den Organkompetenzen und ihrer gerichtlichen Durchsetzbarkeit -, in: ZHR 143 (1979), 288-316
- Die OECD-Principles on Corporate Governance - ihre Chancen und Risiken aus dem Blickwinkel der deutschen corporate governance-Bewegung, in: ZGR 2001, 238-267

Hommelhoff, Peter; Timm, Wolfram
- Anmerkung zu LG Köln, Urteil vom 13.7.1996 - 3 O 121/76, in: AG 1976, 330-334

Hopt, Klaus J.
- Die Haftung von Vorstand und Aufsichtsrat - Zugleich ein Beitrag zur corporate governance-Debatte, in: Festschrift für Ernst-Joachim Mestmäcker zum siebzigsten Geburtstag, Baden Baden 1996, S. 909-931

Hübner, Ulrich
- Interessenkonflikt und Vertretungsmacht, München 1977

Hüffer, Uwe
- Aktiengesetz, 5. Aufl., München 2002

Hütten, Christoph; Stromann, Hilke
- Umsetzung des Sarbanes-Oxley Act in der Unternehmenspraxis, in: BB 2003, 2223-2227

Ihrig, Hans-Christoph; Wagner, Jens
- Corporate Governance: Kodex-Erklärung und ihre unterjährige Korrektur, in: BB 2002, 2509-2514

Immenga, Ulrich; Werner, Horst S.
- Der Stimmrechtsausschuss eines GmbH-Gesellschafters, in: GmbHR 1976, 53-60

Jennings, Richard W.
- Corporations, Cases and Materials, 5. Aufl., St. Paul, Minnesota 1979

Kallmeyer, Harald
- Die Mängel des Übernahmekodex der Börsensachverständigenkommission, in: ZHR 161 (1997), 435-454

Kiethe, Kurt
- Falsche Erklärung nach § 161 AktG - Haftungsverschärfung für Vorstand und Aufsichtsrat?, in: NZG 2003, 559-567

Kindl, Johann
- Analoge Anwendung der §§ 241 ff. AktG auf aktienrechtliche Aufsichtsratsbeschlüsse?, in: AG 1993, 153-162

Kindler, Peter
- Unternehmerisches Ermessen und Pflichtenbindung, Voraussetzungen und Geltendmachung der Vorstandshaftung in der Aktiengesellschaft, in: ZHR 162 (1998), 101-119

Klausing, Friedrich
- Gesetz über Aktiengesellschaften und Kommanditgesellschaften auf Aktien (Aktien-Gesetz) nebst Einführungsgesetz und „Amtlicher Begründung", Berlin 1927

Kölner Kommentar zum Aktiengesetz (hrsg. von Zöllner, Wolfgang)
- Band I, §§ 1-147, 1. Aufl., Köln, Berlin, Bonn, München 1985
- Band 2, §§ 76-117 AktG, 2. Aufl., Köln, Berlin, Bonn, München 1996 zitiert als: *Köln. Komm. AktG/Bearbeiter*

Koppensteiner, Hans-Georg
- Identifizierungsprobleme im Recht der GmbH, Bemerkungen zu OGH GesRZ 1981, 44, in: Wirtschaftsrecht in Theorie und Praxis, Gedenkschrift für Fritz Schönherr, Wien 1986

Krebs, Karsten
- Interessenkonflikte bei Aufsichtsratsmandaten in der Aktiengesellschaft, Köln, Berlin, Bonn, München 2002

Krieger, Gerd
- Interne Voraussetzungen für die Abgabe der Entsprechenserklärung nach § 161 AktG, in: Festschrift für Peter Ulmer zum 70. Geburtstag am 2. Januar 2003, Berlin 2003, S. 365-380

Larenz, Karl
- Methodenlehre der Rechtswissenschaft, 6. Aufl., Berlin, Heidelberg, New York, London, Paris, Tokyo, Hong Kong, Barcelona, Budapest 1991
  zitiert als: *Larenz, Methodenlehre*

Larenz, Karl; Canaris, Claus-Wilhelm
- Lehrbuch des Schuldrechts, Band II, 2. Halbband, 13. Aufl., München 1994

Laske, Stephan
- Unternehmensinteresse und Mitbestimmung, in: ZGR 1979, 173-200

Lemke, Christian Peter
- Der fehlerhafte Aufsichtsratsbeschluss, Baden Baden 1994

Lewerenz, Karl-Jochen
- Leistungsklagen zwischen Organen und Organmitgliedern der Aktiengesellschaft; Berlin 1977

Lohr, Martin
- Der Stimmrechtsausschluss des GmbH-Gesellschafters (§ 47 IV GmbHG), in: NZG 2002, 551-562

Lutter, Marcus
- Theorie der Mitgliedschaft - Prolegomena zu einem Allgemeinen Teil des Korporationsrechts -, in: AcP 180 (1980), 85-159
- Bankenvertreter im Aufsichtsrat, in: ZHR 145 (1981), 224-251
- Haftung und Haftungsfreiräume des GmbH-Geschäftsführers, 10 Gebote an den Geschäftsführer, in: GmbHR 2000, 301-312
- Vergleichende Corporate Governance - Die deutsche Sicht, in: ZGR 2001, 224-237
- Die Erklärung zum Corporate Governance Kodex gemäß § 161 AktG, in: ZHR 166 (2002), 523-543

Lutter, Marcus; Krieger, Gerd
- Rechte und Pflichten des Aufsichtsrats, 4. Aufl., Köln 2002

Matthießen, Volker
- Stimmrecht und Interessenkollision im Aufsichtsrat, Köln, Berlin, Bonn, München 1989

Meilicke, Heinz
- Fehlerhafte Aufsichtsratsbeschlüsse, in: Festschrift für Walter Schmidt zum 70. Geburtstag am 18. Dezember 1959, Berlin 1959, S. 71-113

Merkt, Hanno
- US-amerikanisches Gesellschaftsrecht, 1. Aufl., Heidelberg 1991

Merle, Philippe
- Droit commercial, Sociétés commerciales, 8. Aufl., Paris 2001

Mertens, Hans-Joachim
- Organstreit in der Aktiengesellschaft? Eine rechtspolitische Kritik, in: ZHR 154 (1990), 24-38

Michalski, Lutz (Hrsg.)
- Kommentar zum Gesetz betreffend die Gesellschaften mit beschränkter Haftung (GmbH-Gesetz), Band II, §§ 35-86 GmbHG, 1. Aufl., München 2002

Möllers, Thomas M. J.
- Treuepflichten und Interessenkonflikte bei Vorstands- und Aufsichtsratsmitgliedern, in: Handbuch Corporate Governance, Leitung und Überwachung börsennotierter Unternehmen in der Rechts- und Wirtschaftspraxis, Köln, Stuttgart 2003, S. 405-427

Müller, Klaus
- Zur Heilung der fehlenden Verpflichtungsbefugnis eines Testamentvollstreckers, in: JZ 1981, 370-380

Münchener Kommentar zum Aktiengesetz (hrsg. von Kropff, Bruno; Semler, Johannes)
- Band 7, §§ 222-277, 2. Aufl., München 2001
  zitiert als: *Münch. Komm. AktG/Bearbeiter*

Münchener Kommentar zum Bürgerlichen Gesetzbuch (hrsg. von Rebmann, Kurt; Rixecker, Roland; Säcker, Franz Jürgen)
- Band 1, §§ 1-240, 4. Aufl., München 2001
- Band 2, §§ 241-432, FernAbsG, München 2001
- Band 9, §§ 1922-2385, §§ 27-35 BeurkG, -3. Aufl., München 1997
  zitiert als: *Münch. Komm. BGB/Bearbeiter*

Münchener Kommentar zum Handelsgesetzbuch (hrsg. von Schmidt, Karsten)
- Band 4, §§ 238-342a HGB, München 2001
- Band 5, §§ 343-372 HGB, München 2001
  zitiert als: *Münch. Komm. HGB/Bearbeiter*

Obermüller, Walter
- Gültigkeitsdauer der Geschäftsordnung für den Vorstand und für den Aufsichtsrat, in: DB 1971, 952-953

Palandt, Otto
- Bürgerliches Gesetzbuch, 62. Aufl., München 2003

Peltzer, Martin
- Corporate Governance Codices als zusätzliche Pflichtenbestimmung für den Aufsichtsrat, in: NZG 2002, 10-16
- Handlungsbedarf in Sachen Corporate Governance, in: NZG 2002, 593-599

Pfitzer, Norbert; Oser, Peter; Wader, Dominic
- Die Entsprechenserklärung nach § 161 AktG - Checkliste für Vorstände und Aufsichtsräte zur Einhaltung der Empfehlungen des Deutschen Corporate Governance Kodex, in: DB 2002, 1120-1123

Radtke, Günther
- Fehlerhafte Aufsichtsratsbeschlüsse, in: BB 1960, 1045-1048

Raiser, Thomas
- Organklagen zwischen Aufsichtsrat und Vorstand, Bemerkungen zum Opel-Urteil des BGH, in: AG 1989, 185-190
- Klagebefugnisse einzelner Aufsichtsratsmitglieder, in: ZGR 1989, 44-70

Redding, Günter
- Aufsichtsrat und Interessenkollision, in: NJW 1956, 48-50

Rellermeyer, Klaus
- Der Aufsichtsrat - Betrachtungen nur neueren Rechtsprechung des Bundesgerichtshofs -, in: ZGR 1993, 77-103

Ringleb, Henrik-Michael; Kremer, Thomas; Lutter, Marcus; v. Werder; Axel
- Kommentar zum Deutschen Corporate Governance Kodex, Kodex-Kommentar, München 2003
  zitiert als: *Kodex-Kommentar/Bearbeiter*

Säcker, Franz-Jürgen
- Die Rechte des einzelnen Aufsichtsratsmitglieds, in: NJW 1979, 1521-1568
- Behördenvertreter im Aufsichtsrat, in: Festschrift für Kurt Rebmann zum 65. Geburtstag, München 1989, S. 781-805

Schaefer, Hans; Missling, Patrick J.
- Haftung von Vorstand und Aufsichtsrat, in: NZG 1998, 441-447

Schiessl, Maximilian
- Deutsche Corporate Governance post Enron, in: AG 2002, 593-604

Schmidt, Karsten
- „Insichprozesse" durch Leistungsklagen in der Aktiengesellschaft?, in: ZZP 92 (1979), 212-237
- Stimmverbote im GmbH-Konzern, in: ZHR 150 (1986), 609-634
- Handelsrecht, 5. Aufl., Köln, Berlin, Bonn, München 1999
- Gesellschaftsrecht, 4. Aufl., Köln, Berlin, Bonn, München 2002

Schneider, Uwe H.
- Stimmverbote im GmbH-Konzern, in: ZHR 150 (1986), 609-634
- Patronatserklärungen gegenüber der Allgemeinheit, in: ZIP 1989, 619-625

Scholz, Franz J.
- Kommentar zum GmbH-Gesetz, II. Band, §§ 45-87, 9. Aufl., Köln 2002

Schüppen, Matthias
- To comply or not to comply - that's the question! „Existenzfragen" des Transparenz- und Publizitätsgesetzes im magischen Dreieck kapitalmarktorientierter Unternehmensführung, in: ZIP 2002, 1269-1279

Seibert, Ulrich
- Transparenz- und Publizitätsgesetz, in: ZIP 2001, 2192-2199
- Im Blickpunkt: Der Deutsche Corporate Governance Kodex ist da, in: BB 2002, 581-584

Seibt, Christoph
- Deutscher Corporate Governance Kodex und Entsprechens-Erklärung (§ 161 AktG-E), in: AG 2002, 249-259
- Deutscher Corporate Governance Kodex: Antworten auf Zweifelsfragen der Praxis, in: AG 2003, 465-477

Seiter, Hugo
- Unternehmensmitbestimmung und Tarifauseinandersetzung, Folgerungen aus dem Mitbestimmungsurteil des Bundesverfassungsgerichts, in: Festschrift für Gerhard Müller, Berlin 1981, S. 589-608

Semler, Johannes
- Geschäfte einer Aktiengesellschaft mit Mitgliedern ihres Vorstands - Gedanken zu § 112 AktG, in: Festschrift für Heinz Rowedder zum 75. Geburtstag, München 1994, S. 441-457
- Leitung und Überwachung der Aktiengesellschaft, 2. Aufl., Köln, Berlin, Bonn, München 1996

Semler, Johannes; Stengel, Arndt
- Interessenkonflikte bei Aufsichtsratsmitgliedern von Aktiengesellschaften am Beispiel von Konflikten bei Übernahme, in: NZG 2003, 1-8

Semler, Johannes; Wagner, Elisabeth
- Deutscher Corporate Governance Kodex - Die Entsprechenserklärung und Fragen der gesellschaftsinternen Umsetzung, in: NZG 2003, 553-558

Siegmund, Iris
- Stimmverbote im GmbH-Recht, in: BB 1981, 1674-1679

Singhof, Bernd
- Die Amtsniederlegung durch das Aufsichtsratsmitglied einer Aktiengesellschaft, in: AG 1998, 318-328

Soergel, Bürgerliches Gesetzbuch mit Einführungsgesetz und Nebengesetzen (begr. von Soergel, Hs. Th., neu hrsg. von Siebert, W.)
- Band 1, Allgemeiner Teil 1, §§ 1-103, 13. Aufl., Stuttgart, Berlin, Köln, Mainz 2000
- Band 2, Allgemeiner Teil 2, §§ 104-240, 13. Aufl., Stuttgart, Berlin, Köln, Mainz 1999
  zitiert als: *Soergel/Bearbeiter*

Spanheimer, Jürgen
- Spezifische Problemfelder des gesetzlichen Standardisierungsauftrages an den DSR gemäß § 342 Abs. 1 Nr. 1 HGB, in: WPg 2000, 997-1007

Stein, Ursula
- Die Grenzen vollmachtloser Vertretung der Gesellschaft gegenüber Vorstandsmitgliedern und Geschäftsführern, in: AG 1999, 28-42
- Haftung aus in Anspruch genommenem Marktvertrauen?, in: Festschrift für Martin Peltzer zum 70. Geburtstag, Köln 2001, S. 557-576

Teubner, Gunther
- Unternehmensinteresse - das gesellschaftliche Interesse des Unternehmens „an sich"?, in: ZHR 149 (1985), 470-488

Thoma, Georg F.
- Der neue Übernahmekodex der Börsensachverständigenkommission, in: ZIP 1996, 1725-1734

Towers-Perrin
- Corporate Governance 2003, Eine Bilanz der Management-Kultur in Deutschland, abrufbar unter www.towers.com/towers/locations/germany/pdfs/CorpGov-Studie_final_04.pdf

Ulmer, Peter
- Aufsichtsratsmandat und Interessenkollision, in: NJW 1980, 1603-1607
- Stimmrechtsschranken für Aufsichtsratsmitglieder bei eigener Kandidatur zum Vorstand, in: NJW 1982, 2288-2293
- Der Deutsche Corporate Governance Kodex - ein neues Regulierungsinstrument für börsennotierte Aktiengesellschaften, in: ZHR 166 (2002), 150-181

von Staudinger, Julius, Kommentar zum Bürgerlichen Gesetzbuch mit Einführungsgesetz und Nebengesetzen
- §§ 21-103, 13. Aufl., Berlin 1995
- §§ 134-163, 13. Aufl., Berlin 1996
- §§ 164-240, 13. Aufl., Berlin 2001
- §§ 765-778, 13. Aufl., Berlin 1997
- §§ 826-829, Produkthaftungsgesetz, 13. Aufl., Berlin 1998
  zitiert als: *Staudinger/Bearbeiter*

Vidal, Dominique
- Droit des Sociétés, 3. Aufl., Paris 2001

Wank, Rolf
- Der Stimmrechtsausschluss im GmbH-Recht in der neueren Rechtsprechung des BGH, in: ZGR 1979, 222-250

Wardenbach, Frank
- Niederlegung des Aufsichtsratsmandats bei Interessenkollisionen, in: AG 1999, 74-77

Weisgerber, Thomas
- Der Übernahmekodex in der Praxis, in: ZHR 161 (1997), 421-434

von Werder, Axel
- Erhebung zum Deutschen Corporate Governance Kodex, Executive Summary vom 19. Mai 2003, abrufbar unter www.bccg.tu-berlin.de/main/publikationen.htm

von Werder, Axel; Feld, Christa
- Sorgfaltsanforderungen der US-amerikanischen Rechtsprechung an das Top Management

Werner, Winfried

- Aufsichtsratstätigkeit von Bankenvertretern, in: ZHR 145 (1981), 252-270
- Vertretung der Aktiengesellschaft gegenüber Vorstandsmitgliedern - Ein Beitrag zur Auslegung des § 112 AktG - , in: ZGR 1989, 369-395

Wiedemann, Herbert

- Gesellschaftsrecht, Lehrbuch des Unternehmens- und Verbandsrechts; Bd. 1, München 1980

Wiesner, Peter M.

- Aktuelle Entwicklungen im Europäischen Unternehmensrecht, in: BB 2001, Beilage 8 zu BB Heft 44/2001

Wirth, Gerhard

- Neuere Entwicklungen bei der Organhaftung - Sorgfaltspflichten und Haftung der Organmitglieder bei der AG, in: RWS-Forum 20, Gesellschaftsrecht 2001, Köln 2001, S. 99-122

Zöllner, Wolfgang

- Die Schranken mitgliedschaftlicher Stimmrechtsmacht bei den privatrechtlichen Personenverbänden, Berlin 1963

Kapitel I.: Einleitung

1. Gegenstand der Dissertation

a) Allgemeines

Im Rahmen dieser Dissertation wird untersucht, welche rechtlichen Konsequenzen das deutsche Recht für die Beteiligung eines Vorstandsmitglieds am Abschluss eines Vertrags durch eine Aktiengesellschaft mit einem Dritten vorsieht, wenn bei diesem Vorstandsmitglied im Hinblick auf den Vertrag eine Interessenkollision vorliegt. Es soll insbesondere dargestellt werden, welche Handlungs- und Unterlassungspflichten für ein Vorstandsmitglied aus dem Vorliegen einer Interessenkollision folgen und welche rechtlichen Konsequenzen eine Verletzung dieser Pflichten hat.

b) Eingrenzung des Themas

Der Begriff der Interessenkollision ist unbestimmt und gesetzlich nicht definiert. Die Interessenkollision darf insbesondere nicht mit der Pflichtenkollision verwechselt werden. Während bei einer Pflichtenkollision die einer Person obliegenden Pflichten miteinander kollidieren und die Erfüllung der einen Pflicht die Verletzung der anderen Pflicht bedingt, treffen bei der Interessenkollision gegensätzliche Interessen in einer Person aufeinander. Dadurch werden jedoch nicht zwangsläufig die dieser Person obliegenden Pflichten verletzt.

Rechtswissenschaftlich aufgearbeitet wurden bisher insbesondere Interessenkollisionen, die z.B. dadurch verursacht werden, dass Vorstandsmitglieder Mandate in Tochter- und sonstigen Beteiligungsunternehmen der Aktiengesellschaft übernehmen, deren Vorstand sie angehören (sog. Doppelmandate). Auch zu der Thematik der Interessenkollisionen bei Aufsichtsratsmitgliedern gibt es zahlreiche Aufsätze und Dissertationen.

Gegenstand der vorliegenden Dissertation ist jedoch eine andere Art der Interessenkollision. Die Eingrenzung und Konkretisierung des Dissertationsgegenstands erfolgt mit Hilfe der folgenden Fallbeispiele:

(1) Eine Aktiengesellschaft schließt mit einer GmbH (im Folgenden auch „Drittgesellschaft“ genannt) einen Vertrag über die Erbringung von Dienstleistungen oder den Kauf von Waren. Ein Vorstandsmitglied (im Folgenden auch „befangenes Vorstandsmitglied“ genannt) hält

(a) 100 %,
(b) mehr als 50 % oder
(c) weniger als 50 % der Geschäftsanteile der Drittgesellschaft.

(2) Das zweite Fallbeispiel unterscheidet sich von dem ersten dadurch, dass Vertragspartner der Aktiengesellschaft

(a) eine dem Vorstandsmitglied nahestehende Person wie z.B. seine Ehefrau oder
(b) eine GmbH ist, deren Gesellschafter eine dem Vorstandsmitglied nahestehende Person ist.

Es handelt sich also um Interessenkollisionen, die dadurch hervorgerufen werden, dass das befangene Vorstandsmitglied zu einem Dritten, der möglicherweise mit der Aktiengesellschaft einen Vertrag schließen wird, in einer besonderen persönlichen oder wirtschaftlichen Verbindung steht.

2. Praktische Relevanz des Themas

Der Dissertationsgegenstand ist nicht nur rechtstheoretisch von Bedeutung, sondern hat auch praktische Relevanz. Dies illustrieren u.a. die beiden folgenden Fälle:

Der Spiegel berichtete 1994

> *„DER SEGENSREICHE PAKT*
> *Mit Strohmännern tarnt Mannesmann-Chef Werner Dieter ein privates Firmenimperium, das im Laufe der Jahre Milliardenaufträge vom Düsseldorfer Mischkonzern erhielt. Der Aufsichtsrat war anscheinend ahnungslos, Mitarbeiter trauten sich nicht, die dunklen Geschäfte ihres Chefs aufzudecken ... . Er hat über eine Firma, die ihm und seiner Familie gehört, mit dem Konzern, den er leitet, Geschäfte gemacht - der Privatmann Dieter hat an den Aufträgen, die ihm Vorstandschef Dieter ermöglichte, verdient. Daß der eindeutige Interessenkonflikt Aktionären, Mitarbeitern und Aufsichtsräten nicht gefallen konnte, war Dieter offenbar bewußt. Er ist deshalb*

nicht als Eigentümer aufgetreten, sondern hat sich versteckt - hinter Strohmännern."[1]

Acht Jahre später berichtete Der Spiegel über Gerhard Schmid. Ein Aktienoptionsgeschäft mit der Millennium GmbH war der Auslöser dafür, dass er im Juni 2002 sein Amt als Vorstandsvorsitzender der MobilCom AG verlor. Auf der Grundlage des Aktienoptionsgeschäfts sollte die Millennium GmbH gegen Zahlung eines Geldbetrags, der nach Informationen der Zeitschrift Der Spiegel zwischen 105 und 126 Millionen Euro gelegen haben soll, im Rahmen eines Händlermotivationsprogramms Aktien an besonders erfolgreiche Händler verteilen.[2] Problematisch war dabei u.a., dass Alleingesellschafterin der Millennium GmbH die Ehefrau Schmids war.

Beide Fälle zeigen, dass Interessenkonflikte bei Vorstandsmitgliedern auf Grund von Geschäften mit eigenen Firmen oder Firmen, deren Gesellschaftsanteile von Familienangehörigen gehalten werden, nicht nur theoretisch möglich sind, sondern in der Praxis durchaus vorkommen. Umso erstaunlicher ist es, dass sich zu den rechtlichen Konsequenzen solcher Interessenkollisionen bei Vorstandsmitgliedern kaum Literatur findet. Im Gegensatz dazu ist die Literatur zu der vergleichbaren Thematik bei Aufsichtsratsmitgliedern fast unüberschaubar.

3. Aufbau der Dissertation

Der Aufbau der Dissertation orientiert sich an den verschiedenen Phasen, die in einer Aktiengesellschaft in der Regel bis zum Vertragsabschluss durchlaufen werden.[3] Dabei wird für jede Phase gesondert untersucht, welche rechtlichen Konsequenzen aus einer Interessenkollision der durch die Fallbeispiele konkretisierten Art folgen.

Bevor eine Aktiengesellschaft einen Vertrag schließt, wird es in der Regel zunächst informelle Gespräche und im weiteren Verlauf Verhandlungen über die konkreten Vertragsbedingungen geben. Bereits in dieser Phase könnte für das befangene Vorstandsmitglied eine Verpflichtung zur Offenbarung der Interessenkollision bestehen. Das Bestehen einer derartigen Offenbarungspflicht wird in Kapitel II. geprüft.

---

1 Der Spiegel 24/1994, S. 96 ff.

2 Der Spiegel 9/2002, S. 80.

3 Es wird unterstellt, dass es sich um einen Vertrag von gewisser Bedeutung handelt, da anderenfalls nicht davon ausgegangen werden kann, dass sich der Vorstand damit befasst. Dies gilt zumindest für die größeren Aktiengesellschaften.

Die Aktiengesellschaft wird nach § 78 Abs. 1 AktG grundsätzlich durch ihren Vorstand vertreten. Ausnahmsweise vertritt der Aufsichtsrat die Aktiengesellschaft nach § 112 AktG. Greift diese Ausnahmeregelung, dann sind bereits vorbereitende geschäftsführende Maßnahmen durch den Vorstand ausgeschlossen. In Kapitel III. wird geprüft, ob auch die von den Fallbeispielen erfassten Interessenkollisionen zur alleinigen Vertretungsmacht des Aufsichtsrats nach § 112 AktG führen.

Ist § 112 AktG nicht anwendbar, wird der Vorstand nach Beendigung der Vertragsverhandlungen in der Regel durch Beschluss über den Abschluss des Vertrags mit der Drittgesellschaft entscheiden. Im Rahmen von Kapitel IV. wird geprüft, ob aus einer Interessenkollision, wie sie den Fallbeispielen zu Grunde liegt, ein Stimmverbot für das befangene Vorstandsmitglied folgt. Außerdem wird geprüft, ob das befangene Vorstandsmitglied von der Teilnahme an der Vorstandssitzung auszuschließen ist, in der über den Vertragsabschluss beraten und beschlossen wird.

In Kapitel V. wird untersucht, ob der Verstoß gegen eine mögliche Offenbarungspflicht sowie ein möglicherweise bestehendes Stimmverbot dazu führt, dass das befangene Vorstandsmitglied der Aktiengesellschaft, den Aktionären und sonstigen Dritten gegenüber zum Ersatz von Schäden verpflichtet ist, die durch diese Verstöße verursacht wurden.

Im Rahmen von Kapitel VI. wird dargestellt, ob und welche Regelungen auf europäischer Ebene bestehen, welche die Konsequenzen von Interessenkollisionen bei AG-Vorstandsmitgliedern betreffen. Außerdem wird in einem kurzen Überblick dargestellt, welche Vorschriften in Frankreich und in den USA zur Regelung dieser Thematik geschaffen wurden.

Kapitel II.: Pflicht zur Offenbarung von Interessenkollisionen

1. Einleitung

In der Regel werden wesentliche Gesellschaftsbeteiligungen, die ein Vorstandsmitglied hält, dem Restvorstand und dem Aufsichtsrat bekannt sein. Es ist jedoch nicht ausgeschlossen, dass in Einzelfällen die Beteiligung eines Vorstandsmitglieds an einem potenziellen Vertragspartner der Aktiengesellschaft weder dem Aufsichtsrat noch dem Restvorstand bekannt ist.[1] Damit wäre ihnen auch eine daraus resultierende Interessenkollision unbekannt. Auch Interessenkollisionen, die allein durch die persönliche Beziehung des befangenen Vorstandsmitglieds mit dem potenziellen Vertragspartner oder dessen Gesellschafter verursacht werden, werden dem Restvorstand und dem Aufsichtsrat häufig unbekannt sein.

Im Folgenden wird untersucht, ob dem befangenen Vorstandsmitglied bereits im Vorfeld eines Vertragsabschlusses die allgemeine Pflicht obliegt, eine bei ihm bestehende Interessenkollision gegenüber den übrigen Vorstandsmitgliedern und/oder dem Aufsichtsrat offen zu legen. Bei der Prüfung wird allerdings davon ausgegangen, dass das befangene Vorstandsmitglied im konkreten Fall in der Lage ist, den Interessenkonflikt zu Gunsten der Aktiengesellschaft aufzulösen und dass keine Umstände vorliegen, die eine Offenlegung erforderlich machen, um einen anderenfalls drohenden Schaden für die Aktiengesellschaft abzuwenden.

Das Aktiengesetz sieht eine Offenbarungspflicht bei Interessenkollisionen nicht ausdrücklich vor. Eine entsprechende Pflicht könnte jedoch aus § 93 Abs. 1 AktG abzuleiten sein oder sich aus dem Corporate Governance Kodex ergeben. Im Folgenden werden deshalb zunächst in Grundzügen die den Vorstandsmitgliedern nach § 93 Abs. 1 AktG obliegenden Pflichten dargestellt (2.). Anschließend wird auf die Entstehungsgeschichte, den Aufbau und den wesentlichen Inhalt des Deutschen Corporate Governance Kodex (im Folgenden: „Corporate Governance Kodex") eingegangen (3.). Danach wird untersucht, ob sich aus § 93 Abs. 1 AktG oder aus dem Corporate Governance Kodex unabhängig vom Vorliegen besonderer Umstände eine allgemeine Offenbarungspflicht für Vorstandsmitglieder bei Interessenkollisionen ergibt (4.).

---

[1] Zu der Frage, ob § 88 AktG anwendbar ist und auf Grund des Einwilligungserfordernisses die Interessenkollision bereits offen gelegt ist vgl. 2. d) ee).

2. Pflichten der Vorstandsmitglieder nach § 93 Abs. 1 AktG

a) Grundsätze

§ 93 Abs. 1 Satz 1 AktG bestimmt, dass die Vorstandsmitglieder

> *„bei ihrer Geschäftsführung die Sorgfalt eines ordentlichen und gewissenhaften Geschäftsleiters anzuwenden"*

haben. Das Aktiengesetz verlangt damit mehr als die Sorgfalt eines „ordentlichen Kaufmanns". Jedes Vorstandsmitglied hat sich vielmehr daran zu orientieren, wie ein pflichtbewusster selbständig tätiger Leiter eines Unternehmens der konkreten Art, der nicht mit eigenen Mitteln wirtschaftet, sondern ähnlich wie ein Treuhänder fremden Vermögensinteressen verpflichtet ist, zu handeln hat.[2]

Die in § 93 Abs. 1 Satz 1 AktG umschriebene Sorgfaltspflicht hat nach h.M. eine Doppelfunktion: Sie stellt einerseits den objektiven Maßstab für die einem Vorstandsmitglied obliegenden materiellen Pflichten dar und andererseits einen typisierten Verschuldensmaßstab.[3]

Aus § 93 Abs. 1 AktG wird außerdem die grundsätzliche Verpflichtung jedes Vorstandsmitglieds abgeleitet, die Zwecke der Aktiengesellschaft zu fördern und Schaden von ihr abzuwenden.[4] Zur Erreichung dieses Ziels müssen sich die Vorstandsmitglieder im Rahmen von Gesetz, Satzung und der für sie verbindlichen Beschlüsse von Aufsichtsrat und Hauptversammlung halten.[5]

---

[2] OLG Düsseldorf AG 1997, 231, 235; OLG Hamm ZIP 1995, 1263, 1268; *Hüffer*, § 93 Rn. 4; Münch. Hdb. GesR IV/*Wiesner*, § 25 Rn. 2; *Wirth*, RWS-Forum 20, S. 99, 104; Köln. Komm. AktG/*Mertens*, § 93 Rn. 6; *Hefermehl*, in Geßler/Hefermehl, § 93 Rn. 12.

[3] *Hefermehl*, in Geßler/Hefermehl, § 93 Rn. 9; *Wirth*, RWS-Forum 20, S. 99, 104; Köln. Komm. AktG/*Mertens*, § 93 Rn. 7; Großkomm. AktG/*Hopt*, § 93 Rn. 19; *Hüffer*, § 93 Rn. 3; *Hopt*, Festschrift für Mestmäcker, S. 909, 916; *Möllers*, Handbuch Corporate Governance, S. 405, 411.

[4] Münch. Komm. AktG/*Hefermehl*, § 93 Rn. 13; Großkomm. AktG/*Hopt*, § 93 Rn. 72; *Möllers*, Handbuch Corporate Governance, S. 405, 413, sieht diese Verpflichtung als Bestandteil der Treuepflicht an.

[5] Münch. Hdb. GesR IV/*Wiesner*, § 25 Rn. 3; Köln. Komm. AktG/*Mertens*, § 93 Rn. 29

Pflichtgemäßes Vorstandshandeln setzt außerdem voraus, dass sich das Handeln des Vorstandsmitglieds grundsätzlich am Unternehmensinteresse orientiert.[6] Dabei ist die Diskussion zu der Frage, was konkret vom Begriff des Unternehmensinteresses erfasst wird, noch nicht abgeschlossen.[7] Fest steht jedoch, dass das Unternehmensinteresse weder mit den Interessen der Aktionäre noch mit denen der Arbeitnehmer oder der Allgemeinheit identisch ist. Es ist vielmehr das Ergebnis einer Abwägung der verschiedenen betroffenen Partikularinteressen.[8] Zu den Aufgaben des Vorstands gehört es, diese u.U. widerstreitenden Partikularinteressen gegeneinander abzuwägen und danach zu einer Entscheidung zu gelangen. Eine bestimmte Rangfolge zwischen den genannten Interessen besteht nicht.[9]

Nach § 76 Abs. 1 AktG leitet der Vorstand die Aktiengesellschaft eigenverantwortlich. Deshalb ist ihm bei der Leitung ein unternehmerischer Handlungsspielraum einzuräumen, zu dem u.a. das bewusste Eingehen von Risiken sowie die Gefahr der Fehlbeurteilung und Fehleinschätzung gehört.[10]

Der *Bundesgerichtshof* hat in der ARAG/Garmenbeck-Entscheidung[11], in der es primär um die Überwachungsverpflichtung und der aus einer Verletzung dieser Verpflichtung resultierenden Haftung der Aufsichtsratsmitglieder ging, u.a. die Kriterien für die Beurteilung der Pflichtgemäßheit des Verhaltens des Vorstands zusammengefasst.

Danach ist das Verhalten des Vorstands pflichtgemäß, wenn es

- von Verantwortungsbewusstsein getragen ist,
- sich ausschließlich am Unternehmenswohl ausrichtet,
- auf sorgfältiger Ermittlung der Entscheidungsgrundlagen beruht,

---

6 BGHZ 135, 244, 253; Köln. Komm. AktG/*Mertens*, § 76 Rn. 22 ff.; *Kindler*, ZHR 162 (1998), 101, 105 f.; *Bastuck*, S. 68; *Semler*, Leitung und Überwachung der Aktiengesellschaft, § 3 Rn. 57.

7 *Hüffer*, § 76 Rn. 15; *Laske*, ZGR 1979, 173 ff.; *Teubner*, ZHR 149 (1985), 470 ff.

8 *Hüffer*, § 76 Rn. 12; *Semler*, Leitung und Überwachung der Aktiengesellschaft, § 3 Rn. 51.

9 *Hüffer*, § 76 Rn. 12; Großkomm. AktG/*Hopt*, § 93 Rn. 86 f.

10 BGHZ 135, 244, 253; *Hüffer*, § 93 Rn. 13a; Münch. Hdb. GesR IV/*Wiesner*, § 25 Rn. 3; *Wirth*, RWS-Forum 20, S. 99, 120 f., Großkomm. AktG/*Hopt*, § 93 Rn. 81; *Kindler*, ZHR 162 (1998), 101, 103 ff.; *Schaefer/Missling*, NZG 1998, 441, 444.

11 BGHZ 135, 244 ff.

- die Risikobereitschaft nicht unverantwortlich überspannt wird und
- das Vorstandshandeln nicht aus anderen Gründen als pflichtwidrig gelten muss.[12]

b) Allgemeine Verhaltenspflichten

Aus den unter a) dargestellten Grundsätzen lassen sich die im Folgenden dargestellten Gruppen allgemeiner Verhaltenspflichten der Vorstandsmitglieder ableiten.

aa) Sorge für ein rechtmäßiges Verhalten der Aktiengesellschaft nach außen

Die Vorstandsmitglieder haben dafür zu sorgen, dass sich die Aktiengesellschaft nach außen rechtmäßig verhält und insbesondere die ihr auferlegten öffentlich-rechtlichen Pflichten erfüllt.[13] Sie haben deshalb die gesetzlichen Verpflichtungen der Aktiengesellschaft zu beachten. Dies gilt auch für den Fall, dass ein Gesetzesverstoß subjektiv dem Interesse der Aktiengesellschaft dienen würde und das Entdeckungs- und Verfolgungsrisiko im Verhältnis zu dem zu erwartenden Vorteil zu vernachlässigen wäre.[14] Bei nicht eindeutiger Rechtslage sind die Vorstandsmitglieder verpflichtet, die greifbaren Vorteile der betreffenden Maßnahme und den Schaden für die Aktiengesellschaft im Falle eines nur möglichen Gesetzesverstoßes gegeneinander abzuwägen.[15]

bb) Sorge für die Rechtmäßigkeit der Organisation der Aktiengesellschaft

Die Vorstandsmitglieder haben dafür zu sorgen, dass die Organisation der Aktiengesellschaft sowie ihre internen Entscheidungsprozesse den Gesetzen und der Satzung entsprechen.[16] Neben der Einschaltung von Aufsichtsrat und Hauptversammlung im Rahmen ihrer Entscheidungsbefugnisse gehört dazu

---

12 BGHZ 135, 244, 253 f.

13 BGH DB 1996, 2483 (zur Haftung eines GmbH-Geschäftsführers); Münch. Hdb. GesR IV/*Wiesner*, § 25 Rn. 4; Köln. Komm. AktG/*Mertens*, § 93 Rn. 34 ff.; Großkomm. AktG/*Hopt*, § 93 Rn. 89.

14 Münch. Hdb. GesR IV/*Wiesner*, § 25 Rn. 4; Großkomm. AktG/*Hopt*, § 93 Rn. 99; Köln. Komm. AktG/*Mertens*, § 93 Rn. 34.

15 Münch. Hdb. GesR IV/*Wiesner*, § 25 Rn. 4; Großkomm. AktG/*Hopt*, § 93 Rn. 99; Köln. Komm. AktG/*Mertens*, § 93 Rn. 38.

16 Münch. Hdb. GesR IV/*Wiesner*, § 25 Rn. 5; Köln. Komm. AktG/*Mertens*, § 93 Rn. 30 ff.; Großkomm. AktG/*Hopt*, § 93 Rn. 89.

die richtige Organisation und personelle Zusammensetzung dieser Organe.[17] Die Vorstandsmitglieder sind außerdem verpflichtet, Beschlüsse der Hauptversammlung anzufechten, wenn diese die Unternehmensinteressen verletzen oder vom Vorstand ein rechtswidriges Verhalten verlangen.[18] Daneben sind die Vorstandsmitglieder verpflichtet, andere Vorstandsmitglieder zu überwachen, wenn Anhaltspunkte vorliegen, nach denen ein Vorstandsmitglied, das z.B. für ein bestimmtes Ressort zuständig ist, die Geschäfte nicht ordnungsgemäß führt.[19]

cc) Beachtung der Regeln sorgfältiger Unternehmensleitung

Bei der Leitung der Aktiengesellschaft haben die Vorstandsmitglieder gesicherte und praktisch bewährte betriebswirtschaftliche Erkenntnisse zu berücksichtigen.[20] So ergibt sich u.a. aus § 90 AktG, dass sich die Vorstandsmitglieder stets ein genaues Bild von der Rentabilität und Liquidität des Unternehmens, dem Gang der Geschäfte, insbesondere der Umsatzentwicklung, der Marktstellung und der Konkurrenzfähigkeit seines Angebots zu verschaffen haben.[21] Soweit es sich nicht um delegierbare Leitungsentscheidungen handelt, sind die Vorstandsmitglieder verpflichtet durch eine entsprechende Unternehmensorganisation sicherzustellen, dass die der Aktiengesellschaft obliegenden Aufgaben tatsächlich erfüllt werden.[22]

c) Treuepflicht

Jedem Vorstandsmitglied obliegt neben den dargestellten allgemeinen Verhaltenspflichten gegenüber der Aktiengesellschaft eine aus seiner Organstellung resultierende Treuepflicht, aus der verschiedene Ge- und Verbote

---

17 Münch. Hdb. GesR IV/*Wiesner*, § 25 Rn. 5; Köln. Komm. AktG/*Mertens*, § 93 Rn. 33; Großkomm. AktG/*Hopt*, § 93 Rn. 89 f.

18 Münch. Hdb. GesR IV/*Wiesner*, § 25 Rn. 5; Köln. Komm. AktG/*Mertens*, § 93 Rn. 31; Großkomm. AktG/*Hopt*, § 93 Rn. 92.

19 Münch. Hdb. GesR IV/*Wiesner*, § 25 Rn. 5.

20 Köln. Komm. AktG/*Mertens*, § 93 Rn. 45.

21 Münch. Hdb. GesR IV/*Wiesner*, § 25 Rn. 6; Köln. Komm. AktG/*Mertens*, § 93 Rn. 45.

22 BGH DB 1996, 2483, 2484; Münch. Hdb. GesR IV/*Wiesner*, § 25 Rn. 5; Köln. Komm. AktG/*Mertens*, § 93 Rn. 46.

folgen.[23] Die Treuepflicht geht dabei über die aus dem Anstellungsvertrag resultierenden Pflichten hinaus.[24]

Aus der Treuepflicht folgt u.a., dass die Vorstandsmitglieder verpflichtet sind, der Aktiengesellschaft loyal zu dienen. Die Vorstandsmitglieder müssen deshalb ihre Arbeitskraft, Kenntnisse und Fähigkeiten vorbehaltlos in den Dienst der Aktiengesellschaft stellen.[25]

Die Treuepflicht verbietet es den Vorstandsmitgliedern außerdem, ihre Organstellung zu eigennützigen Zwecken auszunutzen und z.B. Vorteile, die ihnen im Zusammenhang mit dem Abschluss von Geschäften der Aktiengesellschaft von Dritten gewährt werden, anzunehmen. Etwaige Vorteile aus solchen Geschäften müssen sie an die Aktiengesellschaft herausgeben.[26]

Darüber hinaus ist jedes Vorstandsmitglied auf Grund der Treuepflicht verpflichtet, in allen Angelegenheiten, welche die Aktiengesellschaft betreffen, ausschließlich das Wohl der Aktiengesellschaft zu verfolgen und nicht den eigenen Nutzen im Auge zu haben.[27] Bei Geschäftschancen, die sich der Aktiengesellschaft bieten, ist das Vorstandsmitglied verpflichtet, diese für die Aktiengesellschaft wahrzunehmen.[28] Auch bei eigener Interessenverfolgung haben die Vorstandsmitglieder immer auf das Gesellschaftsinteresse Rücksicht zu nehmen.[29]

Die Treuepflicht wird insbesondere durch die Verschwiegenheitsverpflichtung nach § 93 Abs. 1 Satz 2 AktG (vgl. d) aa)) und das Wettbewerbsverbot nach § 88 AktG (vgl. d) ee)) gesetzlich konkretisiert.

---

[23] BGHZ 20, 239, 246; 49, 30, 31; OLG Hamm ZIP 1995, 1263, 1268; *Hüffer*, § 93 Rn. 5, § 84 Rn. 9; Münch. Hdb. GesR IV/*Wiesner*, § 25 Rn. 8; Köln. Komm. AktG/*Mertens*, § 93 Rn. 57 ff.; *Schaefer/Missling*, NZG 1998, 441, 443.

[24] Großkomm. AktG/*Hopt*, § 93 Rn. 145; Köln. Komm. AktG/*Mertens*, § 93 Rn. 57.

[25] Großkomm. AktG/*Hopt*, § 93 Rn. 156; Köln. Komm. AktG/*Mertens*, § 93 Rn. 58; *Möllers*, Handbuch Corporate Governance, S. 405, 413.

[26] Münch. Hdb. GesR IV/*Wiesner*, § 21 Rn. 12; Köln. Komm. AktG/*Mertens*, § 93 Rn. 57 ff.

[27] BGH WM 1985, 1444, 1445 (zum geschäftsführenden Gesellschafter einer offenen Handelsgesellschaft); BGH WM 1985, 1443 (zum Geschäftsführer einer GmbH); Köln. Komm. AktG/*Mertens*, § 93 Rn. 57; Großkomm. AktG/*Hopt*, § 93 Rn. 145; *Schaefer/Missling*, NZG 1998, 441, 443.

[28] Köln. Komm. AktG/*Mertens*, § 93 Rn. 67; Großkomm. AktG/*Hopt*, § 93 Rn. 166; *Schaefer/Missling*, NZG 1998, 441, 443.

[29] Köln. Komm. AktG/*Mertens*, § 93 Rn. 69; ; *Möllers*, Handbuch Corporate Governance, S. 405, 413.

d) Weitere Pflichten

Neben den allgemeinen Verhaltenspflichten (vgl. b)) und den aus der Treuepflicht resultierenden Pflichten (vgl. c)), die aus § 93 Abs. 1 AktG abgeleitet werden, regelt das Gesetz ausdrücklich insbesondere die im Folgenden dargestellten Pflichten.

aa) Schweigepflicht nach § 93 Abs. 1 Satz 2 AktG

Nach § 93 Abs. 1 Satz 2 AktG sind die Vorstandsmitglieder dazu verpflichtet über

> *„vertrauliche Angaben und Geheimnisse der Gesellschaft, namentlich Betriebs- oder Geschäftsgeheimnisse, die ihnen durch ihre Tätigkeit im Vorstand bekanntgeworden sind, ... Stillschweigen zu bewahren."*

Dabei kann von Geheimnissen der Aktiengesellschaft gesprochen werden, wenn es um Tatsachen geht, die nicht allgemein bekannt sind und für die ein objektives Geheimhaltungsinteresse besteht.[30] Zu den vertraulichen Angaben gehören alle Informationen, die kein Geheimnis (mehr) sind, die das betreffende Vorstandsmitglied in dieser Eigenschaft erlangt hat und deren Weitergabe für die Aktiengesellschaft nachteilig sein kann.[31] Die Schweigepflicht besteht auch gegenüber Dritten. Dritte in diesem Sinne sind z.B. auch der Großaktionär und Banken.[32]

bb) Berichtspflichten des Vorstands nach § 90 AktG

§ 90 AktG erlegt dem Vorstand die Pflicht auf, dem Aufsichtsrat über bestimmte Gegenstände Bericht zu erstatten. Diese Verpflichtung soll dem Aufsichtsrat die Überwachung des Vorstands ermöglichen.[33]

§ 90 Abs. 1 Nr. 1 bis 3 und Abs. 2 Nr. 1 bis 3 AktG verpflichten den Vorstand regelmäßig über die beabsichtigte Geschäftspolitik, die Rentabilität der Aktiengesellschaft und den Gang der Geschäfte zu berichten. Bei Geschäf-

---

30 *Hüffer*, § 93 Rn. 7; Münch. Hdb. GesR IV/*Wiesner*, § 25 Rn. 39; *Hefermehl*, in Geßler/Hefermehl, § 93 Rn. 16.

31 *Hüffer*, § 93 Rn. 7; *Hefermehl*, in Geßler/Hefermehl, § 93 Rn. 16; Großkomm. AktG/*Hopt*, § 93 Rn. 195 f.

32 Münch. Hdb. GesR IV/*Wiesner*, § 25 Rn. 43; *Hefermehl*, in Geßler/Hefermehl, § 93 Rn. 18.

33 *Hüffer*, § 90 Rn. 1; Münch. Hdb. GesR IV/*Wiesner*, § 25 Rn. 10.

ten, die für die Rentabilität oder Liquidität der Aktiengesellschaft von erheblicher Bedeutung sein können, sowie bei sonstigen wichtigen Anlässen sind Sonderberichte zu erstatten. Diese Sonderberichte haben möglichst so rechtzeitig zu erfolgen, dass der Aufsichtsrat vor Vornahme der Geschäfte Gelegenheit hat, zu ihnen Stellung zu nehmen (§ 90 Abs. 2 Nr. 4 AktG).

Nach § 90 Abs. 3 AktG ist der Vorstand verpflichtet, dem Aufsichtsrat auf Anforderung über Angelegenheiten der Aktiengesellschaft, über ihre rechtlichen und geschäftlichen Beziehungen zu verbundenen Unternehmen sowie über geschäftliche Vorgänge bei diesen Unternehmen zu berichten, die auf die Lage der Aktiengesellschaft von erheblichem Einfluss sein können.

Die Berichtspflichten des Vorstands sind in § 90 AktG nicht abschließend geregelt. Der Vorstand ist vielmehr immer dann zur Berichterstattung verpflichtet, wenn ein Beschluss des Aufsichtsrats herbeigeführt werden soll oder auf Grund gesetzlicher Vorschriften herbeigeführt werden muss.[34]

cc) Pflichten bei Verlust, Überschuldung und Zahlungsunfähigkeit nach § 92 AktG

§ 92 AktG bestimmt für den Fall eines Verlusts in Höhe der Hälfte des Grundkapitals (Abs. 1) sowie der Zahlungsunfähigkeit und der Überschuldung (Absätze 2 und 3), was der Vorstand zu tun hat. Im ersten Fall hat der Vorstand unverzüglich die Hauptversammlung einzuberufen und ihr den Verlust anzuzeigen. In den beiden weiteren Fällen hat er unverzüglich, spätestens innerhalb von drei Wochen nach Eintritt der Zahlungsunfähigkeit oder Überschuldung, die Eröffnung des Insolvenzverfahrens zu beantragen.

Außerdem darf der Vorstand nur noch Zahlungen leisten, die mit der Sorgfalt eines ordentlichen und gewissenhaften Geschäftsleiters vereinbar sind. Damit sind insbesondere Zahlungen gemeint, die masseneutral sind, weil sie gegen eine wertdeckende Gegenleistung erbracht werden. Außerdem sind Zahlungen zulässig, die erbracht werden müssen, um Sanierungsbemühungen innerhalb der Frist des § 92 Abs. 2 Satz 1 AktG nicht von vornherein zum Scheitern zu verurteilen.[35]

dd) Pflichten im Zusammenhang mit der Hauptversammlung

Den Vorstand treffen im Zusammenhang mit der Hauptversammlung verschiedene Pflichten. So ist der Vorstand z.B. nach § 83 AktG auf Verlangen

---

[34] *Hüffer*, § 90 Rn. 2; Münch. Hdb. GesR IV/*Wiesner*, § 25 Rn. 23.

[35] *Hüffer*, § 92 Rn. 14b.

der Hauptversammlung zur Vorbereitung von Maßnahmen verpflichtet, die in die Zuständigkeit der Hauptversammlung fallen, sowie zur Ausführung von Hauptversammlungsbeschlüssen.

Darüber hinaus treffen den Vorstand gegenüber der Hauptversammlung bzw. den Aktionären bestimmte Vorlage-, Auskunfts- und Berichtspflichten:

Nach § 131 Abs. 1 AktG ist der Vorstand z.B. verpflichtet, jedem Aktionär auf Verlangen in der Hauptversammlung Auskunft über Angelegenheiten der Aktiengesellschaft zu geben, soweit sie zur sachgemäßen Beurteilung des Gegenstands der Tagesordnung erforderlich ist.

Nach § 176 AktG hat der Vorstand der Hauptversammlung den Jahresabschluss, den Lagebericht, den Bericht des Aufsichtsrats und den Vorschlag des Vorstands für die Verwendung des Bilanzgewinns vorzulegen. Er ist außerdem verpflichtet, seine Vorlagen entsprechend zu erläutern.

Bei Kapitalerhöhungen unter Bezugsrechtsausschluss ist der Vorstand nach § 186 Abs. 4 AktG verpflichtet, der Hauptversammlung einen schriftlichen Bericht über den Grund für den teilweisen oder vollständigen Ausschluss des Bezugsrechts vorzulegen.

Ähnliche Berichtspflichten treffen den Vorstand im Zusammenhang mit dem Abschluss von Unternehmensverträgen (§ 293a AktG) und Maßnahmen nach dem Umwandlungsgesetz (§§ 8, 127, 192 UmwG).

ee) Wettbewerbsverbot nach § 88 AktG

(1) Allgemeines

§ 88 Abs. 1 Satz 1, 1. Fall AktG verbietet den Vorstandsmitgliedern den Betrieb eines Handelsgewerbes. Für das Eingreifen dieses Verbots kommt es nicht darauf an, ob das Handelsgewerbe im Geschäftszweig der Aktiengesellschaft oder in einem anderen Geschäftszweig betrieben wird. § 88 Abs. 1 Satz 1, 2. Fall AktG verbietet das Geschäftemachen im Geschäftszweig der Aktiengesellschaft und zwar sowohl für eigene als auch für fremde Rechnung. Nach § 88 Abs. 1 Satz 2 AktG ist auch das Tätigwerden als Mitglied des Vorstands, als Geschäftsführer oder als persönlich haftender Gesellschafter einer anderen Handelsgesellschaft grundsätzlich verboten. Die durch § 88 Abs. 1 AktG verbotenen Tätigkeiten dürfen jedoch ausgeübt werden, wenn der Aufsichtsrat zuvor in die jeweilige Tätigkeit eingewilligt hat.

§ 88 AktG dient dem Schutz der Aktiengesellschaft davor, dass die Vorstandsmitglieder ihr auf Grund der beschriebenen Tätigkeiten ihre Arbeitskraft nicht mehr vollständig zur Verfügung stellen können. Eine Mehrbelastung auf Grund solcher Tätigkeiten soll das Vorstandsmitglied nicht ohne Einwilligung und damit Kenntnis des Aufsichtsrats übernehmen dürfen. Das Einwilligungserfordernis ermöglicht es dem Aufsichtsrat außerdem, einen Überblick über die Handelsgesellschaften zu erhalten, für die das von ihm bestellte Vorstandsmitglied tätig ist, und zu entscheiden, ob diese Tätigkeit im Interesse der Aktiengesellschaft liegt.[36] Soweit es um Wettbewerbshandlungen eines Vorstandsmitglieds geht, werden durch die Vorschrift die Treuepflichten des Vorstandsmitglieds konkretisiert (vgl. c)).

(2) Anwendbarkeit auf die Fallbeispiele

Die der Dissertation zu Grunde liegenden Fallbeispiele (vgl. Kapitel I. 1. b)) werden von § 88 Abs. 1 AktG seinem Wortlaut nach nicht erfasst. Das Vorstandsmitglied betreibt weder unmittelbar ein Handelsgewerbe[37] noch geht es um Geschäfte im Geschäftszweig der Aktiengesellschaft. Das Vorstandsmitglied ist auch nicht Mitglied des Geschäftsleitungsorgans oder persönlich haftender Gesellschafter einer Handelsgesellschaft. Beim ersten Fallbeispiel geht es lediglich um die Beteiligung des Vorstandsmitglieds an einer Gesellschaft, die ein Handelsgewerbe betreibt und die mit der Aktiengesellschaft einen Vertrag schließt. Beim zweiten Fallbeispiel geht es nur um persönliche Beziehungen zu einer solchen Gesellschaft.

Da § 88 Abs. 1 AktG seinem Wortlaut nach die Beteiligung eines Vorstandsmitglieds an einer Gesellschaft, die ein Handelsgewerbe betreibt, nicht erfasst, wird eine derartige Gesellschaftsbeteiligung grundsätzlich als einwilligungsfrei betrachtet.[38] Es wird jedoch die Auffassung vertreten, dass eine Gesellschaftsbeteiligung dann dem Betrieb eines Handelsgewerbes gleich zu stellen ist, wenn das Vorstandsmitglied die Gesellschaft, an der die Betei-

---

36 Begründung des Gesetzentwurfs der Bundesregierung zum Aktiengesetz, BT-Drucks. IV/171, S. 127.

37 Betreibender des Handelsgewerbes ist bei einer GmbH nicht der Gesellschafter, sondern die GmbH selbst, *Hopt*, in Baumbach/Hopt, § 1 Rn. 31.

38 *Hefermehl*, in Geßler/Hefermehl, § 88 Rn. 15; Großkomm. AktG/*Meyer-Landrut*, § 88 Anm. 2; *Hüffer*, § 88 Rn. 4.

ligung besteht, maßgebend beherrscht.[39] Erfasst wären damit insbesondere die Fälle der Einmann-GmbH oder -AG.

Für diese Auffassung spricht, dass anderenfalls durch die Zwischenschaltung einer juristischen Person eine Umgehung des § 88 Abs. 1 AktG möglich wäre. Das Vorstandsmitglied soll nicht durch das Mittel der rechtlichen Selbständigkeit einer juristischen Person Tätigkeiten ausüben können, die ihm selbst nach § 88 Abs. 1 AktG verboten sind.[40] Diese Überlegung trifft jedoch nur auf die von § 88 Abs. 1 Satz 1, 2. Fall AktG erfassten Fallkonstellationen zu, welche Wettbewerbshandlungen eines Vorstandsmitglieds betreffen. Die Aktiengesellschaft soll durch die Vorschrift vor der Konkurrenz durch eigene Vorstandsmitglieder geschützt werden. Weder bei dem ersten noch bei dem zweiten Fallbeispiel geht es jedoch um solche Wettbewerbshandlungen.

Auch der Schutzzweck des § 88 Abs. 1 Satz 1, 1. Fall AktG, der hier einschlägig sein könnte, spricht gegen eine analoge Anwendung auf die Fallbeispiele. Denn die Vorschrift soll die Aktiengesellschaft lediglich vor einem anderweitigen Einsatz der Arbeitskraft des Vorstandsmitglieds schützen. Wenn das Vorstandsmitglied jedoch nicht zusätzlich zu seiner Gesellschafterstellung Geschäftsführer der von ihm gehaltenen Gesellschaft ist, steht der Aktiengesellschaft die Arbeitskraft des betroffenen Vorstandsmitglieds vollständig zur Verfügung.[41] Der Schutzzweck des § 88 Abs. 1 Satz 1, 1. Fall AktG fordert in diesem Fall keine analoge Anwendung der Vorschrift. Dies gilt erst recht, wenn das Vorstandsmitglied wie im zweiten Fallbeispiel gar nicht unmittelbar betroffen ist.

§ 88 Abs. 1 AktG ist somit nicht (auch nicht analog) auf die Fallbeispiele anwendbar. Das Vorstandsmitglied bedarf deshalb für die Beteiligung an der Drittgesellschaft im ersten Fallbeispiel nicht der Einwilligung des Aufsichtsrats. Dasselbe gilt für das zweite Fallbeispiel, bei dem noch nicht einmal eine gesellschaftsrechtliche Beteiligung vorliegt. Etwas anderes würde nur dann gelten, wenn das Vorstandsmitglied Geschäftsführer der Drittgesellschaft wäre.

---

39 *Hefermehl*, in Geßler/Hefermehl, § 88 Rn. 15; Großkomm. AktG/*Meyer-Landrut*, § 88 Anm. 2; *Armbrüster*, ZIP 1997, 1269, 1270; Köln. Komm. AktG/*Mertens*, § 88 Rn. 3 allgemein für die analoge Anwendung auf gewerbliche oder freiberufliche Aktivitäten, die nicht dem rechtstechnischen Begriff des Handelsgewerbes unterfallen.

40 *Hefermehl*, in Geßler/Hefermehl, § 88 Rn. 15.

41 In diesem Sinne wohl auch *Armbrüster*, ZIP 1997, 1269, 1270, nach dem § 88 AktG bei einer (Mehrheits-)Beteiligung unter der Voraussetzung eingreift, dass damit tatsächlich eine maßgebliche Einflussnahme auf die Geschäftsführung einhergeht.

Da eine Einwilligung des Aufsichtsrats nicht erforderlich ist, besteht in beiden Fallbeispielen grundsätzlich die Möglichkeit, dass die Interessenkollision dem Restvorstand und dem Aufsichtsrat unbekannt ist und bleibt.

ff) Sonstige Mitteilungs-, Bekanntmachungs- und Berichtspflichten

Nach § 15a WpHG sind die Vorstandsmitglieder verpflichtet, der Aktiengesellschaft, deren Vorstand sie angehören, sowie der Bundesanstalt für Finanzdienstleistungsaufsicht den Erwerb oder die Veräußerung von Wertpapieren der Aktiengesellschaft mitzuteilen. Darüber hinaus obliegt dem Vorstand als Vertreter der Aktiengesellschaft die Erfüllung sämtlicher Mitteilungs-, Bekanntmachungs- und Berichtspflichten, welche die Aktiengesellschaft treffen (z.B. § 20 AktG, §§ 15, 21 WpHG).

3. Pflichten nach dem Corporate Governance Kodex

a) Entstehungsgeschichte

Am 26. Februar 2002 übergab die von der Bundesjustizministerin im September 2001 eingesetzte Regierungskommission Deutscher Corporate Governance Kodex (im Folgenden: „Kodex-Kommission“) den erarbeiteten Kodex. Bei der Erstellung des Corporate Governance Kodex stützte sich die Kodex-Kommission zum einen auf den Abschlussbericht der vom Bundeskanzler eingesetzten Regierungskommission „Corporate Governance - Unternehmensführung - Unternehmenskontrolle - Modernisierung des Aktienrechts“ (sog. Baums-Kommission) vom Juli 2001. Zum anderen berücksichtigte die Kodex-Kommission die Corporate Governance-Grundsätze der Frankfurter Grundsatzkommission Corporate Governance vom Juli 2000 und die Vorschläge des Berliner Initiativkreises zum „German Code of Corporate Governance“ vom Juni 2000.

Die Kodex-Kommission hatte ihre Arbeit mit den Aufträgen aufgenommen,

- wesentliche gesetzliche Vorschriften zur Unternehmensleitung und -überwachung börsennotierter Gesellschaften zusammenzufassen,
- in Form von Empfehlungen international und national anerkannte Verhaltensstandards zu berücksichtigen und
- den einzelnen Gesellschaften auch Anregungen für eine gute und verantwortungsvolle Unternehmensführung und -überwachung zu geben.[42]

---

[42] *Cromme*, Ausführungen vom 18.12.2001, S. 4.

Der Corporate Governance Kodex stellt das für deutsche börsennotierte Aktiengesellschaften geltende Corporate Governance System sowie das diesbezügliche Gesetzesrecht dar. Er enthält darüber hinaus international und national anerkannte Standards guter und verantwortungsvoller Unternehmensführung. Dadurch soll das deutsche Corporate Governance System transparenter und verständlicher gemacht und das Vertrauen nationaler und internationaler Anleger, der Kunden, der Mitarbeiter und der Öffentlichkeit in die Leitung und Überwachung deutscher börsennotierter Aktiengesellschaften gefördert werden.[43] Außerdem soll deutschen Unternehmen der Zugang zu internationalen Kapitalmärkten erleichtert und deren Kapitalaufnahmekosten gesenkt werden.[44]

Die Kodex-Kommission besteht auch nach der Erstellung des Corporate Governance Kodex weiter, da ihr Auftrag auch die in regelmäßigen Abständen stattfindende Überprüfung und Anpassung des Corporate Governance Kodex umfasst.[45]

Das *Gesetz zur weiteren Reform des Aktien- und Bilanzrechts, zu Transparenz und Publizität (TransPuG)* vom 19. Juli 2002 enthielt neben einigen Änderungen im Bereich der Rechnungslegung und Abschlussprüfung auch Gesetzesänderungen auf Grund des Corporate Governance Kodex. So wurde u.a. in das Aktiengesetz die Verpflichtung zur Abgabe der sog. Entsprechens- oder Compliance-Erklärung eingeführt:

> *„§ 161. Erklärung zum Corporate Governance Kodex.*
>
> *Vorstand und Aufsichtsrat der börsennotierten Gesellschaft erklären jährlich, dass den vom Bundesministerium der Justiz im amtlichen Teil des elektronischen Bundesanzeigers bekannt gemachten Empfehlungen der „Regierungskommission Deutscher Corporate Governance Kodex" entsprochen wurde und wird oder welche Empfehlungen nicht angewendet wurden oder werden. Die Erklärung ist den Aktionären dauerhaft zugänglich zu machen."*[46]

---

[43] Vgl. die Präambel des Corporate Governance Kodex.

[44] *Seibt*, AG 2002, 249, 250; *Ulmer*, ZHR 166 (2002), 150, 151.

[45] Präambel des Corporate Governance Kodex; Kodex-Kommentar/*Ringleb*, Vorbem. Rn 16; der Corporate Governance Kodex wurde bereits mehrfach geändert. Die aktuellste Version des Corporate Governance Kodex stammt vom 21. Mai 2003.

[46] Wegen der Einzelheiten vgl. c) bb).

Durch das TransPuG wurde außerdem § 285 HGB geändert, wonach nunmehr die sonstigen Pflichtangaben im Anhang des Jahresabschlusses um eine Ziffer 16 des Inhalts ergänzt werden, dass

> *„die nach § 161 AktG vorgeschriebene Erklärung abgegeben und den Aktionären zugänglich gemacht worden ist."*

In § 314 Abs. 1 Nr. 8 HGB wurde eine entsprechende Ergänzung des Konzernanhangs vorgesehen. Außerdem wurde § 325 HGB dahingehend erweitert, dass zu den Unterlagen, die jährlich zum Handelsregister eingereicht werden müssen, auch die nach § 161 AktG abzugebende Erklärung gehört.

Die geänderten Regelungen traten neben weiteren Änderungen des Aktiengesetzes und des Handelsgesetzbuchs größtenteils am 26. Juli 2002 in Kraft.

b) Aufbau des Corporate Governance Kodex

Der Corporate Governance Kodex betrifft insgesamt sechs Themenbereiche: Die Aktionäre und die Hauptversammlung (Ziffer 2 Corporate Governance Kodex), die Zusammenwirkung von Vorstand und Aufsichtsrat (Ziffer 3 Corporate Governance Kodex), den Vorstand (Ziffer 4 Corporate Governance Kodex), den Aufsichtsrat (Ziffer 5 Corporate Governance Kodex), die Transparenz (Ziffer 6 Corporate Governance Kodex) sowie die Rechnungslegung und Abschlussprüfung (Ziffer 7 Corporate Governance Kodex).

Neben Regelungen, die lediglich das geltende Gesetzesrecht wiedergeben, enthält der Corporate Governance Kodex Empfehlungen, die durch die Verwendung des Wortes *„soll"* gekennzeichnet werden, sowie Anregungen, die durch die Worte *„sollte"* oder *„kann"* gekennzeichnet werden.

Für die vorliegende Dissertation ist insbesondere Ziffer 4.3 von Bedeutung, die Interessenkonflikte bei Vorstandsmitgliedern betrifft:

> *„4.3 Interessenkonflikte*
>
> *4.3.1 Vorstandsmitglieder unterliegen während ihrer Tätigkeit für das Unternehmen einem umfassenden Wettbewerbsverbot.*
>
> *4.3.2 Vorstandsmitglieder und Mitarbeiter dürfen im Zusammenhang mit ihrer Tätigkeit weder für sich noch für andere Personen von Dritten Zuwendungen oder sonstige Vorteile fordern oder annehmen oder Dritten ungerechtfertigte Vorteile gewähren.*

4.3.3 *Die Vorstandsmitglieder sind dem Unternehmensinteresse verpflichtet. Kein Mitglied des Vorstands darf bei seinen Entscheidungen persönliche Interessen verfolgen und Geschäftschancen, die dem Unternehmen zustehen, für sich nutzen.*

4.3.4 *Jedes Vorstandsmitglied soll Interessenkonflikte dem Aufsichtsrat gegenüber unverzüglich offenlegen und die anderen Vorstandsmitglieder hierüber informieren. Alle Geschäfte zwischen dem Unternehmen einerseits und den Vorstandsmitgliedern sowie ihnen nahestehenden Personen oder ihnen persönlich nahestehenden Unternehmungen andererseits haben branchenüblichen Standards zu entsprechen. Wesentliche Geschäfte sollen der Zustimmung des Aufsichtsrats bedürfen.*

4.3.5 *Vorstandsmitglieder sollen Nebentätigkeiten, insbesondere Aufsichtsratsmandate außerhalb des Unternehmens, nur mit Zustimmung des Aufsichtsrats übernehmen."*

Eine vergleichbare Regelung findet sich im Corporate Governance Kodex für Interessenkonflikte bei Aufsichtsratsmitgliedern.

c) Rechtsnatur der Empfehlungen des Corporate Governance Kodex

aa) Allgemeines

Die Rechtsnatur der Empfehlungen des Corporate Governance Kodex ist noch weitgehend ungeklärt. Vor der Erstellung des Corporate Governance Kodex wurde dem deutschen Gesetzgeber von Teilen der Literatur empfohlen seine Regelungsverantwortung für die Corporate Governance auf Regulatoren einer mittleren Ebene zu übertragen.[47] *Hommelhoff* etwa schlug vor, dass der Gesetzgeber neben speziellen Corporate Governance-Regeln den allgemeinen Corporate Governance-Rahmen, insbesondere die Komplexe und Einzelfragen festlegen solle, die nicht einem Regulator auf der mittleren Ebene, sondern den Börsengesellschaften zur ausschließlich eigenverantwortlichen Gestaltung verbleiben sollten. Der mittleren Regulierungsebene, für die er als Regulator beispielsweise die Börsenzulassungsstelle vorschlug, wäre dann die Regelung derjenigen Komplexe verblieben, die weder durch

---

[47] *Hommelhoff*, ZGR 2001, 238, 245; *Lutter*, ZGR 2001, 224, 237.

den Gesetzgeber noch eigenverantwortlich durch die Aktiengesellschaften gestaltet würden.[48]

Der Gesetzgeber ist den Empfehlungen der Literatur jedoch nicht gefolgt. Er hat insbesondere keinen gesetzlichen Rahmen für Corporate Governance in Deutschland geschaffen. An Stelle des Gesetzgebers ist lediglich ein vom Bundesjustizministerium eingesetztes Gremium tätig geworden. Nach Auffassung von *Cromme*, dem Vorsitzenden der Kodex-Kommission, wurde es der deutschen Wirtschaft mit der Einsetzung der Kodex-Kommission ermöglicht, *„in einem Akt der Selbstorganisation einen Corporate Governance Kodex zu entwickeln."*[49] Auch im Übrigen wird überwiegend davon ausgegangen, dass die Erstellung des Corporate Governance Kodex einen Akt der freiwilligen Selbstorganisation der deutschen Wirtschaft darstellt.[50]

Einigkeit besteht auch dahingehend, dass der Corporate Governance Kodex selbst keine Gesetzesqualität besitzt und dass insbesondere die informatorischen Teile des Corporate Governance Kodex, insoweit sie zutreffend die geltende Gesetzeslage wiedergeben, keinen rechtsetzenden Charakter haben.[51] Dies gilt grundsätzlich auch für die Empfehlungen und Anregungen des Corporate Governance Kodex, die über geltendes Recht hinausgehen, so dass Vorstand und Aufsichtsrat nach allgemeiner Auffassung zumindest vor Abgabe einer positiven Entsprechenserklärung grundsätzlich von ihnen abweichen können, da sie keinerlei rechtliche Verbindlichkeit besitzen.[52] § 161 AktG sieht für den Fall der Abweichung von den Empfehlungen lediglich die Verpflichtung vor, dass Vorstand und Aufsichtsrat zu erklären haben, dass und von welcher Empfehlung abgewichen wurde bzw. abgewichen wird. Einer Begründung, warum bestimmten Empfehlungen nicht gefolgt wird, bedarf es nicht.[53]

---

48 *Hommelhoff*, ZGR 2001, 238, 246; nach *Claussen/Bröcker*, DB 2002, 1199, existiert jedoch nach dem deutschen Grundgesetz kein Regulator der mittleren Ebene.

49 *Cromme*, Ausführungen vom 18.12.2001, S. 4.

50 *Seibert*, ZIP 2001, 2192; *Erhardt/Nowak*, AG 2002, 336; *Ulmer*, ZHR 166 (2002), 150, 159; Kodex-Kommentar/*Ringleb*, Vorbem. Rn. 14.

51 *Seibert*, BB 2002, 581, 582; *Seibt*, AG 2002, 249, 250; *Ulmer*, ZHR 166 (2002), 150, 153; *Erhardt/Nowak*, AG 2002, 336; Kodex-Kommentar/*Ringleb*, Vorbem. Rn. 35; *Claussen/Bröcker*, DB 2002, 1199; *Abram*, NZG 2003, 307, 308.

52 Vgl. die Begründung des Gesetzentwurfs der Bundesregierung zu § 161 AktG-E, BR-Drucks. 109/02, 50; *Ulmer*, ZHR 166 (2002), 150, 151; Kodex-Kommentar/*Ringleb*, Vorbem. Rn. 36 f.

53 Kodex-Kommentar/*Ringleb*, Vorbem. Rn. 46.

bb) Vergleichbarkeit mit § 342 HGB

Ulmer sieht zwischen den Empfehlungen des Corporate Governance Kodex und den Grundsätzen ordnungsmäßiger Buchführung im Sinne von § 342 HGB erhebliche Parallelen.[54]

(1) Allgemeines zu § 342 HGB

§ 342 HGB geht zurück auf das *Gesetz zur Kontrolle und Transparenz im Unternehmensbereich (KonTraG)* vom 27. April 1998 und führte zur Anerkennung des „*DRSC – Deutsches Rechnungslegungs Standards Committee*", einem eingetragenen Verein mit Sitz in Berlin, als privatrechtlich organisierte Einrichtung im Sinne des § 342 Abs. 1 Satz 1 HGB. Die Anerkennung durch das Bundesjustizministerium erfolgte mit Vertrag (sog. Standardisierungsvertrag) vom 3. September 1998.[55]

Der Vereinszweck des DRSC besteht in der

> *„Standardisierung (der Rechungslegung) durch ein unabhängiges, ausschließlich mit anerkannten Sachverständigen besetztes Gremium nach anglo-amerikanischem und internationalem Vorbild..."*[56]

Dieses Gremium ist der vom DRSC eingerichtete Deutsche Standardisierungsrat (DSR), der im Rahmen eines festgelegten Verfahrens entsprechend § 342 Abs. 1 Satz 1 Nr. 1 HGB Rechnungslegungsstandards zu wesentlichen Bilanzierungs- und Bewertungsfragen der Konzernrechnungslegung entwickelt. Der DSR verabschiedet diese Rechnungslegungsstandards als „Deutsche Rechnungslegungsstandards -DRS".

Bei den DRS handelt es sich im Zeitpunkt ihrer Verabschiedung um rechtlich unverbindliche Empfehlungen.[57] Rechtliche Relevanz erhalten die DRS erst dadurch, dass sie vom Bundesjustizministerium bekannt gemacht werden. Denn nach § 342 Abs. 2 HGB wird bei der Beachtung der bekannt gemachten Empfehlungen zugleich die Beachtung der die Konzernrechnungslegung

---

54 *Ulmer*, ZHR 166 (2002), 150, 161 ff.

55 Vertrag, abrufbar unter www.standardsetter.de/drsc/docs/fmj_contract.html.

56 Präambel der Satzung des DRSC vom 16. Dezember 1998, abrufbar unter www.standardsetter.de/drsc/docs/charter.html.

57 Münch. Komm. HGB/*Ebke*, § 342 Rn. 21; *Spanheimer*, WPg 2000, 997, 1004; *Ernst*, Reform des Aktienrechts, der Rechnungslegung und Prüfung, S. 321, 348 f.

betreffenden Grundsätze ordnungsmäßiger Buchführung (widerlegbar) vermutet. Gesetzeskraft erlangen die Empfehlungen dadurch jedoch nicht.[58]

(2) Vergleichbarkeit der Empfehlungen des Corporate Governance Kodex mit den DRS

Im Rahmen der Untersuchung der Rechtsnatur der Empfehlungen des Corporate Governance Kodex werden diese des Öfteren mit den DRS verglichen. Grund dafür sind folgende Gemeinsamkeiten:

Wie die DRS wurden die Empfehlungen des Corporate Governance Kodex durch ein vom Bundesjustizministerium eingesetztes und mit Experten besetztes Gremium verabschiedet. Beiden Gremien oblag bzw. obliegt die Aufgabe, bestimmte Empfehlungen für die Unternehmenspraxis zu entwickeln. Gemeinsam ist den Empfehlungen des Corporate Governance Kodex und den DRS außerdem, dass ihnen keine Gesetzeskraft zukommt. Es handelt sich bei ihnen (zumindest vor der Abgabe der Entsprechenserklärung nach § 161 AktG bzw. der Bekanntmachung nach § 342 HGB) lediglich um unverbindliche Verhaltensempfehlungen. Des Weiteren werden sowohl die Empfehlungen des Corporate Governance Kodex als auch die DRS vom Bundesjustizministerium bekannt gemacht, woran die einschlägigen gesetzlichen Regelungen bestimmte Rechtsfolgen knüpfen.[59]

Die strukturellen Unterschiede zwischen den beiden Gremien sowie den Empfehlungen des Corporate Governance Kodex einerseits und den DRS andererseits sind jedoch erheblich:

Im Hinblick auf die Kodex-Kommission besteht keine mit § 342 Abs. 1 HGB vergleichbare gesetzliche Grundlage, nach der sie durch Vertrag anerkannt und ihr bestimmte gesetzlich definierte Aufgaben übertragen wurden oder werden. Die Regierungskommission Corporate Governance hat es vielmehr ausdrücklich abgelehnt, sich an § 342 HGB zu orientieren und eine gesetzliche Grundlage für die Anerkennung einer auf privater Initiative beruhenden Kommission zur Entwicklung eines deutschen Code of Best Practice zu schaffen. Dies wurde u.a. damit begründet, dass sich die Aufgaben der Kodex-Kommission erheblich von denen des DRSC unterschieden.[60] Insbeson-

---

[58] Münch. Komm. HGB/*Ebke*, § 342 Rn. 21 f.; *Merkt*, in Baumbach/Hopt, § 342 Rn. 2; *Ernst*, Reform des Aktienrechts, der Rechnungslegung und Prüfung, S. 321, 349.

[59] Vgl. zu den Gemeinsamkeiten die Ausführungen von *Ulmer*, ZHR 166 (2002), 150, 163 f.

[60] Bericht der Regierungskommission Coporate Governance, Rn. 17.

dere sehe § 161 AktG für die Empfehlungen der Kodex-Kommission keine dem § 342 Abs. 2 HGB entsprechende Vermutung vor.[61]

Nach Auffassung von *Ulmer* sind sich jedoch die Rechtswirkungen einer Nichtbefolgung und die Vermutungswirkung des § 342 HGB äußerst ähnlich. Er begründet dies damit, dass sich die Vermutung des § 342 Abs. 2 HGB darauf beschränke, den Gerichten einen Anhaltspunkt dafür zu geben, dass ein unter Beachtung der DRS erstellter Konzernabschluss der Konzernrechnungslegung Rechnung trage. Daraus sei jedoch nicht zu schließen, dass die Nichtbeachtung der DRS nicht den Grundsätzen ordnungsmäßiger Buchführung genüge. *Ulmer* erwartet entsprechende Wirkungen auch für die (Nicht-) Befolgung der Kodex-Empfehlungen durch Aufsichtsrat und Vorstand und geht davon aus, dass die Befolgung der Empfehlungen zumindest de facto mit der Schlussfolgerung verbunden werde, dass die Gesellschaftsorgane ihren Sorgfaltspflichten genügt hätten.

Gerade hier liegt jedoch der entscheidende Unterschied: § 342 Abs. 2 HGB stellt eine gesetzliche Vermutung auf, die widerlegt werden muss. Aus der Gesetzesbegründung geht hervor, dass der Gesetzgeber diese Vermutungswirkung zu dem Zweck geschaffen hatte, den Empfehlungen zu einer stärkeren Durchsetzungskraft zu verhelfen.[62] Die für die Zukunft zu erwartende allein faktische Vermutungswirkung der Befolgung der Kodex-Empfehlungen ist mit einer gesetzlichen Vermutung nicht zu vergleichen.

Ein weiterer wesentlicher Unterschied liegt darin, dass keine gesetzlichen Vorschriften bestehen, welche das Verfahren der Entwicklung der Kodex-Empfehlungen sowie die Besetzung der Kodex-Kommission vergleichbar mit § 342 Abs. 1 Sätze 2 und 3 HGB regeln. Hinzu kommt, dass § 161 AktG an das Abweichen von den Empfehlungen des Corporate Governance Kodex eine Informationsverpflichtung von Vorstand und Aufsichtsrat knüpft. Eine derartige Verpflichtung sieht § 342 HGB hingegen nicht vor.

Aus den vorstehenden Ausführungen ergibt sich, dass die Unterschiede zwischen den Kodex-Empfehlungen und den DRS überwiegen. Die Rechtsnatur der Kodex-Empfehlungen ist deshalb nicht mit der Rechtsnatur der DRS vergleichbar.

---

[61] Bericht der Regierungskommission Coporate Governance, Rn. 17.

[62] Beschlussempfehlung und Bericht des Rechtsausschusses vom 4. März 1998, zu § 342 HGB, BT-Drucks. 13/10038, S. 27.

cc) Einordnung als Handelsbrauch

Teilweise werden die Kodex-Empfehlungen auch als Handelsbräuche im Sinne von § 346 HGB eingestuft.[63] Rechtsfolge dieser Qualifizierung wäre, dass nach § 346 HGB unter Kaufleuten in Ansehung der Bedeutung und Wirkung von Handlungen und Unterlassungen auf die Kodex-Empfehlungen Rücksicht zu nehmen wäre.

Handelsbräuche stellen die Verkehrssitte des Handels dar.[64] Sie sind jedoch keine Rechtsnormen[65] und entfalten rechtliche Wirkungen erst dadurch, dass sie über §§ 157 BGB, 346 HGB bei der Auslegung von Willenserklärungen und anderen rechtlich relevanten Verhaltensweisen herangezogen werden.[66]

Um als Handelsbrauch qualifiziert zu werden, müssten die Kodex-Empfehlungen jedoch folgende Voraussetzungen erfüllen:

(1) Es müsste eine gleichmäßige und einheitliche Übung vorliegen, die
(2) über einen angemessenen Zeitraum hinweg stattfindet und die
(3) durch die beteiligten Verkehrskreise freiwillig anerkannt wird.[67]

Allerdings kann zum jetzigen Zeitpunkt noch nicht davon gesprochen werden, dass die Empfehlungen des Corporate Governance Kodex Handelsbräuche darstellten. Es fehlt insofern noch an der über einen angemessenen Zeitraum stattfindenden gleichmäßigen und einheitlichen Übung.[68]

dd) Vergleichbarkeit mit anderen Regelwerken

Im Folgenden wird untersucht, ob die Rechtsnatur der Empfehlungen des Corporate Governance Kodex mit der Rechtsnatur anderer Regelwerke wie z.B. der Insiderhandels-Richtlinien oder des Übernahmekodex vergleichbar ist.

---

63 *Peltzer*, NZG 2002, 10, 11.

64 Münch. Komm. HGB/*Schmidt*, § 346 Rn. 1; *Hopt*, in Baumbach/Hopt, § 346 Rn. 1; *Canaris*, § 24 Rn. 2.

65 *Schmidt*, § 1 III 3. a).

66 *Hopt*, in Baumbach/Hopt, § 346 Rn. 1; *Canaris*, § 24 Rn. 11.

67 *Hopt*, in Baumbach/Hopt, § 346 Rn. 1; *Canaris*, § 24 Rn. 5 ff.

68 *Seibt*, AG 2002, 249, 251; *Ulmer*, ZHR 166 (2002), 150, 159; *Berg/Stöcker*, WM 2002, 1569, 1571; *Ettinger/Grützediek*, AG 2003, 353, 355.

(1) Allgemeines zu den Insiderhandels-Richtlinien

Die Insiderhandels-Richtlinien, die 1995 durch die §§ 12 bis 20 WpHG abgelöst wurden, stellten freiwillige Verhaltensregeln dar, die ausschließlich über die Anerkennung in privatrechtlichen Verträgen rechtlich wirksam und verbindlich wurden (vgl. Ziffer 5 der Insiderhandels-Richtlinien).[69] Vertragsparteien dieser Verträge waren die betroffenen Gesellschaften sowie die Insider ihres Bereichs (z.B. Geschäftsleitung, Aufsichtsrat). Soweit - wie bei Kreditinstituten - die betroffene Gesellschaft selbst als Insider zu qualifizieren war, war Vertragspartner der Gesellschaft ihr jeweiliger Spitzenverband (vgl. Ziffer 5 der Insiderhandels-Richtlinien). Durch die vertragliche Anerkennung wurden die Insiderhandels-Richtlinien zu Vertragsbestandteilen und damit zu privatrechtlichen vertraglichen Regelungen.

(2) Allgemeines zum Übernahmekodex

Der Übernahmekodex, der 2002 durch das Wertpapiererwerbs- und Übernahmegesetz abgelöst wurde, trat nach Ziffer 24 mit dem 1. Oktober 1995 in Kraft. Er enthielt ebenfalls keine verbindlichen Rechtsnormen, sondern nur unverbindliche Empfehlungen.[70]

Über Ziffer 7 Nr. 18 des Übernahmekodex konnte jedoch die rechtliche Verbindlichkeit der Regelungen des Übernahmekodex erreicht werden. Nach dieser Kodex-Bestimmung wurde die Verpflichtung des Bieters zur Einhaltung der Bestimmungen des Übernahmekodex zum Inhalt des Angebots an den Aktionär auf Erwerb seiner Aktien. Im Fall der Annahme durch den Aktionär wurde sie Bestandteil des privatrechtlichen Vertrags.[71] Die anerkennende Gesellschaft wurde auf diese Art und Weise vertraglich zur Befolgung der Regelungen des Übernahmekodex verpflichtet. Daneben sah der Übernahmekodex in Ziffer 21 Abs. 1 die förmliche Anerkennung seiner Regelungen vor.

---

69 *Hopt*, in Baumbach/Hopt, HGB, 29. Aufl., Insiderhandels-Ri (16), Rn. 4; *Groß*, DB 1996, 1909, 1910; *Assmann*, AG 1995, 563, 564.

70 *Groß*, DB 1996, 1909; *Assmann*, AG 1995, 563, 564; *Habersack/Mayer*, ZIP 1997, 2141, 2144; Großkomm. AktG/*Hopt*, § 93 Rn. 128 (unter Hinweis darauf, dass der Übernahmekodex teilweise nur die Rechtslage und die anerkannten Pflichten des Vorstands widerspiegelt).

71 *Groß*, DB 1996, 1909, 1911; *Weisgerber*, ZHR 161 (1997), 421, 426; *Kallmeyer*, ZHR 161 (1997), 435, 452.

(3) Rechtsnatur der Anerkennung im Rahmen des Übernahmekodex

Ob auch die Anerkennung nach Ziffer 21 Abs. 1 des Übernahmekodex als privatrechtlicher Vertrag zu qualifizieren war und welche rechtlichen Konsequenzen die Anerkennung hatte, war umstritten.[72]

Ein Vertrag kann jedoch nur zwischen rechts- und geschäftsfähigen Parteien geschlossen werden. Die Anerkennung der Regelungen des Übernahmekodex wurde aber gegenüber der Geschäftsstelle der Übernahmekommission erklärt. Weder die Geschäftsstelle noch die Übernahmekommission waren rechts- oder geschäftsfähig, so dass es an einem tauglichen Vertragspartner fehlte.[73] Aus diesem Grund ist der Auffassung zuzustimmen, nach der die Anerkennung nicht zum Abschluss eines privatrechtlichen Vertrags führte.

Auch die Qualifizierung der Anerkennung als Auslobung oder als ein der Auslobung vergleichbares Rechtsgeschäft scheidet aus. Denn das Vorliegen einer Auslobung setzt nach § 657 BGB voraus, dass jemand durch öffentliche Bekanntmachung für die Vornahme einer Handlung eine Belohnung aussetzt. Rechtsfolge der Auslobung ist, dass der Auslobende demjenigen, der die Handlung vornimmt, eine Belohnung zu entrichten hat. Im Gegensatz dazu wurde die Anerkennung der Regelungen des Übernahmekodex durch die jeweilige Gesellschaft lediglich gegenüber der Geschäftsstelle der Übernahmekommission erklärt und nicht gegenüber der Öffentlichkeit. Selbst wenn man das Erfordernis der öffentlichen Bekanntmachung durch die Veröffentlichung der Liste mit den anerkennenden Unternehmen durch die Geschäftsstelle (vgl. Ziffer 21 Abs. 1 des Übernahmekodex) als erfüllt betrachtete, würde es an der weiteren Voraussetzung, dem Versprechen einer Belohnung für die Vornahme einer Handlung, fehlen. Es fehlen somit die wesentlichen Tatbestandsmerkmale der Auslobung. Die Anerkennung kann deshalb nicht als Auslobung oder als ein mit der Auslobung vergleichbares Rechtsgeschäft qualifiziert werden.

Schneider[74] und *Stein*[75] vertreten für Patronatserklärungen an die Allgemeinheit die Auffassung, dass es sich bei diesen Erklärungen um einseitige, rechtlich verbindliche Leistungsversprechen handele. Solche Versprechen seien dem Gesetz, wie das Beispiel der Auslobung zeige, nicht unbekannt.

---

72 Für die Qualifizierung als privatrechtlicher Vertrag: *Assmann*, AG 1995, 563, 564; *Thoma*, ZIP 1996, 1725 f.; dagegen: *Groß*, DB 1996, 1909, 1910; *Weisgerber*, ZHR 161 (1997), 421, 425 f.

73 *Groß*, DB 1996, 1909, 1910; *Weisgerber*, ZHR 161 (1997), 421, 425 f.

74 *Schneider*, ZIP 1989, 619, 624.

75 *Stein*, Festschrift für Peltzer, S. 557, 564.

Schließlich lasse sich aus § 305 BGB[76] auch nicht die Konsequenz ziehen, dass einseitige Leistungsversprechen ausschließlich in den gesetzlich vorgesehenen Fällen möglich seien. Dies werde durch die höchstrichterliche Rechtsprechung bestätigt, die auch andere Erklärungssachverhalte als einseitige Leistungsversprechen gewertet habe, obwohl diese nicht geregelt gewesen seien wie z.B. die Verpflichtung des Arbeitgebers zur Zahlung von Ruhegeld auf Grund eines einseitigen Ruhegeldversprechens.[77]

Selbst wenn man dieser umstrittenen Auffassung[78] zustimmte, könnte ihre Argumentation nicht auf die Anerkennung nach Ziffer 21 Abs. 1 des Übernahmekodex übertragen werden. Denn auch ein einseitiges Leistungsversprechen setzt den Rechtsbindungswillen des Versprechenden voraus. Dabei ist maßgeblich, ob die Erklärung aus Sicht des Adressaten der Erklärung von einem entsprechenden Rechtsbindungswillen getragen ist.[79]

Bei der Anerkennung im Rahmen von Ziffer 21 Abs. 1 des Übernahmekodex konnten jedoch weder die Geschäftsstelle der Übernahmekommission als unmittelbare Adressatin der Anerkennungserklärung noch die Personen, die die Veröffentlichung der Liste mit den anerkennenden Unternehmen zur Kenntnis genommen hatten, von einem entsprechenden Rechtsbindungswillen des Anerkennenden ausgehen. Insbesondere die zuletzt genannten Personen konnten nicht davon ausgehen, dass sich jedes auf der Liste aufgeführte Unternehmen gegenüber einer unbestimmten Vielzahl von Personen im Hinblick auf die Einhaltung der Bestimmungen des Übernahmekodex rechtsgeschäftlich binden wollte.

Gegen den Rechtsbindungswillen des Anerkennenden spricht insbesondere die Tatsache, dass der Übernahmekodex in Ziffer 7 Nr. 18 eine spezielle Möglichkeit für eine rechtlich verbindliche Anerkennung im Rahmen eines Vertrags mit dem Aktionär vorsah. Außerdem erfolgte die Sanktionierung eines Verstoßes gegen den Übernahmekodex nach Ziffer 21 unabhängig davon, ob der Übernahmekodex anerkannt worden war oder nicht. Die Anerkennung führte somit auch im Fall des Verstoßes nicht zu stärkeren Sanktionen und hatte auch darüber hinaus keine besonderen Konsequenzen. Die Anerkennung im Rahmen des Übernahmekodex kann deshalb nicht als einseitiges Leistungsversprechen qualifiziert werden.

---

76 Nach der Schuldrechtsreform § 311 BGB.

77 *Schneider*, ZIP 1989, 619, 624; *Stein*, Festschrift für Peltzer, S. 557, 564.

78 Gegen die rechtliche Verbindlichkeit von Patronatserklärungen an die Öffentlichkeit z.B. Staudinger/*Horn*, Vorbem. zu §§ 765 ff., Rn. 407; *Larenz/Canaris*, § 64 V 2d.

79 *Habersack*, ZIP 1996, 257, 259; *Schneider*, ZIP 1989, 619, 624.

Aus den dargestellten Gründen folgten allein aus der Anerkennungserklärung keine rechtlich verbindlichen Pflichten für den Anerkennenden. Da die Befolgung der im Übernahmekodex enthaltenen Verhaltenspflichten nicht erzwungen werden konnte, wurde mit der Anerkennung lediglich eine freiwillige, rechtlich nicht durchsetzbare Bindungswirkung erreicht.[80]

(4) Sanktionen für Verstöße

Durch die (einzelvertragliche) Anerkennung erhielten die Regelungen der Insiderhandels-Richtlinien bzw. des Übernahmekodex jedoch verbindlichen Charakter. Die Verletzung der Insiderhandels-Richtlinien führte nach Ziffer 4 der Insiderhandels-Richtlinien dazu, dass Insider und die Unternehmen, zu deren Vorteil sie handelten, die aus Verstößen gegen das Insiderhandelsverbot nach Ziffer 1 der Insiderhandels-Richtlinien erzielten Vermögensvorteile an die Gesellschaft, deren Insiderpapiere Gegenstand des verbotenen Insidergeschäfts waren, abzuführen hatten. Da der Verstoß gegen das Insiderhandelsverbot zugleich einen Vertragsverstoß darstellte, kamen neben der Gewinnabführungspflicht die allgemeinen vertragsrechtlichen Sanktionen (vor allem Schadenersatzansprüche) in Betracht.

Der Übernahmekodex sah in Ziffer 21 als Sanktion für Verstöße gegen die Bestimmungen des Übernahmekodex die Veröffentlichung von Bemerkungen, Empfehlungen und Entscheidungen durch die Geschäftsstelle der Übernahmekommission vor. Bei Einbeziehung der Bestimmungen des Übernahmekodex in den Kaufvertrag mit Aktionären nach Ziffer 7 Nr. 18 des Übernahmekodex kamen außerdem die allgemeinen vertragsrechtlichen Sanktionen in Betracht.

(5) Unterschiede der Kodex-Empfehlungen gegenüber den Insiderhandels-Richtlinien und dem Übernahmekodex

Insbesondere im Zusammenhang mit der sowohl für die Insiderhandels-Richtlinien als auch für den Übernahmekodex vorgesehenen (freiwilligen) Anerkennung zeigen sich jedoch erhebliche Unterschiede zum Corporate Governance Kodex. Während die Anerkennung der Insiderhandels-Richtlinien und des Übernahmekodex den betroffenen Gesellschaften und Personen (zumindest rechtlich) grundsätzlich freigestellt war, sieht § 161 AktG eine Verpflichtung zur Abgabe einer Erklärung über die Befolgung oder Nicht-Befolgung der Kodex-Empfehlungen vor. Diese Verpflich-

---

[80] *Habersack/Mayer*, ZIP 1998, 2141, 2144; *Groß*, DB 1996, 1909, 1910; *Kallmeyer*, ZHR 161 (1997), 435, 451.

tung trifft zudem nicht die Aktiengesellschaft, sondern ihre Verwaltungsorgane.[81] Auch dies stellt einen entscheidenden Unterschied dar.

Die Entsprechenserklärung ist außerdem inhaltlich nicht mit der Anerkennung im Rahmen der Insiderhandels-Richtlinien oder des Übernahmekodex vergleichbar. Denn zum einen informiert sie darüber, ob und welche Kodex-Empfehlungen die Verwaltungsorgane in der Vergangenheit befolgt haben. Zum anderen gibt sie Auskunft darüber, welche Kodex-Empfehlungen die Verwaltungsorgane zu befolgen beabsichtigen (vgl. dazu im Einzelnen die Ausführungen unter d) bb)). Die Entsprechenserklärung geht damit weiter als die Anerkennungserklärungen. Außerdem ist im Gegensatz zu den Insiderhandels-Richtlinien und dem Übernahmekodex eine Einbeziehung in privatrechtliche Verträge nicht vorgesehen.

Die zuvor dargestellten Unterschiede zwischen den genannten Regelwerken sind erheblich. Die Rechtsnatur der Empfehlungen des Corporate Governance Kodex ist deshalb weder mit den Insiderhandels-Richtlinien noch mit dem Übernahmekodex vergleichbar.

ee) Konkretisierung des Sorgfaltsmaßstabs

Die Kodex-Empfehlungen haben weder Gesetzescharakter noch ist ihre Rechtsnatur mit den unter bb) bis dd) dargestellten Regelwerken vergleichbar. Es stellt sich deshalb die Frage, ob sie vor Abgabe der Entsprechenserklärung lediglich den Charakter von rechtlich unerheblichen Empfehlungen haben.[82]

Dies ist jedoch auf Grund der gesetzlichen Bezugnahme in § 161 AktG zu verneinen. Der Gesetzgeber hat durch die gesetzliche Regelung zum Ausdruck gebracht, dass die Existenz der Kodex-Empfehlungen durch die Verwaltungsorgane der Aktiengesellschaften berücksichtigt werden muss, indem sie ausdrücklich und für die Marktöffentlichkeit nachvollziehbar über die Befolgung oder Nichtbefolgung der Kodex-Empfehlungen entscheiden und darüber berichten müssen.[83] Dadurch erhalten die Kodex-Empfehlungen mittelbar rechtliche Relevanz.

---

81 *Seibt*, AG 2002, 249, 252; *Peltzer*, NZG 2002, 593, 595; *Seibert*, BB 2002, 581, 583; *Lutter*, ZHR 166 (2002), 523, 526; *Schiessl*, AG 2002, 593, 594 (Abgabe der Entsprechenserklärung als „*Gesamtorgan*").

82 Zu den Wirkungen der Abgabe der Entsprechenserklärung vgl. d).

83 Vgl. *Ulmer*, ZHR 166 (2002), 150, 160, der die Auffassung vertritt, dass § 161 AktG zeigt, dass der Gesetzgeber davon ausgeht, dass die Aktiengesellschaften den Corporate Governance Kodex trotz der grundsätzlichen Opt out-Möglichkeit beachten werden.

Darüber hinaus ist davon auszugehen, dass die Kodex-Empfehlungen zumindest über ausfüllungsbedürftige Normen wie z.B. § 93 Abs. 1 AktG mittelbar Eingang in das Gesetzesrecht finden werden, da sie in der Praxis wahrscheinlich in wesentlichen Teilen ganz überwiegend befolgt werden.[84] Sie werden dadurch u.a. Einfluss auf die Konkretisierung des Sorgfaltsmaßstabs gewinnen.[85] Es ist außerdem zu erwarten, dass sich die Gerichte in Zukunft bei der Beurteilung des Verhaltens von Vorstandsmitgliedern als sorgfaltspflichtgemäß an den Kodex-Empfehlungen orientieren werden.[86] Auch das wird eine sorgfältige Einzelfallprüfung jedoch nicht überflüssig machen.

Von diesen mittelbaren rechtlichen Wirkungen jedoch abgesehen, sind die Kodex-Empfehlungen dem außerrechtlichen Bereich zuzuordnen. Es handelt sich insoweit um ein nicht-öffentliches Regelwerk für Verhaltensweisen von Organen einer Aktiengesellschaft.[87]

ff) Ergebnis zu c)

Aus den Ausführungen unter bb) bis ee) folgt, dass es sich bei den Kodex-Empfehlungen vor der Abgabe der Entsprechenserklärung um rechtlich unverbindliche Empfehlungen handelt, die durch die gesetzliche Bezugnahme in § 161 AktG allerdings mittelbar rechtliche Relevanz erhalten und die darüber hinaus in Zukunft auch als Orientierungsmaßstab für die Beurteilung der Sorgfaltspflichtgemäßheit des Handelns der Verwaltungsorgane dienen werden.

---

84 Vgl. dazu auch *v. Werder*, Erhebung zum Deutschen Corporate Governance Kodex sowie die Untersuchung von *Towers Perrin*. Im Rahmen dieser Untersuchungen wurden 99 Entsprechenserklärungen der Gesellschaften aus DAX und (altem) MDAX bzw. 97 Entsprechenserklärungen von DAX100-Unternehmen auf die Umsetzung der Kodex-Empfehlungen überprüft. Ergebnis der Überprüfung war, dass die überwiegende Anzahl der Gesellschaften die Kodex-Empfehlungen bis auf einige Ausnahmen befolgt.

85 *Seibt*, AG 2002, 249, 251; *Schiessl*, AG 2002, 593, 595; *Lutter*, ZHR 166 (2002), 523, 542.

86 *Ulmer*, ZHR 166 (2002), 150, 166; *Schüppen*, ZIP 2002, 1269, 1271, der davon ausgeht, dass die Gerichte eine Konkretisierung des Sorgfaltsmaßstabs durch den Kodex unabhängig davon annehmen, „*in welcher statistischen Signifikanz die einzelnen Empfehlungen ... künftig befolgt werden.*“; teilweise wohl a.A.: *Ettinger/Grützediek*, AG 2003, 353, 354, die davon ausgehen, dass Gerichte die Einhaltung bzw. Nichteinhaltung der Kodex-Empfehlungen i.R.d. notwendigen Einzelfallprüfung nur als eines unter mehreren Indizien beurteilen werden.

87 *Claussen/Bröcker*, DB 2002, 1199; *Seibt*, AG 2003, 465, 470, rechnet sie dem „*Bereich außerrechtlicher, gleichwohl normativer Regelungen*“ zu.

d) Wirkung der Abgabe der Entsprechenserklärung

Bei Ziffer 4.3.4 des Corporate Governance Kodex, welche die Interessenkollisionen bei Vorstandsmitgliedern betrifft, handelt es sich, wie die Formulierung „*soll*" zu erkennen gibt, um eine Empfehlung. Vorstandsmitglieder sollen Interessenkonflikte gegenüber dem Aufsichtsrat und den anderen Vorstandsmitgliedern offen legen. Vor der Abgabe der Entsprechenserklärung sind die Kodex-Empfehlungen nach allgemeiner Auffassung rechtlich unverbindlich.[88] Um zu klären, ob bzw. unter welchen Voraussetzungen die Kodex-Empfehlungen, insbesondere Ziffer 4.3.4, für Vorstandsmitglieder zu korrespondierenden Verpflichtungen führen können, sind der genaue Inhalt und die Wirkung der Abgabe der Entsprechenserklärung nach § 161 AktG zu untersuchen.

aa) Schuldner der Verpflichtung zur Abgabe der Entsprechenserklärung

Die Verpflichtung zur Abgabe der Entsprechenserklärung obliegt nach § 161 AktG ausdrücklich dem Vorstand und dem Aufsichtsrat und nicht etwa der Aktiengesellschaft, vertreten durch ihre Verwaltungsorgane.[89] Bei der Verpflichtung zur Abgabe der Entsprechenserklärung handelt es sich somit um eine originäre Verpflichtung der Verwaltungsorgane.

bb) Inhalt der Entsprechenserklärung

Die Entsprechenserklärung besteht aus zwei Teilen: Zum einen müssen Vorstand und Aufsichtsrat erklären, ob den Empfehlungen der Kodex-Kommission entsprochen wurde und falls nicht, welche Empfehlungen nicht angewendet wurden. Die Entsprechenserklärung ist insofern vergangenheitsbezogen.

Vorstand und Aufsichtsrat haben zum anderen zu erklären, dass den Empfehlungen

> *„entsprochen...wird oder welche Empfehlungen nicht angewendet...werden."*[90]

---

[88] Vgl. die Begründung des Gesetzentwurfs der Bundesregierung zu § 161 AktG-E, BR-Drucks. 109/02, S. 50; *Ulmer*, ZHR 166 (2002), 150, 151; Kodex-Kommentar/*Ringleb*, Vorbem. Rn. 36 f.

[89] *Seibt*, AG 2002, 249, 252; *Peltzer*, NZG 2002, 593, 595; *Seibert*, BB 2002, 581, 583; *Lutter*, ZHR 166 (2002), 523, 526; *Schiessl*, AG 2002, 593, 594 (Abgabe der Entsprechenserklärung als „Gesamtorgan").

[90] § 161 Satz 1 AktG a.E.

Dies wird überwiegend dahingehend verstanden, dass sich die Entsprechenserklärung auch auf die Zukunft bezieht und sie insofern nur eine Absichtserklärung darstellt.[91]

Seibt weist darauf hin, dass diese Auslegung auf Grund der gesetzlichen Formulierung nicht zwingend sei. Das Gesetz bediene sich grammatikalisch der Zeitform des Präsens und nicht des Futur (*„entsprochen wird"* und nicht *„entsprochen werden wird"*), so dass sich die Entsprechenserklärung nicht auf die Zukunft beziehe.[92] Aus diesem Grund müsse die Entsprechenserklärung auch lediglich bis zum Zeitpunkt ihrer Abgabe zutreffend sein. Gegen die Zukunftsbezogenheit spreche außerdem, dass eine für die Zukunft abgegebene Entsprechenserklärung nicht den Interessen der Kapitalanleger diene und für notwendig erachtete Änderungen in der Unternehmenspraxis behindern könne.[93]

Diese ausschließlich am Wortlaut orientierte Auffassung ist jedoch zu eng. Das zusätzliche gesetzliche Erfordernis, die Entsprechenserklärung den Aktionären dauerhaft zugänglich zu machen, spricht vielmehr dafür, dass die Entsprechenserklärung einen über die Vergangenheit und den Zeitpunkt der Abgabe der Entsprechenserklärung hinausgehenden Erklärungsgehalt hat.[94] Es ist nicht erkennbar, welchen Nutzen die dauerhafte Zurverfügungstellung hätte, wenn die Entsprechenserklärung möglicherweise bereits inhaltlich überholt wäre.

Auch Sinn und Zweck des § 161 AktG sprechen gegen diese Auffassung: Der Corporate Governance Kodex soll, verbunden mit der Entsprechenserklärung, zu einer erhöhten Transparenz führen und das Vertrauen der Investoren in die Leitung und Überwachung deutscher Aktiengesellschaften stärken (vgl. 3. a)). Dies wird jedoch durch eine nur auf die Vergangenheit und Gegenwart gerichtete Entsprechenserklärung nicht erreicht. Voraussetzung ist vielmehr, dass die Verwaltungsorgane auch für die Zukunft ihre Absicht

---

91 *Peltzer*, NZG 2002, 593, 594 f.; *Seibert*, BB 2002, 581, 583; *Ihrig/Wagner*, BB 2002, 2509; *Pfitzer/Oser/Wader*, DB 2002, 1120, 1121; *Lutter*, ZHR 166 (2002), 523, 534; *Krieger*, Festschrift für Ulmer, 365, 366; *Abram*, NZG 2003, 307, 308; *Semler/Wagner*, NZG 2003, 553, 554; *Kiethe*, NZG 2003, 559, 561; *Ettinger/Grützediek*, AG 2003, 353, 354.

92 *Seibt*, AG 2002, 249, 251, so auch: *Schüppen*, ZIP 2002, 1269, 1273, der allerdings davon ausgeht, dass die Erklärungsadressaten der Entsprechenserklärung eine Tendenz auch für die Zukunft entnehmen werden.

93 *Seibt*, AG 2002, 249, 251.

94 *Seibert*, BB 2002, 581, 583.

zur Befolgung oder Nichtbefolgung der Kodex-Empfehlungen erklären.[95] Denn die Erklärung wäre für die Empfänger wertlos, wenn sie sich inhaltlich mit dem Zeitpunkt der Abgabe erschöpfte. Diese Auslegung entspricht auch dem Willen des Gesetzgebers, wie er in der Begründung zu § 161 AktG-E zum Ausdruck kommt:

> *„Die Entsprechenserklärung ist vergangenheits- und zukunftsbezogen.“*[96]

Um Sinn und Zweck des § 161 AktG zu erreichen, muss die Entsprechenserklärung außerdem der Wahrheit entsprechen.[97] Das bedeutet, dass die Verwaltungsorgane und ihre Mitglieder im Hinblick auf den vergangenheitsbezogenen Teil wahrheitsgetreu berichten müssen, gegen welche Kodex-Empfehlungen sie verstoßen haben. Das ist dem jeweiligen Verwaltungsorgan nur dann möglich, wenn seine Mitglieder etwaige Verstöße offen legen. Im Hinblick auf den zukunftsbezogenen Teil müssen sie wahrheitsgemäß erklären, ob und in welchem Umfang sie beabsichtigen die Kodex-Empfehlungen zu befolgen.[98] Verstoßen die Verwaltungsorgane und ihre Mitglieder gegen diese Wahrheitspflicht, verletzen sie § 161 AktG.

Während der vergangenheitsbezogene Teil der Entsprechenserklärung als Wissenserklärung einem Beschluss des Verwaltungsorgans nicht zugänglich ist, wird über den absichtsbezogenen Teil der Entsprechenserklärung im jeweiligen Verwaltungsorgan grundsätzlich mit der jeweils erforderlichen Mehrheit beschlossen.

cc) Bindung an die Entsprechenserklärung

Es ist fraglich, ob sich unmittelbar aus § 161 AktG für den Fall der Abgabe einer positiven Entsprechenserklärung die Verpflichtung von Vorstand und Aufsichtsrat ableiten lässt, die Kodex-Empfehlungen auch tatsächlich zu befolgen.[99] Dies würde bedeuten, dass zumindest nach Abgabe der Entspre-

---

95 *Lutter*, ZHR 166 (2002), 523, 531 f.; *Krieger*, Festschrift für Ulmer, S. 365, 366; *Berg/Stöcker*, WM 2002, 1569, 1573.

96 Gesetzentwurf der Bundesregierung zum TransPuG, BT-Drucks. 109/02, zu § 161 AktG-E, S. 52.

97 *Lutter*, ZHR 166 (2002), 523, 533; *Ulmer*, ZHR 166 (2002), 151, 165; *Kiethe*, NZG 2003, 559, 561; *Ettinger/Grützediek*, AG 2003, 353, 354.

98 *Lutter*, ZHR 166 (2002), 523, 533; *Abram*, NZG 2003, 307, 308.

99 Zu der Frage, ob sich eine Offenbarungsverpflichtung auf anderer rechtlicher Grundlage ermitteln lässt vgl. 4.

chenserklärung eine Verpflichtung zur Offenlegung von Interessenkollisionen bestünde.

Der Gesetzentwurf der Bundesregierung enthält in der Begründung zu § 161 AktG-E zu der Entsprechenserklärung folgende Aussage:

> *„Hinsichtlich der Zukunft kann die Erklärung nur eine unverbindliche Absichtserklärung bedeuten. Vorstand und Aufsichtsrat gehen dadurch keine Verpflichtung für alle Zeiten ein. Die Absichtserklärung kann jederzeit korrigiert oder zurückgenommen werden.“*[100]

Die Begründung zeigt, dass der Gesetzgeber davon ausgeht, dass trotz Abgabe einer positiven Entsprechenserklärung keine Verpflichtung zur Befolgung der Kodex-Empfehlungen besteht. Er ist vielmehr der Auffassung, dass Vorstand und Aufsichtsrat frei sind, auch unterjährig zu entscheiden, dass den Kodex-Empfehlungen (insgesamt oder auch nur teilweise) nicht gefolgt wird.

Diese Auffassung wird auch durch den Wortlaut des § 161 AktG unterstützt. Aus der Vorschrift lässt sich keine entsprechende Verpflichtung des Vorstands und des Aufsichtsrats ableiten, da sich die in § 161 AktG enthaltene Regelung ausschließlich auf den Inhalt der Entsprechenserklärung und die Form ihrer Veröffentlichung bezieht.[101]

Eine am Sinn und Zweck der Regelung orientierte Auslegung des § 161 AktG führt ebenfalls nicht zu einer entsprechenden Pflicht von Vorstand und Aufsichtsrat: Der Corporate Governance Kodex und die Verpflichtung zur Abgabe der Entsprechenserklärung nach § 161 AktG soll, wie bereits mehrfach erwähnt, zu einer höheren Transparenz führen und dadurch das Vertrauen der Anleger in die Leitung und Überwachung deutscher Aktiengesellschaften stärken (vgl. 3. a)). Dieser Zweck wird bereits dadurch erreicht, dass die Verwaltungsorgane zur wahrheitsgemäßen Erklärung verpflichtet sind, ob sie den Kodex-Empfehlungen im Berichtsjahr gefolgt sind und ob sie die Absicht haben, dies auch in Zukunft zu tun. Demgegenüber ist es nicht erforderlich, dass die Verwaltungsorgane an die einmal abgegebene positive Entsprechenserklärung tatsächlich für die Dauer eines Jahres gebunden sind.[102]

---

100 Gesetzentwurf der Bundesregierung zum TransPuG, BT-Drucks. 109/02, zu § 161 AktG-E, S. 52.

101 *Lutter*, ZHR 166 (2002), 523, 533.

102 Zum Erfordernis der im Fall der Änderung der Befolgungsabsicht notwendigen Korrektur der Entsprechenserklärung vgl. dd).

Aus den dargestellten Gründen sind Vorstand und Aufsichtsrat daher grundsätzlich berechtigt von den Kodex-Empfehlungen auch dann abzuweichen, wenn sie in der Entsprechenserklärung die Absicht geäußert hatten, den Kodex-Empfehlungen zu folgen.[103]

dd) Unterjährige Korrektur der Entsprechenserklärung

Folgt man der Auffassung, nach der eine Abweichung von den Kodex-Empfehlungen trotz positiver Entsprechenserklärung zulässig ist, stellt sich die weitere Frage, ob daraus die Verpflichtung folgt, eine Änderung der erklärten Absicht gegenüber der Marktöffentlichkeit offen zu legen.

Seibt[104] ist der Auffassung, dass eine unterjährige Korrektur nicht zulässig ist. Aus dem Wortlaut des § 161 AktG lasse sich keine entsprechende Verpflichtung herleiten.[105] Vielmehr verstoße eine unterjährige Korrektur gegen § 161 AktG, da das Gesetz nur von einer jährlichen Erklärung ausgehe. Die Marktöffentlichkeit dürfe deshalb nur für den Zeitpunkt der Abgabe der Entsprechenserklärung auf die Richtigkeit der Erklärung vertrauen.[106]

Es darf jedoch nicht allein auf den Wortlaut des § 161 AktG abgestellt werden. Es sind vielmehr Sinn und Zweck der Regelung zu berücksichtigen. Zwar handelt es sich bei der auf die Zukunft gerichteten Entsprechenserklärung lediglich um die unverbindliche Erklärung einer Absicht, von der jederzeit abgewichen werden darf. Dies bedeutet aber nicht, dass eine Änderung der erklärten Absicht erst am nächsten Berichtstermin offen gelegt werden müsste.[107] Wenn der Corporate Governance Kodex, verbunden mit der Entsprechenserklärung, zur Erhöhung der Transparenz und Stärkung des Vertrauens der Investoren führen soll, ist es erforderlich, dass diese darauf vertrauen können, dass die von den Verwaltungsorganen abgegebene Entsprechenserklärung, die ihnen dauerhaft zugänglich gemacht wird, dem jeweils aktuellen Stand der Corporate Governance in dem betreffenden Unternehmen entspricht. Nur dadurch wird den Investoren eine jederzeitige Überprüfung

---

103 Ebenso: *Semler/Wagner*, NZG 2003, 553, 556; *Lutter*, ZHR 166 (2002), 523, 533; *Ihrig/Wagner*, BB 2002, 2509 f.; *Seibert*, BB 2002, 581, 583; *Pfitzer/Oser/Wader*, DB 2002, 1120, 1121; *Berg/Stöcker*, WM 2002, 1569, 1573.

104 *Seibt*, AG 2002, 249.

105 *Seibt*, AG 2002, 249, 254; so auch: *Schüppen*, ZIP 2002, 1269, 1273, unter Hinweis darauf, dass sich aus § 15 WpHG eine Verpflichtung zur Aktualisierung ergeben könnte.

106 *Seibt*, AG 2002, 249, 254.

107 *Lutter*, ZHR 166 (2002), 523, 534.

ihrer Anlageentscheidung ermöglicht, für die die Entsprechenserklärung u.U. zumindest mitursächlich war.

Lutter begründet die Verpflichtung zur unterjährigen Korrektur außerdem zutreffend mit der Verpflichtung zur Abgabe einer wahrheitsgemäßen Entsprechenserklärung. Erlange die Entsprechenserklärung durch die Einstellung ins Internet den Charakter einer sich wiederholenden Dauererklärung, müssten die Verwaltungsorgane dafür sorgen, dass die Erklärung auch dauerhaft der Wahrheit entspreche.[108] Die Verpflichtung zur unterjährigen Korrektur ergebe sich außerdem aus folgendem *argumentum a minore ad maius*: Wenn die Verwaltungsorgane bereits im Vorfeld offen legen müssten, dass sie die Absicht haben, den Kodex-Empfehlungen nicht zu folgen, dann müssten sie erst recht offen legen, wenn sie den Kodex-Empfehlungen entgegen der erklärten Absicht nicht folgen sollten bzw. ihre diesbezügliche Absicht geändert haben.[109]

Die vorhergehenden Ausführungen zeigen, dass die überzeugenderen Gründe für die Auffassung sprechen, die von einer Verpflichtung zur unterjährigen Korrektur der Entsprechenserklärung ausgeht. Die Auffassung von *Seibt* ist deshalb abzulehnen. Mit der überwiegenden Auffassung[110] ist somit davon auszugehen, dass die Verwaltungsorgane verpflichtet sind, die Absichtserklärung auch unterjährig zu korrigieren, wenn sich ihre Absicht dahingehend geändert hat, dass sie den Empfehlungen (insgesamt oder auch nur teilweise) nicht folgen wollen.

ee) Ergebnis zu d)

Vorstand und Aufsichtsrat sind zur Abgabe einer wahrheitsgemäßen Entsprechenserklärung verpflichtet. Aus § 161 AktG lässt sich keine Verpflichtung der Verwaltungsorgane zur Befolgung der Kodex-Empfehlungen herleiten. Dies gilt auch für den Fall, dass sie eine positive Entsprechenserklärung abgegeben und damit erklärt haben, dass sie beabsichtigen, den Kodex-Empfehlungen zu folgen. Vorstand und Aufsichtsrat sind jedoch verpflichtet, eine Änderung ihrer Absicht unverzüglich anzuzeigen. Allein die Abgabe der Entsprechenserklärung führt daher nicht ohne Weiteres dazu, dass die Kodex-Empfehlungen für die Organmitglieder in rechtliche Verpflichtungen

---

108 *Lutter*, ZHR 166 (2002), 523, 534.

109 *Lutter*, ZHR 166 (2002), 523, 534 f.

110 *Peltzer*, NZG 2002, 593, 594 f.; *Seibert*, BB 2002, 581, 583; *Ihrig/Wagner*, BB 2002, 2509, 2510; *Pfitzer/Oser/Wader*, DB 2002, 1120, 1121; *Lutter*, ZHR 166 (2002), 523, 534; *Abram*, NZG 2003, 307, 308, *Semler/Wagner*, NZG 2003, 553, 556; *Kiethe*, NZG 2003, 559, 564; *Ettinger/Grützediek*, AG 2003, 353, 354.

umgewandelt werden. Aus diesem Grund lässt sich allein aus § 161 AktG in Verbindung mit Ziffer 4.3.4 des Corporate Governance Kodex auch nach Abgabe einer positiven Entsprechenserklärung keine Verpflichtung zur Offenbarung von Interessenkollisionen herleiten.

4. Ableitung einer Offenbarungspflicht aus den unter 2. und 3. dargestellten Pflichten

Das Aktiengesetz enthält keine ausdrückliche Verpflichtung der Vorstandsmitglieder bei ihnen auftretende Interessenkollisionen zu offenbaren. Im Folgenden wird untersucht, ob sich eine solche Verpflichtung aus den zu § 93 AktG dargestellten Grundsätzen ergibt (vgl. a)). Außerdem wird untersucht, ob und unter welchen Voraussetzungen entgegen der unter 3. d) cc) festgestellten fehlenden Bindung an die positive Entsprechenserklärung aus 4.3.4 des Corporate Governance Kodex eine persönliche Verpflichtung der Vorstandsmitglieder zur Offenbarung von Interessenkollisionen abgeleitet werden kann (vgl. b)). Der Schwerpunkt der Untersuchung liegt jeweils darauf, ob unabhängig vom Vorliegen weiterer besonderer Umstände wie z.B. der Bedeutung des Vertrags für die Aktiengesellschaft, des öffentlichen Interesses an der Aktiengesellschaft und an den von ihr geschlossenen Verträgen, der Schwere des Interessenkonflikts etc. eine allgemeine Offenbarungspflicht besteht, die allein an das Vorliegen eines Interessenkonflikts anknüpft.

a) Ableitung einer Offenbarungspflicht aus den zu § 93 AktG dargestellten Grundsätzen

aa) Allgemeines

Wie bereits unter 2. a) dargestellt, folgt aus der Sorgfaltspflicht, dass die Vorstandsmitglieder allgemein dazu verpflichtet sind, die Zwecke der Aktiengesellschaft zu fördern und Schaden von ihr abzuwenden. Ein persönlicher Interessenkonflikt des Vorstandsmitglieds allein ist aber in der Regel nicht geeignet, die Aktiengesellschaft, deren Vorstand er angehört, zu schädigen. Hinzukommen müsste, dass das Vorstandsmitglied den Interessenkonflikt zum Nachteil der Aktiengesellschaft und unter Verletzung des Unternehmensinteresses auflöst. In diesem Fall wäre zwar die Interessenkollision eine mittelbare Ursache für die Schädigung der Aktiengesellschaft. Unmittelbar schadensstiftendes Ereignis wäre jedoch allein das Verhalten des Vorstandsmitglieds, mit dem es die Interessenkollision zum Nachteil der Aktiengesellschaft auflöst.

Auch die Nichtoffenlegung eines Interessenkonflikts allein ist zur Schadensverursachung nicht geeignet und gefährdet auch nicht die Erreichung des Gesellschaftszwecks. Dazu wäre ebenfalls ein zusätzliches schädigendes Verhalten des Vorstandsmitglieds erforderlich. Aus der allgemeinen Definition der Sorgfaltspflicht lässt sich somit keine allgemeine Verpflichtung zur Offenlegung von Interessenkollisionen herleiten. Aus diesem Grund müssen die aus der Sorgfaltspflicht resultierenden Pflichten der Vorstandsmitglieder im Folgenden genauer untersucht werden.

bb) Allgemeine Verhaltenspflichten

Die unter 2. b) im Einzelnen dargestellten allgemeinen Verhaltenspflichten verlangen zunächst die Sorge für ein rechtmäßiges Verhalten der Aktiengesellschaft nach außen sowie für die rechtmäßige Organisation der Aktiengesellschaft.

Jedes Vorstandsmitglied ist danach verpflichtet für ein bestimmtes Verhalten der Aktiengesellschaft zu sorgen. Die derart konkretisierten allgemeinen Verhaltenspflichten knüpfen damit unmittelbar an das Verhalten der Aktiengesellschaft an, das durch ihre Vertretungsorgane geprägt wird. Die Gesetze und die Satzung geben für dieses Verhalten den maßgeblichen Rahmen vor, für dessen Einhaltung jedes Vorstandsmitglied sorgen muss.

Ein Interessenkonflikt und eine auf ihn gerichtete Offenbarungsverpflichtung betreffen jedoch zunächst allein die Person, in der die widerstreitenden Interessen aufeinander treffen. Unmittelbar betroffen ist von dem Interessenkonflikt deshalb zunächst nur das Vorstandsmitglied, nicht aber die Aktiengesellschaft. Es besteht allerdings die Möglichkeit, dass die Aktiengesellschaft mittelbar durch eine mögliche Beeinflussung des internen Entscheidungsprozesses durch den Interessenkonflikt berührt wird. Eine Offenbarungsverpflichtung könnte deshalb u.U. aus der Verpflichtung zur Sorge für die Rechtmäßigkeit der Abläufe in der Organisation der Aktiengesellschaft hergeleitet werden.

Zur Sorge für die Rechtmäßigkeit der Organisation gehört auch die Sorge für die Rechtmäßigkeit der internen Entscheidungsprozesse (vgl. 2. b) bb)), welche die Grundlage für das Verhalten der Aktiengesellschaft nach außen bilden. Die Sorge für die Rechtmäßigkeit der Entscheidungsprozesse wäre aber nur dann taugliche Grundlage für das Bestehen einer allgemeinen Offenbarungsverpflichtung, wenn davon ausgegangen werden könnte, dass Interessenkonflikte immer Einfluss auf die gesellschaftsinternen Entscheidungsprozesse hätten und eine ordnungsgemäße Entscheidungsfindung verhinderten.

Dies ist jedoch nicht der Fall. Zunächst kann nicht davon ausgegangen werden, dass Vorstandsmitglieder beim Vorliegen jeder Art von Interessenkollision immer den eigenen Interessen den Vorrang geben und dadurch ihre Verpflichtungen gegenüber der Aktiengesellschaft verletzen. Denn bei Interessenkollisionen besteht grundsätzlich nur eine potenzielle Gefahr der Verletzung von Gesellschaftsinteressen, die nicht zwangsläufig zu einer tatsächlichen Verletzung führen muss. Lässt sich das befangene Vorstandsmitglied bei etwaigen Beratungen und Beschlussfassungen zu einem bestimmten Vorhaben allein vom Unternehmensinteresse leiten und lässt es dabei die eigenen Interessen unberücksichtigt, stehen dem Gesamtvorstand zudem alle Informationen zur Verfügung, die für eine sachgerechte Entscheidung erforderlich sind, und werden auch im Übrigen die von Gesetz und Satzung vorgegebenen internen Entscheidungsprozesse eingehalten, dann sind die Voraussetzungen für eine rechtmäßige Entscheidung grundsätzlich gegeben. Der Interessenkonflikt hätte in diesem Fall keine Auswirkungen auf den Entscheidungsprozess und auf das gefundene Ergebnis. Für eine Offenlegung der Interessenkollision bestünde deshalb auch unter Berücksichtigung der Gesellschaftsinteressen kein Bedürfnis.

An einem Einfluss des Interessenkonflikts auf den Entscheidungsprozess fehlt es auch in den Fällen, in denen eine vom gesetzlich geregelten Prinzip der Gesamtvertretung abweichende Vertretungsregelung getroffen wurde, auf Grund derer ein Vorstandsmitglied die Aktiengesellschaft alleine vertreten kann sowie in Fällen, bei denen von der gesetzlich geregelten Gesamtgeschäftsführung abgewichen wurde und einzelnen Vorstandsmitgliedern z.B. für bestimmte Ressorts Einzelgeschäftsführungsbefugnis erteilt wurde. Derartige Regelungen finden sich bei den meisten, insbesondere größeren Aktiengesellschaften, deren Vorstand aus mehreren Personen besteht, da dadurch eine effiziente Arbeitsteilung und Geschäftsleitung ermöglicht wird. In diesen Fällen wird das nach Geschäftsverteilungsplan zuständige Vorstandsmitglied bzw. seine Mitarbeiter etwaige Verträge verhandeln und bei Einzelvertretungsbefugnis auch abschließen. Dies hat die Konsequenz, dass eine vorherige Beratung oder Beschlussfassung im Gesamtvorstand in der Regel nicht mehr stattfindet. Wenn das befangene Vorstandsmitglied nicht in die Verhandlungen eingeschaltet wird und sich jeglicher Beeinflussung oder Beteiligung enthält, hat eine möglicherweise bestehende Interessenkollision auch in diesen Fällen keine Auswirkungen auf den Entscheidungsprozess. Aus diesem Grund besteht in diesem Fall auch unter Berücksichtigung der Sorge für die Rechtmäßigkeit der Entscheidungsprozesse sowie dem Gesellschaftsinteresse kein Bedürfnis für eine Offenbarung des bei dem befangenen Vorstandsmitglied bestehenden Interessenkonflikts.

Etwas anderes muss aber in dem Fall gelten, in dem die Interessenkollision des Vorstandsmitglieds dazu führt, dass der Aufsichtsrat gemäß § 112 AktG zur ausschließlichen Vertretung der Aktiengesellschaft berechtigt ist. In diesem Fall wäre der Vorstand bereits von vorbereitenden geschäftsführenden Maßnahmen ausgeschlossen. Eine Offenbarung des Interessenkonflikts wäre deshalb bereits vor der Entscheidung über die Aufnahme von Vertragsverhandlungen mit dem potenziellen Vertragspartner erforderlich. Eine Offenbarungspflicht würde jedoch voraussetzen, dass § 112 AktG anwendbar ist. Eine allgemeine Offenbarungspflicht beim Vorliegen einer Interessenkollision ergibt sich daraus aber nicht.[111]

Eine besondere Offenbarungspflicht besteht auch in dem Fall, in dem die Interessenkollision zu einem Stimmrechtsausschluss für Beschlüsse des Vorstands führt, die im Zusammenhang mit einem Vorhaben stehen, auf das sich der Interessenkonflikt des Vorstandsmitglieds bezieht. In diesem Fall wäre das befangene Vorstandsmitglied spätestens bei der Beschlussfassung über das Vorhaben zur Offenlegung des Interessenkonflikts verpflichtet, da seine Teilnahme an der Beschlussfassung trotz eines bestehenden Stimmverbots die Rechtmäßigkeit des Entscheidungsprozesses beeinträchtigen würde. Eine Offenbarungspflicht ließe sich deshalb in diesem konkreten Fall aus der Verpflichtung zur Sorge für die Rechtmäßigkeit der internen Entscheidungsprozesse herleiten. Sie wäre dann aber eine unmittelbare Konsequenz des Stimmrechtsausschlusses und keine Verhaltenspflicht, die ausschließlich an das Vorliegen des Interessenkonflikts anknüpft. Eine allgemeine Verpflichtung zur Offenbarung von Interessenkollisionen folgt nicht daraus.[112]

Die unter 2. b) im Einzelnen dargestellten allgemeinen Verhaltenspflichten verlangen außerdem die Einhaltung der Regeln sorgfältiger Unternehmensleitung und betreffen damit das Verhalten des Vorstandsmitglieds bei der Leitung des Unternehmens. Auch hier gilt, dass die Ableitung einer allgemeinen Offenbarungspflicht voraussetzen würde, dass die Interessenkollision oder ihre Nichtoffenlegung negativen Einfluss auf die Unternehmensleitung hätte, so dass auf die vorhergehenden Ausführungen verwiesen werden kann. Allein das Vorliegen der Interessenkollision und ihre Nichtoffenlegung beeinflusst die Unternehmensleitung jedoch nicht zwingend zum Nachteil der Aktiengesellschaft. Eine allgemeine Offenbarungspflicht lässt sich somit auch nicht aus der Verpflichtung zur Beachtung der Regeln sorgfältiger Unternehmensleitung ableiten.

---

111 Die Anwendbarkeit von § 112 AktG auf die Fallbeispiele wird in Kapitel III. untersucht.

112 Die Frage, ob und unter welchen Voraussetzungen in den Fallbeispielen ein Stimmrechtsauschluss besteht, wird in Kapitel IV. untersucht.

Eine besondere Offenbarungspflicht besteht über die zuvor genannten Sonderfälle hinaus in den Fällen, in denen ein Interessenkonflikt so schwer wiegt, dass ein Vorstandsmitglied nicht mehr in der Lage ist, seinen Verpflichtungen gegenüber der Aktiengesellschaft nachzukommen. Dasselbe gilt beim Vorliegen von besonderen Umständen, welche die Offenlegung der Interessenkollision erfordern, um einen anderenfalls drohenden Schaden von der Aktiengesellschaft abzuwenden. Daran wäre z.B. bei bedeutenden Transaktionen zu denken, an denen ein besonderes öffentliches Interesse besteht. Hier könnte bereits der Verdacht einer Interessenkollision und der Ausnutzung der besonderen Position des Vorstandsmitglieds zu einer Schädigung des Ansehens der Aktiengesellschaft und ggfs. zu wirtschaftlichen Nachteilen und Einbußen führen. Durch die vorherige Offenbarung eines Interessenkonflikts könnte dies u.U. verhindert werden, so dass in diesen Fällen von einer besonderen Offenbarungspflicht auszugehen wäre. Auch hier setzt jedoch das Bestehen einer Offenbarungspflicht das Vorliegen besonderer Umstände voraus.

Die vorherigen Ausführungen zeigen, dass sich aus den allgemeinen Verhaltenspflichten keine allgemeine Offenbarungspflicht ableiten lässt.

cc) Treuepflicht

Es wird vertreten, dass sich eine Pflicht zur Offenbarung von Interessenkollisionen aus der Treuepflicht des Geschäftsleitungsmitglieds gegenüber der Gesellschaft ableiten lässt. Diese Auffassung äußert *Lutter* ausdrücklich für den GmbH-Geschäftsführer. Inhalt der Treuepflicht sei zunächst, dass der Geschäftsführer in jeder Situation das Interesse der Gesellschaft mit Nachdruck zu verfolgen und seine eigenen Interessen vollständig zurückzustellen habe.[113] Dies ist unbestritten und entspricht insoweit auch der allgemeinen Auffassung.

Ohne weitere Begründung führt er aus, dass darüber hinaus

> *„die Gesellschafter informiert werden (müssen), um den Interessenkonflikt ggf. a priori durch ein Verbot geschäftlicher Beziehungen ... auszuschließen.“*[114]

Auch *Mertens* leitet eine Offenbarungsverpflichtung aus der Treuepflicht ab. Seiner Auffassung nach obliegt den Mitgliedern des Vorstands einer Aktiengesellschaft die Pflicht,

---

[113] *Lutter*, GmbHR 2000, 301, 306.

[114] *Lutter*, GmbHR 2000, 301, 306.

> *„der Gesellschaft eine angemessene Kontrolle darüber (zu) ermöglichen, daß sie ihrer Treupflicht genügen. Stets haben sie der Gesellschaft - aktuelle oder potentielle - Interessenkonflikte zu offenbaren.“*[115]

Auch *Giesen* vertritt die Auffassung, dass

> *„sich aus der ... Sorgfalts- und Treuepflicht für das betroffene Verwaltungsmitglied die Verpflichtung (ergibt), gegenüber den anderen an der Beschlussfassung beteiligten Personen einen bestehenden Interessenkonflikt aufzudecken, damit diese ihn bei der Beurteilung des Sachverhaltes und der Bewertung des Beratungs- und Abstimmungsverhaltens des Betroffenen berücksichtigen können.“*[116]

Es ist jedoch zweifelhaft, ob diese Auffassungen zutreffend sind. Zwar ist es unbestritten Inhalt der Treuepflicht, dass der Vorstand eigene und sonstige gesellschaftsfremde Interessen hinter denen der Aktiengesellschaft zurückstellen muss und seine Organstellung nicht zu eigennützigen Zwecken ausnutzen darf. Eine Offenbarungspflicht ginge jedoch über diese Verpflichtung hinaus, da das Vorliegen einer Interessenkollision bzw. deren unterlassene Offenlegung alleine noch nicht zu einer Verletzung der Gesellschaftsinteressen oder zu einem pflichtwidrigen Vorteil des Vorstandsmitglieds führt (vgl. dazu auch die Argumentation unter bb)). Hinzukommen müsste, dass das Vorstandsmitglied bei einer unternehmerischen Entscheidung, die es für die Aktiengesellschaft trifft, den Eigeninteressen den Vorrang vor den Gesellschaftsinteressen einräumt, indem es beispielsweise in den in Kapitel I. 1. b) dargestellten Fallbeispielen die Preisgestaltung oder sonstige Vertragskonditionen dahingehend beeinflussen würde, dass sie für den Vertragspartner der Aktiengesellschaft unangemessen vorteilhaft wären. Eine dadurch eventuell verursachte Schädigung der Aktiengesellschaft wäre dann jedoch nicht auf die Interessenkollision, sondern auf eine zusätzliche, schädigende Handlung des Vorstandsmitglieds zurückzuführen.

Wie bereits unter bb) ausgeführt, haben Interessenkollisionen außerdem nicht zwangsläufig einen negativen Einfluss auf Entscheidungsprozesse, die zu Vertragsabschlüssen führen. Nur wenn ausnahmsweise ein Interessenkonflikt so schwer wiegt, dass ein an der Entscheidungsfindung beteiligtes Vorstandsmitglied nicht mehr in der Lage ist seiner Treuepflicht nachzukommen, ist von einer Offenbarungspflicht auszugehen. Dasselbe gilt beim Hinzutreten bestimmter Umstände, wenn die Offenlegung erforderlich ist, um den

---

[115] Köln. Komm. AktG/*Mertens*, § 93 Rn. 72.

[116] *Giesen*, S. 108, mit Hinweis auf BGHZ 20, 239 ff. (vgl. dazu unter dd).

Eintritt eines Schadens zu verhindern. Nur in diesen Ausnahmefällen besteht überhaupt ein Bedürfnis für eine Offenbarung der Interessenkollision.

Auch die Auffassung von *Mertens*, der die Offenbarungspflicht aus einer Pflicht des Vorstandsmitglieds ableitet, der Aktiengesellschaft die Kontrolle der Pflichtgemäßheit seines Handelns zu ermöglichen, und der diese Verpflichtung aus der Treuepflicht ableitet, überzeugt nicht. Es ist bereits zweifelhaft, ob sich aus der Treuepflicht eine Pflicht des Vorstandsmitglieds ableiten lässt, der Aktiengesellschaft die Kontrolle seines Verhaltens zu ermöglichen. Für eine solche Pflicht enthält das Gesetz keine Anhaltspunkte. Gegen das Bestehen einer derartigen Verpflichtung spricht zudem, dass sie nicht an ein pflichtwidriges Verhalten des Vorstandsmitglieds anknüpfen würde, sondern an die bloße Möglichkeit einer Pflichtverletzung.

Die konsequente Umsetzung dieser Auffassung in der Praxis würde dazu führen, dass jedes Vorstandsmitglied auch bei rechtmäßigem Verhalten bei jeder Handlung jede Quelle möglicher Pflichtverletzungen offen legen müsste. Denn nur in diesem Fall wäre es der Aktiengesellschaft möglich, eine Kontrolle über die Pflichtgemäßheit des Verhaltens des Vorstandsmitglieds auszuüben. Die Auffassung von *Mertens* würde in Einzelfällen jedoch zu dem absurden Ergebnis führen, dass ein Vorstandsmitglied, das an sich pflichtgemäß handelte, allein dadurch eine Pflichtverletzung begehen würde, dass es potenzielle Möglichkeiten für Pflichtverletzungen, die es allerdings nicht begangen hat, der Aktiengesellschaft gegenüber nicht offen gelegt hat.

Die Auffassungen von *Lutter, Mertens* und *Giesen* sind aus den dargestellten Gründen abzulehnen. Dies bedeutet jedoch nicht, dass Vorstandsmitglieder nicht beim Vorliegen besonderer Umstände auf Grund der Treuepflicht zur Offenlegung von Interessenkonflikten verpflichtet sein können (vgl. bb)). Von einer Offenbarungspflicht in diesen besonders gelagerten Fällen ist aber die Ableitung einer generellen Offenbarungspflicht zu unterscheiden.

Auch die Verfasser des Corporate Governance Kodex gingen anscheinend davon aus, dass eine allgemeine Offenbarungspflicht bei Interessenkollisionen nicht besteht. Dies zeigt die Tatsache, dass der Corporate Governance Kodex die Offenbarung von Interessenkollisionen sowohl für Vorstands- als auch für Aufsichtsratsmitglieder lediglich empfiehlt.

Dieselbe Auffassung scheint auch *Seibt* zu vertreten, nach dem die Empfehlungen zur Offenlegung von Interessenkonflikten zu ihrer wirksamen Umsetzung der Zustimmung eines jeden Mitglieds der Geschäftsleitungsorgane bedürfen.[117] Würde sich bereits aus § 93 AktG eine Offenbarungspflicht ergeben, wäre eine Zustimmung der Organmitglieder überflüssig.

Auf eine ähnliche Auffassung lässt auch die Aussage von *Ulmer* schließen, nach dem es der Aufsichtsrat in der Hand habe,

> *„im Rahmen der mit den einzelnen Vorstandsmitgliedern abzuschließenden Dienstverträge diese zur Befolgung bestimmter Kodex-Empfehlungen zu verpflichten; das gilt insbes. für das Verhalten von Vorstandsmitgliedern im Falle von Interessenkonflikten...“*[118]

Denn die Schaffung einer Verpflichtung über das Mittel der Gestaltung der Anstellungsverträge der Vorstandsmitglieder wäre nicht erforderlich, wenn eine Offenbarungspflicht bereits aus § 93 AktG abzuleiten wäre.

Auch *Lutter* scheint (mittlerweile) zumindest für Vorstandsmitglieder der Auffassung zu sein, dass eine Verpflichtung zur Offenbarung von Interessenkollisionen nicht besteht. In einer Abhandlung zur Entsprechenserklärung nach § 161 AktG spricht er von der Notwendigkeit der Transformation der Kodex-Empfehlung zur Offenlegung von Interessenkollisionen in verbindliche gesellschaftsinterne Verhaltensregelungen:

> *„Die in Ziff. 4.3.4 und 4.3.5 des Kodex enthaltenen Empfehlungen betreffen den Bereich persönlicher Verpflichtungen eines Vorstandsmitglieds gegenüber der anstellenden Gesellschaft. Die unverzügliche Offenlegung von Interessenkonflikten ... wird die Gesellschaft daher durch die Aufnahme entsprechender Klauseln in den jeweiligen Anstellungsvertrag zu erreichen suchen. ... In der Verletzung der Pflichten aus dem Anstellungsvertrag läge dann zugleich eine Verletzung organschaftlicher Pflichten gemäß § 93 Abs. 2 AktG.“*[119]

Auch hier gilt, dass eine Transformation in verbindliche Verhaltensregeln nicht erforderlich wäre, wenn sich aus § 93 AktG eine allgemeine Offenbarungspflicht für Interessenkollisionen ableiten ließe.[120]

---

117 *Seibt*, AG 2002, 249, 259.

118 *Ulmer*, ZHR 166 (2002), 150, 173.

119 *Lutter*, ZHR 166 (2002), 523, 536 f., dazu im Einzelnen unter b).

120 Vgl. außerdem *Ettinger/Grützediek*, AG 2003, 353, 355 f., die ebenfalls von der Notwendigkeit einer Transformation sprechen und für die Offenlegung von Interessenkonflikten ausdrücklich die Aufnahme in den Anstellungsvertrag empfehlen.

Auch die für Interessenkollisionen bei Vorstandsmitgliedern auf Grund von Doppelmandaten diskutierten Konsequenzen helfen bei der Beantwortung der Frage nach dem Bestehen einer generellen Offenbarungspflicht nicht weiter. Da diese Interessenkollisionen aus der Doppelmandatierung folgen und damit offensichtlich sind, wird eine Offenbarungspflicht hier gar nicht erst diskutiert.

dd) Rechtsprechung

Die Rechtsprechung hat sich, soweit ersichtlich, bislang noch nicht mit Offenbarungspflichten von Vorstandsmitgliedern im Falle von Interessenkollisionen befasst. Auch aus der bereits zitierten ARAG/Garmenbeck-Entscheidung des *Bundesgerichtshofs* lässt sich keine solche Verpflichtung herleiten.

Der *Bundesgerichtshof* hat sich in der genannten Entscheidung nicht ausdrücklich zu etwaigen Pflichten der Vorstandsmitglieder für den Fall des Vorliegens von Interessenkollisionen geäußert. Er hat jedoch nach allgemeiner Auffassung auf die dem US-amerikanischen Gesellschaftsrecht als gewohnheitsrechtliches Prinzip entstammende *business judgment rule* zurückgegriffen.[121]

Nach der *business judgment rule* gilt Folgendes:

> *„A director or officer who makes a business judgment in good faith fulfills the duty under this Section if the director or officer:*
>
> > *(1) is not interested [§ 1.23] in the subject of the business judgment;*
> > *(2) is informed with respect to the subject of the business judgment to the extent the director or officer reasonably believes to be appropriate under the circumstance; and*
> > *(3) rationally believes that the business judgment is in the best interests of the corporation."*[122]

Die *business judgment rule* dient dem Schutz des Managers, indem sie einen haftungsfreien Handlungsspielraum schafft, innerhalb dessen der Manager auch risikobehaftete Entscheidungen treffen kann, ohne dass er befürchten muss, für in diesem Zusammenhang entstandene Schäden in Anspruch ge-

---

121 *Wirth*, RWS-Forum 20, S. 99, 119 f.; Großkomm. AktG/*Hopt*, § 93 Rn. 83; *Lutter*, GmbHR 2000, 301, 308, *Kindl*er, ZHR 162 (1998), 101, 107.

122 *American Law Institute*, Principles of Corporate Governance, § 4.01 (c).

nommen zu werden.[123] Es gilt die Vermutung, dass ein Manager die Voraussetzungen der *business judgment rule* erfüllt und damit sorgfaltspflichtgemäß handelt. Die Entscheidung des Managers kann in diesem Fall nicht gerichtlich überprüft werden. Eine gerichtliche Überprüfung setzt voraus, dass der Anspruchsteller darlegen kann, dass eine der drei Voraussetzungen der *business judgment rule* nicht erfüllt wurde.[124]

Zwar betrifft einer der Grundsätze der *business judgment rule* das Bestehen möglicher Eigeninteressen des Managers und damit mögliche Interessenkollisionen. Sie enthält aber keine Aussage zu etwaigen Offenbarungspflichten. Sie legt lediglich die Voraussetzungen fest, bei deren Vorliegen die Pflichtgemäßheit der Entscheidung eines Managers vermutet werden kann. Zu diesen Voraussetzungen gehört u.a. die Abwesenheit von Eigeninteressen. Die *business judgment rule* verlangt jedoch nicht, dass etwaige Eigeninteressen oder Interessenkollisionen offen gelegt werden müssen. Abgesehen davon, ist die uneingeschränkte Übertragung und Anwendbarkeit der *business judgment rule* im deutschen Recht zweifelhaft.[125]

Auch aus der von *Giesen*[126] als Unterstützung für das Bestehen einer Offenbarungspflicht angeführten Entscheidung des *Bundesgerichtshofs* vom 26. März 1956[127] lässt sich keine allgemeine Offenbarungspflicht bei Interessenkollisionen herleiten. *Giesen* beruft sich bei seiner Begründung auf eine Feststellung des *Bundesgerichtshofs* in der zitierten Entscheidung, nach der die

> *„Vorstandsmitglieder einer Aktiengesellschaft ... dem Aufsichtsrat gegenüber zu unbedingter Offenheit verpflichtet (sind).“*[128]

Man darf diese Feststellung jedoch nicht isoliert betrachten, sondern muss den Zusammenhang berücksichtigen, in dem der *Bundesgerichtshof* zu dieser Feststellung gelangte. In dem vom *Bundesgerichtshof* zu entscheidenden Fall ging es darum, dass ein Vorstandsmitglied sich Bezüge hinter dem Rücken des Aufsichtsrats hatte auszahlen lassen, die ihm der Aufsichtsrat nicht gewähren lassen wollte. Der *Bundesgerichtshof* war der Auffassung, dass der Aufsichtsrat sich darauf verlassen können müsse, dass das betroffene Vor-

---

123 *V. Werder/Feld*, RIW 1996, 481, 482; *Lutter*, GmbHR 2000, 301, 308.

124 *V. Werder/Feld*, RIW 1996, 481, 482; *Lutter*, GmbHR 2000, 301, 308; *Merkt*, Rn. 673 ff.

125 Dies ablehnend z.B.: *Hopt*, Festschrift für Mestmäcker, S. 909, 920 f.

126 *Giesen*, S. 108, Fn. 45.

127 BGHZ 20, 239 ff.

128 BGHZ 20, 239, 246.

standsmitglied widerspreche, wenn es einer Beanstandung des Aufsichtsrats nicht Rechnung tragen wolle und Bezüge, die ihm der Aufsichtsrat vorenthalten wolle, nicht einfach stillschweigend weiterbeziehen dürfe. In diesem Zusammenhang stellte der *Bundesgerichtshof* eine Verpflichtung des Vorstandsmitglieds zu unbedingter Offenheit fest. Das Vorliegen eines Interessenkonflikts ist jedoch nicht vergleichbar mit dem vom *Bundesgerichtshof* entschiedenen Sachverhalt.

Aus der Rechtsprechung kann deshalb ebenfalls keine allgemeine Offenbarungspflicht für den Fall von Interessenkollisionen hergeleitet werden.

ee) Übertragung der Grundsätze zur Interessenkollision bei Aufsichtsratsmitgliedern

Im Folgenden wird geprüft, ob sich aus den diskutierten Konsequenzen von Interessenkollisionen bei Aufsichtsratsmitgliedern Erkenntnisse für die Frage nach dem Bestehen einer allgemeinen Offenbarungspflicht für Vorstandsmitglieder bei Interessenkollisionen ergeben.

Auch bei Aufsichtsratsmitgliedern können sich Interessenkollisionen aus Umständen ergeben, die nicht mit ihrem Hauptamt in Zusammenhang stehen und die für Dritte nicht ohne weiteres erkennbar sind. In diesem Fall ist die Situation der Aufsichtsratsmitglieder mit denen der Vorstandsmitglieder in den Fallbeispielen vergleichbar. Zu den Konsequenzen von Interessenkollisionen bei Aufsichtsratsmitgliedern wird im Wesentlichen Folgendes vertreten:

Es wird überwiegend davon ausgegangen, dass der Gesetzgeber die Möglichkeit bestimmter Interessenkollisionen bei der Ausgestaltung des Aufsichtsratsmandats als Nebenamt bewusst in Kauf genommen hat.[129] Dennoch ist auch das Aufsichtsratsmitglied verpflichtet, sich bei der Wahrnehmung seines Amts ausschließlich am Unternehmensinteresse zu orientieren.[130] Dies gilt auch für den Fall, dass Interessen oder Pflichten aus dem Hauptamt mit denen des Aufsichtsratsmandats kollidieren.

---

[129] *Singhof*, AG 1998, 318, 323; *Lutter/Krieger*, Rn. 767; *Werner*, ZHR 145 (1981), 252, 257; *Semler/Stengel*, NZG 2003, 1; a.A.: *Wardenbach*, AG 1999, 74, 76, nach dem die Ausgestaltung des Aufsichtsratsmandats als Nebenamt zwar Interessenkonflikte begünstigt, dies aber nicht bedeute, dass das Gesetz Interessenkonflikte hinnähme.

[130] *Singhof*, AG 1998, 318, 323; *Säcker*, Festschrift für Rebmann, S. 781, 785; *Lutter/Krieger*, Rn. 766, 769; *Semler/Stengel*, NZG 2003, 1, 2.

Der *Bundesgerichtshof* hat für die Pflichtenkollision bei Aufsichtsratsmitgliedern im sog. Schaffgotsch-Fall entschieden:

> *„Die Spaltung einer Person mit kollidierenden Pflichten in solche Verhaltensweisen, die nur dem einen, nicht aber zugleich dem anderen Verantwortungsbereich zugeordnet werden könnten, ist, wenn tatsächlich beide Bereiche betroffen sind, nicht möglich. Interessenkollisionen sind, wenn ein Aufsichtsratsmitglied zwei Gesellschaften angehört, auch grundsätzlich nicht in dem Sinne entlastend, daß die Pflichterfüllung gegenüber der einen die Pflichtverletzung gegenüber der anderen Gesellschaft rechtfertigen könnte."*[131]

Ein Aufsichtsratsmitglied verletzt danach seine Pflichten aus dem Aufsichtsratsmandat auch dann, wenn es auf Grund seines Hauptamts zur Vornahme der Verletzungshandlung verpflichtet war.

Teilweise wird davon ausgegangen, dass ein Aufsichtsratsmitglied, bei dem eine Interessenkollision vorliegt, grundsätzlich weiterhin zur Mitwirkung im Aufsichtsrat berechtigt und verpflichtet ist. Es habe sich bei dieser Mitwirkung wie auch in sonstigen Fällen ausschließlich am Unternehmensinteresse zu orientieren.[132] Demgegenüber wird bei Interessenkonflikten, die lediglich punktuell bestehen, teilweise vertreten, dass es erforderlich aber auch ausreichend sei, wenn das Aufsichtsratsmitglied seine Mitwirkung im Aufsichtsrat einschränke und sich z.B. bei Abstimmungen der Stimme enthalte.[133] Nach *Lutter/Krieger* genügt dies allerdings nur unter der Voraussetzung, dass durch die Mitwirkung an der Beratung die Willensbildung der übrigen Aufsichtsratsmitglieder nicht gestört werde.[134] Wieder andere verlangen, dass sich die Aufsichtsratsmitglieder bei Interessenkollisionen gänzlich der Beteiligung an Aufsichtsratssitzungen enthalten und gehen davon aus, dass die Aufsichtsratsmitglieder darüber hinaus einem Stimmrechtsausschluss unterliegen.[135] Bei unauflösbaren Interessenkonflikten oder bei sich wiederholenden Interessenkollisionen, die eine pflichtgemäße Amtsausübung unmöglich

---

131 BGH NJW 1980, 1629, 1630.

132 *Ulmer*, NJW 1980, 1603, 1605; *Singhof*, AG 1998, 318, 323.

133 *Lutter/Krieger*, Rn. 772 ff.; Köln. Komm. AktG/*Mertens*, § 116 Rn. 32.

134 *Lutter/Krieger*, Rn. 774.

135 *Semler/Stengel*, NZG 2003, 1, 3; *Wardenbach*, AG 1999, 74, 76.; *Säcker*, Festschrift für Rebmann, S. 781, 787 sowie die Nachweise in Kapitel III.

machen, wird allgemein von einer Verpflichtung zur Niederlegung des Aufsichtsratsmandats ausgegangen.[136]

Darüber hinaus wird vereinzelt und ohne weitere Begründung darauf hingewiesen, dass Aufsichtsratsmitglieder dazu verpflichtet seien, etwaige Interessenkollisionen offen zu legen.[137]

Semler/Stengel beschränken diese Offenlegungspflicht allerdings für punktuelle Interessenkollisionen auf diejenigen Fälle, in denen die Interessenkollision zu einem Stimmrechtsverlust führen kann.[138] Bei dauerhaften Interessenkollisionen gebiete die dem Aufsichtsratsmitglied obliegende Sorgfaltspflicht die Offenlegung der Interessenkollision.[139] In beiden Fällen ist die Offenlegung jedoch durch eine faktische Notwendigkeit veranlasst. Sowohl die Nichtteilnahme an Abstimmungen und Aufsichtsratssitzungen als auch die durch den dauerhaften Interessenkonflikt veranlasste Amtsniederlegung sind nicht ohne Erklärung und demnach Offenlegung der Interessenkollision möglich. In vergleichbaren Fällen ist auch bei Vorstandsmitgliedern von einer besonderen Verpflichtung zur Offenlegung der Interessenkollision auszugehen. Aus dieser besonderen Offenbarungspflicht kann jedoch nicht auf eine allgemeine Offenbarungspflicht geschlossen werden, die allein an das Vorliegen einer Interessenkollision anknüpft.

Lutter/Krieger scheinen ebenfalls von einer eingeschränkten Offenlegungsverpflichtung für Aufsichtsratsmitglieder beim Vorliegen von Interessenkollisionen auszugehen. Nach ihrer Auffassung könnte eine Offenlegung dann geboten sein, wenn die Mitwirkung des betroffenen Aufsichtsratsmitglieds an der Beratung, auch wenn es sich auf Grund der Interessenkollision bei einer späteren Beschlussfassung der Stimme enthalten wird, die Willensbildung der übrigen Aufsichtsratsmitglieder stören könnte. Diese Störung könne häufig bereits dadurch vermieden werden, dass das betreffende Aufsichtsratsmitglied zu Anfang der Sitzung die anderen Aufsichtsratsmitglieder über die Interessenkollision informiere.[140]

---

136 *Singhof*, AG 1998, 318, 323; *Lutter/Krieger*, Rn. 797; Köln. Komm. AktG/*Mertens*, § 116 Rn. 32; *Ulmer*, NJW 1980, 1603, 1605; *Wardenbach*, AG 1999, 74, 76; *Semler/Stengel*, NZG 2003, 1, 6; *Säcker*, Festschrift für Rebmann, S. 781, 788.

137 *Semler/Stengel*, NZG 2003, 1, 3, 6; *Lutter/Krieger*, Rn. 774.

138 *Semler/Stengel*, NZG 2003, 1, 3 sehen eine Offenbarungsverpflichtung, wenn ein „*Pflichtenwiderstreit*" besteht. Aus dem Zusammenhang wird aber deutlich, dass (zumindest auch) einfache Interessenkollisionen gemeint sind.

139 *Semler/Stengel*, NZG 2003, 1, 6.

140 *Lutter/Krieger*, Rn. 774.

Auch diese Auffassung spricht nicht gegen die Ablehnung einer aus der Treuepflicht abgeleiteten allgemeinen Offenbarungspflicht. Denn *Lutter/Krieger* gehen in dem von ihnen geschilderten Ausnahmefall anscheinend davon aus, dass sich die Interessenkollision auf den Entscheidungsprozess auswirken kann. Nur für diesen Fall fordern sie eine Offenbarung der Interessenkollision, um der Beeinflussung des Entscheidungsprozesses entgegenzuwirken. Sie scheinen aber im Übrigen zumindest nicht zwingend von einer allgemeinen Offenbarungspflicht auszugehen.

Dreher spricht sich ausdrücklich gegen eine allgemeine Verpflichtung von Aufsichtsratsmitgliedern zur Offenbarung von Interessenkollisionen aus. Insbesondere sei eine Herleitung aus der Treuepflicht verfehlt, da diese damit zu weit ausgedehnt werde. Außerdem sei das Aufsichtsratsmitglied unabhängig davon auf das Unternehmensinteresse verpflichtet. *Dreher* leitet daraus zutreffend ab, dass es deshalb einer Offenbarung der Interessenkollision dann nicht bedürfe, wenn das Aufsichtsratsmitglied das Unternehmensinteresse wahren wolle.[141] Dieser Gedanke lässt sich auch auf die Vorstandsmitglieder übertragen.

Aus den zur Interessenkollision von Aufsichtsratsmitgliedern entwickelten Grundsätzen lässt sich somit ebenfalls keine allgemeine Offenbarungspflicht für Vorstandsmitglieder bei Interessenkollisionen herleiten.

ff) Ergebnis zu a)

Aus § 93 Abs. 1 AktG lässt sich keine allgemeine Offenbarungspflicht für Vorstandsmitglieder bei Interessenkollisionen herleiten. Weder die allgemeinen Verhaltenspflichten noch die Treuepflicht führen zu einer solchen Offenbarungspflicht. In Einzelfällen, insbesondere wenn eine Interessenkollision zur ausschließlichen Vertretungsmacht des Aufsichtsrats nach § 112 AktG, zu einem Ausschluss vom Stimmrecht bei Beschlüssen über den Vertragsabschluss oder dazu führen sollte, dass ein Vorstandsmitglied seinen Verpflichtungen, die aus dem Vorstandsmandat folgen, dauerhaft nicht mehr nachkommen kann und es deshalb sein Amt niederlegen muss, kommt eine besondere Offenbarungspflicht in Betracht. Dasselbe gilt beim Vorliegen besonderer Umstände, welche die Offenlegung der Interessenkollision erfordern, um einen anderenfalls drohenden Schaden von der Aktiengesellschaft abzuwenden.

---

141 *Dreher*, JZ 1990, 896, 904.

b) Ableitung einer Offenbarungspflicht aus dem Corporate Governance Kodex

aa) Umwandlung der Kodex-Empfehlungen in rechtlich verbindliche Verhaltenspflichten

Unter 3. d) cc) wurde bereits ausgeführt, dass aus § 161 AktG auch nach Abgabe einer positiven Entsprechenserklärung grundsätzlich keine Verpflichtung für die Verwaltungsorgane resultiert, den Kodex-Empfehlungen zu folgen. Die Vorstandsmitglieder sind deshalb nicht allein auf Grund der Abgabe einer positiven Entsprechenserklärung verpflichtet, der Kodex-Empfehlung zur Offenbarung von Interessenkollisionen zu folgen. Im Folgenden ist deshalb zu untersuchen, ob und unter welchen Voraussetzungen die Kodex-Empfehlungen in rechtlich verbindliche Verhaltenspflichten umgewandelt werden können.

(1) Allgemeines

Für die Umwandlung der Kodex-Empfehlungen in rechtlich verbindliche Verhaltenspflichten für die Organmitglieder sind verschiedene Methoden denkbar. In Betracht kommt zunächst die Umwandlung der aus den Kodex-Empfehlungen resultierenden Verhaltenspflichten durch die Aufnahme in die Anstellungsverträge der Vorstandsmitglieder[142] sowie in die Geschäftsordnungen der Verwaltungsorgane.[143] Außerdem bestünde die Möglichkeit, die Kodex-Empfehlungen durch Implementierung in die Satzung der Aktiengesellschaft in gesellschaftsinterne Verhaltenspflichten umzuwandeln.[144]

(2) Regelung im Anstellungsvertrag

Die im Anstellungsvertrag eines Vorstandsmitglieds konkretisierten Pflichten sind vertragliche Pflichten, die das betreffende Vorstandsmitglied nach § 93 Abs. 1 AktG mit der Sorgfalt eines ordentlichen und gewissenhaften Geschäftsleiters zu erfüllen hat und die seine Organstellung modifizieren und ausgestalten.[145] Werden Verhaltensweisen, die der Corporate Governance

---

142 *Krieger*, Festschrift für Ulmer, S. 365, 374; *Lutter*, ZHR 166 (2002), 523, 536; *Seibt*, AG 2002, 249, 259; *Ulmer*, ZHR 166 (2002), 150, 173; *Ettinger/Grützediek*, AG 2003, 353, 356.

143 *Lutter*, ZHR 166 (2002), 523, 536; a.A.: *Krieger*, Festschrift für Ulmer, S. 365, 375.

144 *Lutter*, ZHR 166 (2002), 523, 538 f.; *Seibt*, AG 2002, 249, 254.

145 Münch. Hdb. GesR IV/*Wiesner*, § 21 Rn. 63, Großkomm. AktG/*Hopt*, § 93 Rn. 227; *Ulmer*, ZHR 166 (2002), 150, 173.

Kodex empfiehlt, als persönliche Verpflichtung in den Anstellungsvertrag aufgenommen, verwandeln sich die bis dahin unverbindlichen Kodex-Empfehlungen in rechtlich durchsetzbare Verpflichtungen, für deren Verletzung das betreffende Vorstandsmitglied gemäß § 93 Abs. 2 AktG haftet.[146]

(3) Regelung in der Satzung

Verhaltenspflichten können den Organmitgliedern grundsätzlich auch durch die Satzung auferlegt werden, die sie bei ihrer Amtsausübung ebenso wie die geltenden Gesetze zu beachten haben (vgl. 2. b)) und die ihre Organstellung und die daraus resultierenden Pflichten ausgestalten.[147]

(4) Regelung in der Geschäftsordnung

Es ist umstritten, ob und unter welchen Voraussetzungen Kodex-Empfehlungen, die den Organmitgliedern ein bestimmtes persönliches Verhalten empfehlen, durch die Implementierung in die Geschäftsordnung des jeweiligen Verwaltungsorgans in rechtlich verbindliche Verhaltenspflichten umgewandelt werden können. Diese Frage ist insbesondere bei Aufsichtsratsmitgliedern erheblich, bei denen eine vertragliche Regelung mangels Bestehens eines Anstellungsverhältnisses in der Regel ausgeschlossen ist sowie bei Vorstandsmitgliedern, die nicht zu einer Änderung ihrer bereits bestehenden Anstellungsverträge bereit sind.

Nach *Lutter* ist eine Umwandlung der Kodex-Empfehlungen in persönliche Verhaltenspflichten durch die Implementierung in die Geschäftsordnung zumindest bei den Aufsichtsratsmitgliedern möglich. Die Auferlegung einer persönlichen Verpflichtung sei jedoch nur mit Zustimmung jedes Aufsichtsratsmitglieds möglich, so dass ein entsprechender Organbeschluss einstimmig erfolgen müsse. Außerdem müsse bei einem Mitgliederwechsel im Aufsichtsrat der Beitritt des neuen Mitglieds zu diesem Beschluss erfolgen bzw. ein neuer Beschluss des gleichen Inhalts erfolgen.[148]

Peltzer schlägt sogar vor, die in Ziffer 4.3.1 bis 4.3.5 des Corporate Governance Kodex für den Vorstand und die in Ziffer 5.5.1 bis 5.5.4 des Corporate Governance Kodex für den Aufsichtsrat geregelten Handlungs- und Unterlassungspflichten in die jeweilige Geschäftsordnung aufzunehmen, und die

---

146 *Lutter*, ZHR 166 (2002), 523, 537; Großkomm. AktG/*Hopt*, § 93 Rn. 227.

147 *Lutter*, ZHR 166 (2002), 523, 538; Großkomm. AktG/*Hopt*, § 93 Rn. 224, *Hefermehl*, in Geßler/Hefermehl, § 93 Rn. 25.

148 *Lutter*, ZHR 166 (2002), 523, 537.

Organmitglieder einmal im Jahr erklären zu lassen, dass sie den Empfehlungen gefolgt sind und folgen.[149]

Nach *Krieger*[150] ist eine Umwandlung der Kodex-Empfehlungen durch Aufnahme in die Geschäftsordnung nicht möglich. Eine Geschäftsordnung könne nur über die Form der Zusammenarbeit in Vorstand und Aufsichtsrat verbindliche Regelungen treffen. Den Organmitgliedern könnten deshalb durch eine Geschäftsordnung keine rechtlich verbindlichen Verhaltenspflichten auferlegt werden.[151] Die Auferlegung von Verhaltenspflichten setze voraus, dass jedes Aufsichtsratsmitglied dem zustimme, da die einseitige Auferlegung von Verhaltenspflichten durch die Geschäftsordnung mittels eines einfachen Mehrheitsbeschlusses nicht möglich sei.[152]

Auch *Seibt* ist der Auffassung, dass die Auferlegung von Verhaltenspflichten nicht über die Geschäftsordnung als einfachen Organbeschluss erfolgen könne, sondern dass hierfür die Zustimmung jedes Mitglieds der Geschäftsleitungsorgane erforderlich sei.[153]

Der Auffassung von *Krieger* und *Seibt* ist zuzustimmen. Allerdings trifft das Argument, mit dem sie die Umwandlung der Kodex-Empfehlungen durch die Aufnahme in die Geschäftsordnung ablehnen, zumindest nicht auf die Geschäftsordnung des Vorstands zu. Denn nach § 77 Abs. 2 Satz 3 AktG bedürfen Beschlüsse des Vorstands über die Geschäftsordnung der Einstimmigkeit. Die von *Krieger* und *Seibt* geforderte Zustimmung jedes Vorstandsmitglieds würde damit vorliegen.

Die Umwandlung der Kodex-Empfehlungen durch die Aufnahme in die Geschäftsordnung ist jedoch aus einem anderen Grund abzulehnen: Geschäftsordnungen regeln typischerweise die interne Organisation und Aufgabenverteilung innerhalb der betroffenen Organe.[154] Aufgabe und Zweck einer Geschäftsordnung liegen darin, eine reibungslose und rationelle Arbeitsweise der Verwaltungsorgane zu gewährleisten.[155] Es ist jedoch nicht vorgesehen,

---

149 *Peltzer*, NZG 2002, 593, 598.

150 *Krieger*, Festschrift für Ulmer, S. 365 ff.

151 *Krieger*, Festschrift für Ulmer, S. 365, 375.

152 *Lutter*, ZHR 166 (2002), 523, 537; so auch: *Seibt*, AG 2002, 249, 259; *Ettinger/Grützediek*, AG 2003, 353, 356.

153 *Seibt*, AG 2002, 249, 259.

154 Für den Vorstand: Köln. Komm. AktG/*Mertens*, § 77 Rn. 39; Großkomm. AktG/*Kort*, § 77 Rn. 80; für den Aufsichtsrat: Köln. Komm. AktG/*Mertens*, § 107 Rn. 167.

155 *Obermüller*, DB 1971, 952, 953.

dass in den Geschäftsordnungen der Verwaltungsorgane persönliche Verhaltenspflichten der Organmitglieder festgelegt werden, deren Verletzung u.a. Schadenersatzpflichten nach sich ziehen kann. Für die Geschäftsordnung des Aufsichtsrats zeigt sich die fehlende Geeignetheit, wie von *Krieger* und *Seibt* angesprochen, auch daran, dass für den Erlass und die Änderung der Geschäftsordnung grundsätzlich die einfache Mehrheit genügt.[156] Es ist außerdem allgemeine Auffassung, dass eine vom Aufsichtsrat erlassene Geschäftsordnung die Amtszeit der Aufsichtsratsmitglieder überdauert und so lange gilt, bis sie geändert oder aufgehoben wird.[157] Dies gilt nach überwiegender Auffassung auch für die Geschäftsordnung des Vorstands.[158] Nach der gesetzlichen Konstruktion gelten somit die Regelungen der Geschäftsordnung kraft Organzugehörigkeit. Ein Beitritt oder eine Zustimmung neuer Organmitglieder ist danach nicht erforderlich. Daran zeigt sich, dass die Geschäftsordnung kein geeignetes Umwandlungsmedium ist. Die Gegenauffassung ist inkonsequent, da sie einerseits die Geschäftsordnung als geeignetes Umwandlungsmedium qualifiziert und andererseits auf Grund des Erfordernisses der Zustimmung jedes Organmitglieds die gesetzlichen Anforderungen für den Erlass bzw. die Änderung der Geschäftsordnung verschärft und den Beitritt neuer Organmitglieder fordert.

(5) Regelung durch Organbeschluss

Darüber hinaus wird allgemein davon ausgegangen, dass den Vorstandsmitgliedern aus den Kodex-Empfehlungen auch dann Verhaltenspflichten erwachsen, wenn der Vorstand die Befolgung der Kodex-Empfehlungen beschließt. Es besteht darüber hinaus Einigkeit, dass dieser Beschluss des Vorstands der Zustimmung jedes betroffenen Mitglieds bedarf.[159]

---

156 Münch. Hdb. GesR IV/*Hoffmann-Becking*, § 31 Rn. 4.

157 Köln. Komm. AktG/*Mertens*, § 107 Rn. 165; *Geßler*, in Geßler/Hefermehl, § 107 Rn. 59; OLG Hamburg WM 1982, 1090, 1092; Münch. Hdb. GesR IV/*Hoffmann-Becking*, § 31 Rn. 5; *Lutter/Krieger*, Rn. 533; *Obermüller*, DB 1971, 952, 953.

158 Köln. Komm. AktG/*Mertens*, § 77 Rn. 47; Großkomm. AktG/*Kort*, § 77 Rn. 75; *Hüffer*, § 77 Rn. 22; *Hoffmann-Becking*, ZGR 1998, 497, 500; *Obermüller*, DB 1971, 952, 953; a.A.: *Hefermehl*, in Geßler/Hefermehl, § 77 Rn. 25; Münch. Hdb. GesR IV/*Wiesner*, § 22 Rn. 19.

159 *Lutter*, ZHR 166 (2002), 523, 537; *Seibt*, AG 2002, 249, 259; Kodex-Kommentar/*Ringleb*, 4.3.4 Rn. 592; wohl auch: *Krieger*, Festschrift für Ulmer, S. 365, 374 f., der sich lediglich gegen die Möglichkeit der Umwandlung durch einen mehrheitlichen Beschluss ausspricht.

(a) Geeignetheit eines Vorstandsbeschlusses

Ohne weitere Begründung wird davon ausgegangen, dass ein Vorstandsbeschluss geeignet ist, den Vorstandsmitgliedern persönliche Verhaltenspflichten aufzuerlegen. Vorstandsbeschlüsse dienen jedoch in erster Linie der Bildung eines einheitlichen Gesamtwillens in Angelegenheiten der Aktiengesellschaft, für die eine Zuständigkeit des Vorstands als Organ der Aktiengesellschaft besteht[160] sowie in Angelegenheiten, die den Vorstand als Organ betreffen (wie z.B. der Erlass einer Geschäftsordnung). Die mit den Kodex-Empfehlungen empfohlenen Verhaltensweisen betreffen jedoch weder Angelegenheiten der Aktiengesellschaft noch des Organs Vorstand. Sie betreffen vielmehr das Verhalten der einzelnen Vorstandsmitglieder und persönliche mit diesem Verhalten verbundene Pflichten.

Die Festlegung der Verpflichtung zur Befolgung der Kodex-Empfehlungen steht jedoch in einem engen sachlichen Zusammenhang mit der Verpflichtung des Vorstands zur Abgabe der Entsprechenserklärung nach § 161 AktG. Durch die mit einem Beschluss herbeigeführte persönliche Verpflichtung der Vorstandsmitglieder kann das Vertrauen der Investoren in die betreffende Aktiengesellschaft über das durch § 161 AktG geforderte Maß hinaus gefördert werden. Schließlich bindet der Beschluss die Vorstandsmitglieder auch nur, weil und solange sie in dieser Funktion tätig sind. Aus diesem Grund ist ein Vorstandsbeschluss grundsätzlich geeignet, die Vorstandsmitglieder zur Befolgung der Kodex-Empfehlungen zu verpflichten und ihnen damit persönliche Verhaltenspflichten aufzuerlegen.

(b) Einstimmigkeit

Im Zusammenhang mit den Erfordernissen der Beschlussfassung wird übereinstimmend darauf hingewiesen, dass die Auferlegung von Verhaltenspflichten nicht gegen den Willen eines Vorstandsmitglieds erfolgen kann, sondern dass dafür seine Zustimmung erforderlich ist.[161] Dabei wird nicht eindeutig zu der Frage Stellung genommen, ob die Schaffung von Verhaltenspflichten voraussetzt, dass der fragliche Vorstandsbeschluss einstimmig erfolgt oder ob auch ein einfacher Mehrheitsbeschluss genügt und in diesem Fall eine Verhaltenspflicht nur für die Vorstandsmitglieder begründet wird, die dem Beschluss zugestimmt haben.

---

160 Soergel/*Hadding*, § 29 Rn. 6, allerdings zum Beschluss des Vereinsvorstands.

161 Vgl. die Nachweise in Fn. 159.

Lediglich *Lutter* spricht sich ausdrücklich dafür aus, dass ein einstimmiger Beschluss erforderlich ist.[162] Für seine Auffassung spricht, dass ein Vorstandsbeschluss im Unterschied zu einer vertraglichen Regelung durch den Anstellungsvertrag grundsätzlich unterschiedslos für alle Vorstandsmitglieder gilt. Die Bindung an Vorstandsbeschlüsse besteht außerdem grundsätzlich unabhängig davon, ob das jeweilige Vorstandsmitglied dem Beschlussantrag zugestimmt hat oder nicht.[163] Durch einen Mehrheitsbeschluss des Vorstands können deshalb nicht einzelnen Vorstandsmitgliedern, die dem Beschluss zugestimmt haben, Verhaltenspflichten auferlegt werden. Ein Vorstandsbeschluss, durch welchen den Vorstandsmitgliedern persönliche Verhaltenspflichten auferlegt werden sollen, bedarf vielmehr der Einstimmigkeit.

(c) Inhalt des Vorstandsbeschlusses

Es ist außerdem noch ungeklärt, ob es zur Begründung einer Verhaltenspflicht genügt, dass der Vorstand einstimmig über die Abgabe der Entsprechenserklärung beschließt oder ob darüber hinaus ein einstimmiger Beschluss erforderlich ist, in dem die Vorstandsmitglieder die Kodex-Empfehlungen als für sich bindend anerkennen.

Nach *Ringleb* geht jedes Vorstandsmitglied mit seiner Zustimmung zur Abgabe der Entsprechenserklärung zumindest inzident eine Verpflichtung zur Offenlegung gemäß der Kodex-Empfehlung ein. Die Zustimmung eines Vorstandsmitglieds enthalte die Erklärung, sich an die Regelungen des Corporate Governance Kodex halten zu wollen. Glaube ein Vorstandsmitglied, eine solche Erklärung nicht abgeben zu können, müsse es bei der Beschlussfassung einen entsprechenden Vorbehalt machen.[164] Das würde bedeuten, dass es für eine Umwandlung der Kodex-Empfehlungen in rechtlich verbindliche Verhaltenspflichten ausreichen würde, wenn der Vorstand einstimmig über die Abgabe der Entsprechenserklärung beschlösse.

Dieser Auffassung kann jedoch nicht gefolgt werden. Ein einstimmiger Beschluss über die Abgabe der Entsprechenserklärung genügt nicht, um persönliche Verhaltenspflichten für die Vorstandsmitglieder zu begründen. Bei der auf die Zukunft gerichteten Entsprechenserklärung handelt es sich lediglich um eine unverbindliche Absichtserklärung (vgl. 3. d) cc)), so dass der Vorstand auch im Fall einer positiven Entsprechenserklärung grundsätzlich von den Kodex-Empfehlungen abweichen kann. Die Entsprechenserklärung

---

162 *Lutter*, ZHR 166 (2002), 523, 537.

163 Münch. Hdb. GesR IV/*Wiesner*, § 22 Rn. 8.

164 Kodex-Kommentar/*Ringleb*, 4.3.4 Rn. 592 speziell zur Verpflichtung der Offenlegung von Interessenkonflikten.

unterscheidet sich daher inhaltlich erheblich von einer Erklärung, welche die Schaffung einer rechtlichen Verpflichtung für jedes einzelne Organmitglied zur Befolgung der Kodex-Empfehlungen zum Gegenstand hat.

Aus diesem Grund kann nicht davon ausgegangen werden, dass die Zustimmung zur Abgabe der Entsprechenserklärung die konkludente Zustimmung zur Auferlegung rechtlich verbindlicher Verhaltenspflichten beinhaltet, deren Verletzung das Vorstandsmitglied u.U. schadenersatzpflichtig machen kann. Es ist deshalb erforderlich, dass die Vorstandsmitglieder ausdrücklich beschließen, dass sie nicht nur beabsichtigen, die Kodex-Empfehlungen insgesamt oder einzelne Kodex-Empfehlungen zu befolgen, sondern dass sie diese ausdrücklich als für sich rechtlich verbindlich anerkennen. Dieser Beschluss kann entweder als separater Beschluss oder als Teil des Beschlusses über die Abgabe der Entsprechenserklärung gefasst werden. Es muss aber deutlich werden, dass die Vorstandsmitglieder damit eine persönliche Verpflichtung schaffen wollen, die über eine bloße Befolgungsabsicht hinaus geht.

(d) Vorgehen bei neuen Vorstandsmitgliedern

Da die Zustimmung jedes Vorstandsmitglieds Voraussetzung für eine persönliche Verhaltenspflicht ist, muss jedes neue Vorstandsmitglied, das bei der Begründung der persönlichen Verhaltenspflicht durch einstimmigen Vorstandsbeschluss noch nicht Mitglied des Vorstands war, seine Zustimmung zu dem Beschluss erklären. Alternativ wäre ein neuer, inhaltsgleicher Beschluss des neu zusammengesetzten Vorstands möglich.[165]

(6) Ergebnis zu aa)

Die trotz der Abgabe einer positiven Entsprechenserklärung unverbindlichen Kodex-Empfehlungen können durch die Aufnahme in den Anstellungsvertrag, in die Satzung oder durch einen einstimmig gefassten Vorstandsbeschluss in rechtlich verbindliche Verhaltenspflichten der Vorstandmitglieder umgewandelt werden. Auf diese Art und Weise könnte den Vorstandsmitgliedern auch eine allgemeine Offenbarungspflicht bei Interessenkollisionen auferlegt werden.

bb) Verpflichtung zur Befolgung der Kodex-Empfehlungen auf Grund der allgemeinen Sorgfaltspflicht

Lutter vertritt die Auffassung, dass die Vorstandsmitglieder auch ohne die unter aa) beschriebene Umwandlung der Kodex-Empfehlungen in persönli-

---

[165] *Lutter*, ZHR 166 (2002), 523, 537.

che Verhaltenspflichten auf Grund der allgemeinen Sorgfaltspflicht zu ihrer Befolgung verpflichtet sein können. Denn die allgemeine Sorgfaltspflicht verpflichte die Vorstandsmitglieder dazu, Vorteile der Aktiengesellschaft zu wahren sowie Schäden und sonstige Nachteile abzuwenden.[166] Gegen diese Schadensabwendungspflicht verstoße ein Vorstandsmitglied jedoch, wenn es die Kodex-Empfehlungen entgegen der Entsprechenserklärung nicht befolge. Denn für die Aktiengesellschaft sei es nachteilhaft, wenn in der Marktöffentlichkeit bekannt werde, dass eine gewissenhafte Umsetzung der Entsprechenserklärung nicht erfolge und einzelne Vorstandsmitglieder sich nicht an die zu Grunde liegenden Beschlüsse des Vorstands hielten. Ein solcher Vorgang könne im schlimmsten Fall zu einem hohen Ansehensverlust der Aktiengesellschaft führen.[167]

Krieger scheint zumindest für den Fall anderer Auffassung und damit gegen eine Verpflichtung zur Befolgung der Kodex-Empfehlungen zu sein, in dem die Verwaltungsorgane nicht einstimmig, sondern lediglich mit einfacher Mehrheit die Abgabe einer positiven Entsprechenserklärung beschließen. In diesem Fall sei ein Organmitglied lediglich zur Klarstellung verpflichtet, dass es nicht die Absicht habe, den Kodex-Empfehlungen zu folgen.[168] Außerdem seien die Namen der entsprechenden Organmitglieder in der Entsprechenserklärung zu nennen.[169]

Ringleb vertritt die Auffassung, dass die Aktiengesellschaft in dem Fall, in dem sich einzelne Organmitglieder entweder weigerten sich zu einer sie persönlich betreffenden Kodex-Empfehlung zu äußern oder diese ausdrücklich ablehnten, verpflichtet sei, die Entsprechenserklärung entsprechend einzuschränken. Es bestehe jedoch weder eine Rechtspflicht noch ein Recht dazu, das betreffende Organmitglied namentlich zu nennen.[170] Für die Information des Kapitalmarktes genüge es, wenn die Entsprechenserklärung darüber informiere, dass die Kodex-Empfehlungen nicht vollständig akzeptiert würden. Eine Namensnennung sei außerdem nur dann zulässig, wenn bei einer im Einzelfall vorzunehmenden Abwägung die legitimen Interessen der Aktiengesellschaft an der Veröffentlichung die Interessen des einzelnen Organmitglieds an der Wahrung seinen Persönlichkeitsrechts überwögen.[171]

---

[166] *Lutter*, ZHR 166 (2002), 523, 541; ebenso: *Semler/Wagner*, NZG 2003, 553, 557; *Kiethe*, NZG 2003, 559, 564.

[167] *Lutter*, ZHR 166 (2002), 523, 541.

[168] *Krieger*, Festschrift für Ulmer, S. 365, 375; so auch: Kodex-Kommentar/*Ringleb*, Rn. 1034.

[169] *Krieger*, Festschrift für Ulmer, S. 365, 375.

[170] Kodex-Kommentar/*Ringleb*, Rn. 1037.

[171] Kodex-Kommentar/*Ringleb*, Rn. 1037.

Auch *Seibt* geht davon aus, dass ein Organmitglied, das sich vorbehalten möchte, von einer individualbezogenen Kodex-Empfehlung abzuweichen, verpflichtet ist, dies gegenüber Vorstand und Aufsichtsrat zu erklären. Weder aus dieser Erklärungspflicht noch aus der organschaftlichen Treuepflicht folge für das einzelne Organmitglied, dass es eine Offenlegung seines Namens im Zusammenhang mit der Abweichungserklärung zu dulden hätte. Er begründet dies damit, dass eine derart individualisierte Offenlegung einen dem „Comply or Explain"-Konzept widerstreitenden Druck auf die Organmitglieder ausüben würde, gesetzlich gerade nicht vorgegebenen Verhaltensanordnungen zu folgen. Außerdem würden die Persönlichkeitsrechte der entsprechenden Organmitglieder dadurch in unverhältnismäßiger Weise verletzt.[172]

Gegen die zuerst genannte Auffassung von *Lutter* spricht, dass sie dazu führen würde, dass die Vorstandsmitglieder bei Abgabe einer positiven Entsprechenserklärung zur Offenlegung von Interessenkollisionen verpflichtet wären, auch wenn eine entsprechende Verpflichtung weder in ihren Anstellungsvertrag noch in die Satzung aufgenommen wurde. Dafür wäre es auch unerheblich, ob die Vorstandsmitglieder der Begründung einer entsprechenden Verhaltenspflicht zugestimmt hätten. Es ist jedoch widersprüchlich, einerseits davon auszugehen, dass für die Auferlegung persönlicher Verhaltenspflichten die Zustimmung des betroffenen Organmitglieds erforderlich ist und andererseits über die allgemeine Sorgfaltspflicht eine Befolgungspflicht zu begründen.

Gegen die Möglichkeit eines abweichenden Votums mit Befreiungsmöglichkeit und entsprechender Einschränkung der Entsprechenserklärung spricht hingegen, dass § 161 AktG diese Möglichkeit nicht ausdrücklich vorsieht. Die Verwaltungsorgane haben eine einheitliche Erklärung über die beabsichtigte Befolgung oder Nichtbefolgung der Kodex-Empfehlungen abzugeben. Je nach Regelung in Satzung oder Geschäftsordnung kann dies mit einfacher Mehrheit auch gegen die Stimmen einzelner Organmitglieder beschlossen werden. Grundsätzlich binden mit einfacher Mehrheit gefasste Organbeschlüsse auch solche Organmitglieder, die den Beschluss abgelehnt haben.[173]

Außerdem ist *Lutter* dahingehend zuzustimmen, dass es nicht ausgeschlossen werden kann, dass es für eine Aktiengesellschaft nachteilig sein kann, wenn ihre Verwaltungsorgane öffentlich erklären, dass sie beabsichtigten, den Kodex-Empfehlungen zu folgen und sich später herausstellt, dass einzelne oder gar mehrere Vorstandsmitglieder den Kodex-Empfehlungen offensichtlich zuwiderhandelten. Die Aktiengesellschaft und ihre Verwaltungsorgane könnten dadurch in der Öffentlichkeit ihre Glaubwürdigkeit verlieren. Dies

---

172 *Seibt*, AG 2003, 465, 470.

173 Münch. Hdb. GesR IV/*Wiesner*, § 22 Rn. 8.

könnte u.U. auch zu einem wirtschaftlichen Schaden der Aktiengesellschaft führen.

Um diese möglicherweise gravierenden Folgen zu vermeiden, ist es jedoch nicht erforderlich über die Sorgfaltspflicht eine persönliche Verpflichtung zur Befolgung der Kodex-Empfehlungen zu konstruieren. Es würde bereits ausreichen, wenn die entsprechenden Organmitglieder im unmittelbaren zeitlichen Zusammenhang mit dem Beschluss über die Abgabe der Entsprechenserklärung ausdrücklich erklären, dass und welchen sie persönlich betreffenden Kodex-Empfehlungen sie nicht folgen wollen. Dies müsste auch in die Entsprechenserklärung aufgenommen werden. Dasselbe gilt für eine spätere Änderung der Befolgungsabsicht. Auch hier wäre eine entsprechende Offenlegung der Absichtsänderung erforderlich.

Eine Abweichungsmöglichkeit für einzelne Organmitglieder ist zwar im Gesetz nicht ausdrücklich vorgesehen, entspricht aber Sinn und Zweck des § 161 AktG. Der Gesetzgeber hat einerseits, wie die Gesetzesbegründung zeigt, keine Bindung der Organmitglieder schaffen wollen. Durch einfachen Mehrheitsbeschluss können, wie zuvor festgestellt, ebenfalls keine Verpflichtungen geschaffen werden. Andererseits soll durch die Entsprechenserklärung eine erhöhte Transparenz erreicht und das Vertrauen der Investoren in die Unternehmensleitung gestärkt werden. Dies kann jedoch durch einen entsprechenden Hinweis in der Entsprechenserklärung erreicht werden. Denn nur in diesem Fall kann sich ein Investor darauf verlassen, dass ihm die Entsprechenserklärung einen vollständigen und aktuellen Überblick über die Corporate Governance eines Unternehmens vermittelt.

Aus diesem Grund ist es grundsätzlich zulässig, dass Vorstandsmitglieder trotz positiver Entsprechenserklärung von den sie persönlich betreffenden Kodex-Empfehlungen abweichen. Dies gilt jedoch nur, wenn sie gegen die Abgabe oder für die Abgabe einer bloß eingeschränkten Entsprechenserklärung gestimmt und ausdrücklich erklärt haben, sich nicht an die sie persönlich betreffenden Kodex-Empfehlungen halten zu wollen. Hatte das Vorstandsmitglied der Abgabe der Entsprechenserklärung unbeschränkt zugestimmt, darf es von einer ihn persönlich betreffenden Kodex-Empfehlung zur abweichen, wenn es die Änderung seiner Befolgungsabsicht offen gelegt hat. Zur Schaffung der mit der Entsprechenserklärung beabsichtigten Transparenz muss die Aktiengesellschaft jedoch in der Entsprechenserklärung zusätzlich erklären, dass sich trotz des positiven Organbeschlusses über die Abgabe der Entsprechenserklärung einzelne Organmitglieder vorbehalten haben, einzelnen Kodex-Empfehlungen nicht zu folgen.

Entgegen der Auffassung von *Seibt* genügt es auch nicht, den Vorbehalt einzelner Organmitglieder in anonymisierter Form in die Entsprechenserklärung aufzunehmen. Denn für Investoren kann es, insbesondere bei bedeutenden Aktiengesellschaften, bei denen die Vorstandsmitglieder für verschiedene Ressorts zuständig und bei denen einzelne Vorstandsmitglieder alleinvertretungsberechtigt sind, durchaus von Bedeutung sein, welche Vorstandsmitglieder einzelnen Kodex-Empfehlungen nicht folgen wollen. So wird es für einen Anleger in der Regel weniger bedeutend sein, ob das für Personal zuständige Vorstandsmitglied Interessenkollisionen offen legen wird. Anders kann sich dies jedoch bei dem für den Einkauf zuständigen Vorstandsmitglied darstellen. Dies widerspricht auch nicht dem „Comply or Explain"-Konzept. Zwar folgt aus der Tatsache, dass die Vorstandsmitglieder eine Offenlegung ihrer Abweichungserklärung dulden müssen, ein gewisser psychologischer Druck. Dieser Druck unterscheidet sich jedoch qualitativ von einer rechtlichen Verpflichtung, so dass sich rechtlich betrachtet dadurch nichts an der grundsätzlichen Zulässigkeit von Abweichungen ändert.

cc) Ergebnis zu b)

Jedes Vorstandsmitglied ist frei, über die Befolgung von Kodex-Empfehlungen, die sein persönliches Verhalten betreffen, zu entscheiden. Sollte ein Vorstandsmitglied allerdings für die Abgabe der Entsprechenserklärung gestimmt haben oder bei nur eingeschränkter Zustimmung oder ablehnender Stimmabgabe nicht ausdrücklich erklärt haben, dass es sich entgegen des Mehrheitsbeschlusses nicht an die Kodex-Empfehlungen halten werde, obliegt ihm auf Grund der allgemeinen Sorgfaltspflicht eine entsprechende Befolgungspflicht. Dasselbe gilt, wenn das Vorstandsmitglied eine spätere Änderung seiner ursprünglich bestehenden Befolgungsabsicht nicht offen legt.

c) Ergebnis zu 4.

Aus § 93 Abs. 1 AktG lässt sich grundsätzlich keine allgemeine Offenbarungspflicht für Vorstandsmitglieder beim Vorliegen von Interessenkollisionen ableiten. Etwas anderes gilt, wenn die Kodex-Empfehlung zur Interessenkollision entweder durch den Anstellungsvertrag, Satzungsregelungen oder einstimmigen Organbeschluss in eine verbindliche Verhaltenspflicht transformiert wurde. Entsprechendes gilt, wenn ein Vorstandsmitglied für die Abgabe der Entsprechenserklärung gestimmt oder bei eingeschränkter Zustimmung oder ablehnender Stimmabgabe nicht ausdrücklich erklärt hat, dass es sich entgegen des Mehrheitsbeschlusses nicht an die ihn persönlich betreffenden Kodex-Empfehlungen halten wird. Eine Offenbarungspflicht besteht auch dann, wenn das Vorstandsmitglied es unterlässt, eine spätere Änderung seiner ursprünglichen Befolgungsabsicht gegenüber Vorstand und Aufsichtsrat zu erklären.

5. Ergebnis zu Kapitel II.

Aus den unter 2. dargestellten Pflichten der Vorstandsmitglieder kann keine allgemeine Pflicht zur Offenbarung von Interessenkollisionen für die Phase im Vorfeld des Vertragsabschlusses hergeleitet werden. Beim Vorliegen folgender besonderer Umstände kann ein Vorstandsmitglied jedoch zur Offenbarung einer Interessenkollision verpflichtet sein:

(1) Führt eine Interessenkollision dazu, dass der Aufsichtsrat gemäß § 112 AktG zur ausschließlichen Vertretung der Aktiengesellschaft berechtigt ist, muss das befangene Vorstandsmitglied die Interessenkollision bereits vor Aufnahme von Vertragsverhandlungen offen legen.

(2) Folgt aus einer Interessenkollision ein Stimmverbot bei Vorstandsbeschlüssen, muss das befangene Vorstandsmitglied die Interessenkollision spätestens vor der betreffenden Beschlussfassung offen legen.

(3) Eine Offenbarungspflicht besteht außerdem dann, wenn eine Interessenkollision so schwer wiegt, dass das Vorstandsmitglied seinen Verpflichtungen gegenüber der Aktiengesellschaft nicht mehr nachkommen kann oder wenn sonstige Umstände vorliegen, welche die Offenlegung der Interessenkollision erfordern, um einen anderenfalls drohenden Schaden von der Aktiengesellschaft abzuwenden.

Auch aus den unter 3. dargestellten Kodex-Empfehlungen kann keine allgemeine Pflicht zur Offenbarung von Interessenkollisionen hergeleitet werden. Eine besondere Offenbarungspflicht besteht jedoch in folgenden Fällen:

(1) Die Kodex-Empfehlung zur Offenlegung von Interessenkollisionen wurde durch Anstellungsvertrag, Satzung oder einstimmigen Vorstandsbeschluss in eine verbindliche Verhaltenspflicht umgewandelt.

(2) Die allgemeine Sorgfaltspflicht verlangt eine Offenbarung von Interessenkollisionen, wenn ein Vorstandsmitglied für die Abgabe der Entsprechenserklärung gestimmt oder bei eingeschränkter Zustimmung oder ablehnender Stimmabgabe nicht ausdrücklich erklärt hat, dass es sich entgegen des Mehrheitsbeschlusses nicht an die Kodex-Empfehlungen halten wird.

(3) Eine Pflicht zur Offenbarung von Interessenkollisionen besteht auch dann, wenn das Vorstandsmitglied es unterlässt, eine spätere Änderung seiner ursprünglichen Befolgungsabsicht gegenüber Vorstand und Aufsichtsrat zu erklären.

Kapitel III.: Vertretung der Aktiengesellschaft beim Vertragsschluss und Zuständigkeit für vorbereitende Maßnahmen

1. Einleitung

Nach § 78 Abs. 1 AktG vertritt der Vorstand die Aktiengesellschaft sowohl gerichtlich als auch außergerichtlich. Dem Vorstand obliegt damit grundsätzlich die organschaftliche Vertretung der Aktiengesellschaft, die mit der gesetzlichen Vertretung verwandt, aber nicht identisch ist.[1] § 26 Abs. 2 Satz 1 BGB beispielsweise spricht in diesem Zusammenhang davon, dass der (Vereins-)Vorstand *„die Stellung eines gesetzlichen Vertreters"* hat.

§ 78 Abs. 2 Satz 1 AktG sieht bei einem aus mehreren Personen bestehenden Vorstand das Prinzip der Gesamtvertretung vor. Das bedeutet, dass sämtliche Vorstandsmitglieder grundsätzlich nur gemeinschaftlich zur Vertretung der Aktiengesellschaft befugt sind. § 78 Abs. 3 AktG sieht allerdings vor, dass entweder die Satzung oder der Aufsichtsrat bestimmen können, dass einzelne Vorstandsmitglieder allein oder in Gemeinschaft mit einem Prokuristen zur Vertretung der Gesellschaft befugt sind.

§ 112 AktG modifiziert die grundsätzlich bestehenden Vertretungsbefugnisse für den Fall, dass die Aktiengesellschaft gegenüber den Vorstandsmitgliedern vertreten werden muss. Im Folgenden wird deshalb geprüft, ob § 112 AktG auch auf die von den Fallbeispielen konkretisierten Interessenkollisionen anwendbar ist.

2. Vertretungsbefugnis des Aufsichtsrats

a) Allgemeines

Nach § 112 AktG ist der Aufsichtsrat ausschließlich für die gerichtliche und außergerichtliche Vertretung der Gesellschaft gegenüber den Vorstandsmitgliedern zuständig. Er ist deshalb für alle Rechtsgeschäfte mit Vorstandsmitgliedern und für Rechtsstreitigkeiten aller Art zwischen Vorstandsmitgliedern und Aktiengesellschaft zuständig. Seine Vertretungsmacht erstreckt sich auch auf vorbereitende Maßnahmen[2], so dass auch vorbereitende Geschäfts-

---

1 Münch. Hdb. GesR IV/*Wiesner*, § 23 Rn. 1; *Hüffer*, § 78 Rn. 3; Münch. Komm. BGB/*Schramm*, Vor § 164 Rn. 7.

2 *Matthießen*, S. 192; *Semler*, Festschrift für Rowedder, S. 441, 444; *Stein*, AG 1999, 28, 31; *Werner*, ZGR 1989, 369; 376; *Geßler*, in Geßler/Hefermehl, § 112 Rn. 4, jedoch nur im Hinblick auf Vorverhandlungen mit einer als Vorstandsmitglied in Aussicht genommenen Person.

führungsmaßnahmen einschließlich entsprechender Beschlüsse durch den (Rest-)Vorstand ausgeschlossen sind.

Der Grund für diese Regelung besteht darin, dass der Gesetzgeber davon ausgeht, dass die Gesellschaftsinteressen gefährdet würden, wenn der Vorstand die Gesellschaft in Angelegenheiten verträte, die einzelne seiner Mitglieder betreffen. § 112 AktG soll durch den Ausschluss der Vertretungsmacht des Vorstands die Gefährdung der Gesellschaftsinteressen vermeiden und die unbefangene Wahrung der Gesellschaftsbelange gewährleisten.[3] Dabei genügt für die Anwendung des § 112 AktG bereits die abstrakte Gefährdungslage, von deren Vorliegen ausgegangen wird, wenn der Vertragspartner der Aktiengesellschaft ein Vorstandsmitglied ist. Es ist unerheblich, ob im konkreten Fall tatsächlich eine Gefahr besteht.[4]

b) Analoge Anwendung des § 112 AktG

§ 112 AktG ist nicht unmittelbar auf die Fallbeispiele anwendbar. Denn die Fallbeispiele betreffen nicht den Abschluss eines Vertrags zwischen der Aktiengesellschaft und einem Vorstandsmitglied, sondern zwischen der Aktiengesellschaft und einem Dritten (einer GmbH bzw. einer dem Vorstandsmitglied nahestehenden Person). § 112 AktG betrifft nach seinem Wortlaut jedoch nur die Vertretung der Aktiengesellschaft gegenüber den Vorstandsmitgliedern, nicht gegenüber Dritten. Im Folgenden wird deshalb geprüft, ob § 112 AktG über seinen Wortlaut hinaus im Wege einer Gesetzesanalogie[5] auf Rechtsgeschäfte der durch die Fallbeispiele konkretisierten Art anwendbar ist.

aa) Analoge Anwendung auf Variante a) des ersten Fallbeispiels

Die analoge Anwendung von § 112 AktG auf Fälle, welche von Variante a) des ersten Fallbeispiels[6] erfasst werden, ist vom *Bundesgerichtshof*, soweit ersichtlich, bisher noch nicht entschieden worden. Es finden sich jedoch zu

---

3 BGH WM 1993, 1630, 1632; BGH AG 1991, 269; BGH NJW 1989, 2055, 2056; Münch. Hdb. GesR IV/*Wiesner*, § 23 Rn. 11; *Hüffer*, § 112 Rn. 1; Köln. Komm. AktG/*Mertens*, § 112 Rn. 2; *Werner*, ZGR 1989, 369, 371.

4 BGH AG 1991, 269, 270; Köln. Komm. AktG/*Mertens*, § 112 Rn. 2; *Hüffer*, § 112 Rn. 2; *Stein*, AG 1999, 28, 39.

5 Vgl. zu der Unterscheidung zwischen Gesetzes- (bzw. Einzel-) und Rechtsanalogie (bzw. Gesamtanalogie) *Larenz*, Methodenlehre, S. 383 f.

6 Der potenzielle Vertragspartner der Aktiengesellschaft ist eine Gesellschaft, deren Alleingesellschafter das Vorstandsmitglied ist.

dieser Frage einige wenige Entscheidungen von Oberlandes- und Landgerichten sowie vereinzelte Ausführungen in der Literatur.[7]

(1) Rechtsprechung

In dem vom *Oberlandesgericht Saarbrücken* entschiedenen Fall vertrat ein Vorstandsmitglied eine Aktiengesellschaft beim Abschluss eines Darlehensvertrags gegenüber einer GmbH, deren Minderheitsgesellschafter es war. Das *Oberlandesgericht Saarbrücken* war der Auffassung, dass in diesem Fall kein Verstoß gegen § 112 AktG vorlag, da der Darlehensvertrag seitens der Aktiengesellschaft nicht mit dem Vorstandsmitglied geschlossen wurde, sondern mit der GmbH. Die bloße Minderheitsgesellschafterstellung sah das Gericht als für die Anwendung des § 112 AktG nicht ausreichend an, da zwischen dem Vorstandsmitglied und der GmbH keine wirtschaftliche Identität bestehe.[8] Das Gericht ließ es allerdings offen, ob § 112 AktG Anwendung gefunden hätte, wenn das Vorstandsmitglied Mehrheits- oder Alleingesellschafter der GmbH gewesen wäre.

Im vom *Landgericht Koblenz* entschiedenen Fall ging es um die Veräußerung mehrerer Grundstücke einer Aktiengesellschaft an eine andere Aktiengesellschaft.[9] Dabei war ein Vorstandsmitglied der erwerbenden Aktiengesellschaft Alleinaktionär der veräußernden Aktiengesellschaft. Das Landgericht war der Auffassung, dass § 112 AktG auf diesen Fall entsprechend angewendet werden müsse. Es begründete diese Entscheidung damit, dass § 112 AktG bereits eine abstrakte Gefährdung der Gesellschaftsinteressen vermeiden wolle, weshalb eine typisierende Betrachtungsweise geboten sei. § 112 AktG müsse deshalb auch dann angewendet werden, wenn zwischen dem Vorstandsmitglied und der veräußernden Aktiengesellschaft wirtschaftliche Identität vorliege. Auf Grund der bestehenden Kongruenz der Interessenlagen bestehe die Gefahr, dass die Entscheidungsfindung auf Seiten der erwerbenden Aktiengesellschaft nicht unbefangen und nicht unter ausschließlicher Orientierung an deren Interessen verlaufe. Es könne keinen Unterschied machen, ob die Gesellschaft mit dem Vorstandsmitglied selbst oder einer juristischen Person kontrahiere, die von dem Vorstandsmitglied völlig beherrscht werde und mit ihm wirtschaftlich identisch sei.[10]

---

[7] OLG Saabrücken AG 2001, 483; LG Dresden ZNotP 2002, 322; LG Köln v. 13.11.2001 - 85 O 186/01, abrufbar unter www.nrwe.de; Köln. Komm. AktG/*Mertens*, § 112 Rn. 14; *Werner*, ZGR 1989, 369, 373 ff.; *Fischer*, ZNotP 2002, 297 ff.

[8] OLG Saabrücken AG 2001, 483.

[9] LG Dresden ZNotP 2002, 322.

[10] LG Dresden ZNotP 2002, 322, 323.

Der vom *Landgericht Köln* entschiedene Fall entsprach im Wesentlichen dem oben geschilderten Fall des *Landgerichts Koblenz*, weshalb sich das *Landgericht Köln* auch der Auffassung des *Landgerichts Koblenz* anschloss und ebenfalls von der Anwendbarkeit des § 112 AktG ausging. Zur Begründung verwies das *Landgericht Köln* allein auf die Entscheidungsgründe des Urteils des *Landgerichts Koblenz*, die den Parteien bekannt waren.[11]

(2) Literatur

Auch *Mertens* ist der Auffassung, dass die Vertretungskompetenz ausnahmsweise dann beim Aufsichtsrat liege, wenn zwischen dem Dritten, mit dem die Aktiengesellschaft einen Vertrag schließen möchte, und dem Vorstandsmitglied wirtschaftliche Identität bestehe. Dies sei insbesondere dann der Fall, wenn es sich bei dem Dritten um die Einmann-Gesellschaft des Vorstandsmitglieds handele.[12]

Werner ist ebenfalls für die analoge Anwendung des § 112 AktG, wenn zwischen Drittem und Vorstandsmitglied wirtschaftliche Identität besteht. Diese ist seiner Auffassung nach insbesondere dann gegeben, wenn das Vorstandsmitglied Alleingesellschafter und alleiniger Geschäftsführer einer GmbH ist.[13] Darüber hinaus sei von wirtschaftlicher Identität auszugehen, wenn es sich bei dem Dritten um eine dem Vorstandsmitglied als alleinigem Gesellschafter gehörende Kapitalgesellschaft handele, er jedoch nicht deren gesetzlicher Vertreter sei und für sie auch nicht als rechtsgeschäftlich bevollmächtigter Vertreter auftrete.[14]

(3) Gegenauffassung von *Fischer*

Fischer lehnt die Erstreckung des § 112 AktG auf Fälle wirtschaftlicher Identität unter Hinweis auf den Wortlaut, den Regelungszweck und den Ausnahmecharakter des § 112 AktG sowie aus Gründen der Rechtssicherheit ab.[15] Im Einzelnen führt er aus:

---

11 LG Köln v. 13.11.2001 - 85 O 186/01.

12 Köln. Komm. AktG/*Mertens*, § 112 Rn. 14.

13 *Werner*, ZGR 1989, 369, 373.

14 *Werner*, ZGR 1989, 369, 375.

15 *Fischer*, ZNotP 2002, 297, 300 ff, wendet sich nur gegen die erweiternde Auslegung des § 112 AktG, zur analogen Anwendung des § 112 AktG äußert er sich nicht ausdrücklich.

Die Gegenmeinung finde keinen unmittelbaren Anhaltspunkt im Wortlaut des § 112 AktG. Die Beteiligungsgesellschaft sei in rechtlicher Hinsicht ein vom Vorstandsmitglied verschiedenes Rechtssubjekt mit eigener Rechtspersönlichkeit. Der Hinweis auf die wirtschaftliche Identität sei keine ausreichende Begründung, da die Differenzierung zwischen Gesellschaft und hinter ihr stehendem Gesellschafter im deutschen Gesellschaftsrecht essentiell sei.[16]

Auch der Regelungszweck des § 112 AktG erfordere keine Erstreckung des Anwendungsbereichs der Norm, da er keine dauernde, umfassende Interessenbetrachtung dahingehend erfordere, dass bei jedem Abschluss eines Rechtsgeschäfts zu prüfen wäre, ob das Vorstandsmitglied persönliche Interessen verfolge und/oder ob zwischen ihm und dem Vertragspartner der Aktiengesellschaft ein Näheverhältnis bestünde, das eine Vertretung der Aktiengesellschaft durch den Aufsichtsrat erfordere. Diese Betrachtungsweise würde den Rahmen des § 112 AktG sprengen.[17]

Außerdem widerspreche die erweiternde Auslegung des § 112 AktG seinem Charakter als Ausnahmevorschrift. Sie bewirke einen Eingriff in das gesetzlich vorgegebene Kompetenzgefüge, indem die grundsätzliche Vertretungsbefugnis des Vorstands zu Gunsten der Zuständigkeit des Aufsichtsrats eingeschränkt werde. Eine Abweichung von dem gesetzlich vorgegebenen Kompetenzgefüge sei jedoch dem Gesetzgeber vorbehalten. Dies gelte zumindest dann, wenn sich im Wortlaut der Ausnahmevorschrift selbst nicht ein deutlicher Anhaltspunkt für eine erweiternde Auslegung finde, wie dies bei § 112 AktG der Fall sei.[18]

Gegen die Gegenauffassung spreche außerdem, dass bei einer Anwendung des § 112 AktG auf Fälle wirtschaftlicher Identität eine erhebliche Rechtsunsicherheit verursacht würde, da es zweifelhaft sei, ab welchem Beteiligungsumfang und unter welchen weiteren Voraussetzungen wirtschaftliche Identität bejaht werden könne. Wenn man die Gegenauffassung konsequent verfolge, müsse wohl auch bei einer Beteiligung des Ehegatten des Vorstandsmitglieds am Vertragspartner der Aktiengesellschaft von wirtschaftlicher Identität gesprochen werden. Dies alles zeige, dass das Merkmal der wirtschaftlichen Identität zur Begründung der Anwendbarkeit des § 112 AktG nicht geeignet sei.[19]

---

16 *Fischer*, ZNotP 2002, 297, 300.

17 *Fischer*, ZNotP 2002, 297, 300.

18 *Fischer*, ZNotP 2002, 297, 301.

19 *Fischer*, ZNotP 2002, 297, 301.

Außerdem sei die Aktiengesellschaft durch die Haftung des Vorstandsmitglieds ausreichend geschützt. Wenn das Vorstandsmitglied einen Dritten vorschiebe, um ein für ihn vorteilhaftes Rechtsgeschäft abzuschließen, sei er der Gesellschaft nach § 93 AktG schadensersatzpflichtig.[20] Auch der Schutz der Aktiengesellschaft fordere demnach keine Anwendung des § 112 AktG.

(4) Stellungnahme

Zunächst einmal ist sorgfältig zu unterscheiden zwischen der (erweiternden) Auslegung und der analogen Anwendung des § 112 AktG. Bei der Auslegung geht der Rechtsanwender davon aus, dass der Gesetzgeber mit der auszulegenden Norm einen bestimmten Sachverhalt erfassen wollte. Dabei stellt der aus dem allgemeinen Sprachgebrauch zu entnehmende Wortsinn der betreffenden Norm zum einen den Ausgangspunkt und gleichzeitig die Grenze der Auslegung dar.[21]

Demgegenüber wird bei der analogen Anwendung einer Vorschrift vom Fehlen einer bestimmten, nach dem Regelungsplan oder dem Gesamtzusammenhang des Gesetzes zu erwartenden Regel für einen bestimmten Sachverhalt und damit von einer planwidrigen Regelungslücke ausgegangen.[22] Ob eine solche Regelungslücke vorliegt, ist vom Standpunkt des Gesetzes, an Hand der ihm zu Grunde liegenden Regelungsabsicht zu beurteilen. Diese Regelungsabsicht ist im Wege der historischen und teleologischen Auslegung zu ermitteln.[23] Neben dem Vorliegen einer planwidrigen Regelungslücke setzt eine analoge Anwendung außerdem voraus, dass der von der betreffenden Norm nicht erfasste Sachverhalt mit dem im Gesetz geregelten Sachverhalt vergleichbar ist. Beide Sachverhalte müssen in den für die rechtliche Bewertung maßgebenden Hinsichten übereinstimmen.[24]

Das von *Fischer* angeführte Wortlautargument spricht somit zwar gegen eine erweiternde Auslegung des § 112 AktG, nicht aber gegen seine analoge Anwendung. Denn diese setzt gerade voraus, dass die analog anzuwendende Norm den betreffenden Sachverhalt nicht erfasst, da es anderenfalls an der erforderlichen Regelungslücke fehlen würde.

---

20 *Fischer*, ZNotP 2002, 297, 302.

21 *Larenz*, Methodenlehre, S. 343.

22 *Larenz*, Methodenlehre, S. 373 ff.

23 *Larenz*, Methodenlehre, S. 373.

24 *Larenz*, Methodenlehre, S. 381.

Auch der Ausnahmecharakter des § 112 AktG allein spricht nicht gegen seine Analogiefähigkeit.[25] Allerdings sind hier die Anforderungen an das Bestehen einer planwidrigen Regelungslücke besonders groß, da es dem Gesetzgeber gerade auf eine Ausnahmeregelung ankam und die analoge Anwendung den Ausnahmecharakter nicht verändern darf.[26]

Der unter 2. a) dargestellte Regelungszweck des § 112 AktG spricht jedoch im Hinblick auf Fälle, welche von Variante a) des ersten Fallbeispiels erfasst werden, entgegen der Auffassung von *Fischer* für eine planwidrige Regelungslücke des Aktiengesetzes.

Der Gesetzgeber wollte mit § 112 AktG eine abstrakte Gefährdung der Gesellschaftsinteressen durch die Befangenheit der Vorstandsmitglieder vermeiden. Diese abstrakte Gefährdung besteht auch dann, wenn ein Vorstandsmitglied Alleingesellschafter des potenziellen Vertragspartners ist. Für das Bestehen einer eventuellen Befangenheit macht es psychologisch gesehen keinen Unterschied, ob der Vertrag unmittelbar mit dem Vorstandsmitglied geschlossen wird oder ob eine juristische Person dazwischen geschaltet ist. Insoweit ist es auch unerheblich, ob das betreffende Vorstandsmitglied zugleich Geschäftsführer dieser juristischen Person ist. Auch in diesem Fall besteht die abstrakte Besorgnis, dass die übrigen Mitglieder des Vorstands auf Grund der 100 %igen Beteiligung des Vorstandsmitglieds bei der Entscheidung über den Abschluss eines Vertrags befangen sind. Denn wirtschaftlich betrachtet treffen das Vorstandsmitglied als Alleingesellschafter des potenziellen Vertragspartners der Aktiengesellschaft sämtliche positiven und negativen Folgen eines etwaigen Vertragsschlusses, da ihm der gesamte Gewinn der Gesellschaft zu Gute kommt und auch ein etwaiger Verlust ihn allein trifft.

Eine Entscheidung des Rest-Vorstands hätte somit Konsequenzen, die wirtschaftlich betrachtet mit den Folgen übereinstimmten, die einträten, wenn der Vertrag unmittelbar mit dem Vorstandsmitglied geschlossen würde. Aus diesem Grund ist es auch nicht entscheidend, dass das Vorstandsmitglied und die Drittgesellschaft rechtlich gesehen unterschiedliche Rechtssubjekte mit jeweils eigener Rechtspersönlichkeit sind.

---

[25] Köln. Komm. AktG/*Mertens*, § 112 Rn. 6; so auch *Fischer*, ZNotP 2002, 297, 301, allerdings zur erweiternden Auslegung und unter Hinweis darauf, dass der § 112 AktG der erweiternden Auslegung auf Grund seines Ausnahmecharakters nur in Maßen zugänglich sei; allgemein zur Analogiefähigkeit von Ausnahmevorschriften: *Larenz*, Methodenlehre, S. 355 f.

[26] *Larenz*, Methodenlehre, S. 356.

Zwar ist es ständige Rechtsprechung des *Bundesgerichtshofs*, dass

> *„über die Rechtsfigur einer juristischen Person nicht leichtfertig und schrankenlos hinweggegangen werden"*

darf.[27] Der *Bundesgerichtshof* hat aber auch entschieden, dass bei der Einmann-GmbH die Willensbildung der Gesellschaft mit der des Gesellschafters zusammenfalle, so dass sich ungeachtet ihrer rechtlichen Selbständigkeit auch die Interessen der Gesellschaft stets mit dem Interesse des Gesellschafters deckten.[28] Zudem werde der alleinige Gesellschafter einer GmbH unmittelbar wirtschaftlich berührt, wenn seine Gesellschaft einen Verlust erleide oder einen Gewinn erziele. Deshalb sei es u.U. geboten die Einmann-Gesellschaft dem alleinigen Gesellschafter gleichzustellen, ohne dass damit die rechtliche Verschiedenheit der beiden Rechtssubjekte in Frage gestellt werde.[29] Es ist somit grundsätzlich möglich, das Vorstandsmitglied in Fällen, in denen es Alleingesellschafter einer Gesellschaft ist, auf Grund einer wirtschaftlichen Betrachtungsweise mit dieser Gesellschaft gleichzusetzen.

Es ist kein Grund ersichtlich, aus dem der Gesetzgeber die Regelung solcher Fälle, in denen dieselbe Gefährdungslage besteht wie in dem gesetzlich geregelten Fall, unterlassen hat. Auch die Gesetzesbegründung enthält dazu keine Erklärung.[30] Es muss deshalb von einer planwidrigen Regelungslücke ausgegangen werden. Da die von Variante a) des ersten Fallbeispiels erfassten Fälle auf Grund der identischen Gefährdungslage und Fallgestaltung unmittelbar mit dem von § 112 AktG erfassten Tatbestand vergleichbar sind, sind die Voraussetzungen für eine analoge Anwendung erfüllt.

Für dieses Ergebnis spricht außerdem, dass die Vorschrift anderenfalls einfach umgangen werden könnte, indem das Vorstandsmitglied eine Gesellschaft gründet, an der es sämtliche Gesellschaftsanteile hält.

Die analoge Anwendung des § 112 AktG auf die von Variante a) des ersten Fallbeispiels erfassten Fälle führt auch nicht zu Rechtsunsicherheit, da es sich hierbei um eine klar abgrenzbare Fallgruppe handelt. Außerdem kann die Alleingesellschafterstellung bei der GmbH durch Einsicht in die Gesellschafterliste, die gemäß § 40 Abs. 1 GmbHG von den Geschäftsführern bei Änderungen unverzüglich zu aktualisieren ist, eindeutig festgestellt werden.

---

27 BGH NJW 1974, 1371, 1372; BGHZ 61, 380, 383.

28 BGHZ 56, 97, 101.

29 BGHZ 61, 380, 383 f.

30 Dies gilt sowohl für die Gesetzesbegründung zum Aktiengesetz 1965 als auch für die Begründung zu der entsprechenden Vorschrift im Aktiengesetz 1937.

Bei der Einmann-Aktiengesellschaft ist gemäß § 42 AktG eine entsprechende Mitteilung zum Handelsregister einzureichen, wenn alle Aktien allein oder neben der Aktiengesellschaft einem Aktionär gehören. Diese Mitteilung ist in dem gemäß § 8 Abs. 2 HRV geführten besonderen Aktenband aufzunehmen, in den gemäß § 9 Abs. 1 Satz 2 HGB jedermann Einsicht nehmen kann. Das betreffende Vorstandsmitglied ist außerdem in beiden Fällen verpflichtet auf seine Stellung als Alleingesellschafter bzw. Alleinaktionär hinzuweisen, damit die Aktiengesellschaft nach § 112 AktG ordnungsgemäß vertreten werden kann (vgl. Kapitel II. 4. a)).

Die Voraussetzungen für eine analoge Anwendung des § 112 AktG auf die von Variante a) des ersten Fallbeispiels erfassten Fälle sind somit erfüllt.

bb) Analoge Anwendung auf Variante b) und c) des ersten Fallbeispiels

Es ist fraglich, ob eine analoge Anwendung des § 112 AktG auch auf die von Variante b) und c) des ersten Fallbeispiels erfassten Fälle[31] zulässig ist. Hier ist aber bereits das Fehlen einer planwidrigen Regelungslücke zu verneinen.

Das Vorstandsmitglied hat in den von Variante b) des ersten Fallbeispiels erfassten Fällen regelmäßig Anspruch auf mehr als die Hälfte des Gewinns des Vertragspartners (§ 29 Abs. 3 GmbHG). Auch Verluste treffen ihn entsprechend dem Umfang seiner Beteiligung. Auf Grund der mit der Beteiligung ebenfalls regelmäßig verbundenen Stimmrechtsmehrheit (§ 47 Abs. 2 GmbHG) kann er außerdem unmittelbaren Einfluss auf die Geschäftsführung nehmen. Gegen den Willen des Vorstandsmitglieds als Mehrheitsgesellschafter sind keine grundlegenden Maßnahmen möglich.

Es ist aber fraglich, ob dies ausreicht, um von einer mit dem von § 112 AktG erfassten Sachverhalt vergleichbaren Gefährdungslage und deshalb vom Vorliegen einer planwidrigen Regelungslücke auszugehen. Denn die Vergleichbarkeit der in diesen Fällen bestehenden Gefährdungslage wird mit dem entsprechenden Beteiligungsumfang abnehmen. Während man bei einer Beteiligung von 95 % noch davon ausgehen kann, dass die Befangenheit der Vorstandsmitglieder sich nicht wesentlich von dem Fall unterscheiden wird, in dem das Vorstandsmitglied Alleingesellschafter ist, ist dies bei einem Beteiligungsumfang von 51 % nur noch schwer zu begründen. Hinzu kommt, dass die Gewinnbeteiligung und das Stimmrecht nicht immer dem Beteiligungsumfang entsprechen. Der Gesellschaftsvertrag kann hier andere Regelungen vorsehen, so dass es möglich ist, dass einem Mehrheitsgesellschafter im Einzelfall geringere Gewinne zufließen und ihn auch Verluste nicht in

---

[31] Das Vorstandsmitglied hält mehr (b) bzw. weniger als die Hälfte (c) der Geschäftsanteile des potenziellen Vertragspartners der Aktiengesellschaft.

dem Maße treffen wie einen Minderheitsgesellschafter. Auch das Stimmrecht und die Beherrschungsmöglichkeit korrespondieren nicht zwangsläufig mit dem Beteiligungsumfang. Der Mehrheitsgesellschafter verfügt deshalb u.U. auch nicht über eine Stimmrechtsmehrheit. Die Gefährdungslage unterscheidet sich aus den zuvor dargestellten Gründen in diesen Fällen entscheidend von der Gefährdungslage des Falls, der von § 112 AktG erfasst wird, so dass es zweifelhaft ist, ob der Gesetzgeber die Regelung dieser Fälle versehentlich unterlassen hat.

Die vorausgehenden Ausführungen zeigen, dass die Vergleichbarkeit der Gefährdungslage von einer Reihe verschiedener nicht eindeutiger Faktoren abhängig ist. Da die Vergleichbarkeit der Gefährdungslage jedoch neben anderen Voraussetzungen die Grundlage für eine analoge Anwendung ist, würde dies dazu führen, dass für jeden Fall, in dem die Mehrheitsbeteiligung eines Vorstandsmitglieds an einer Drittgesellschaft gegeben ist, die Vergleichbarkeit der Gefährdungslagen sehr genau geprüft werden müsste. Die Vergleichbarkeit und damit die analoge Anwendbarkeit von § 112 AktG ließe sich aber auf Grund der zweifelhaften Faktoren u.U. nicht eindeutig feststellen. Für die gegenseitige Abgrenzung der Vertretungsbefugnisse müssen jedoch eindeutige Kriterien bestehen. Aus Gründen der Rechtssicherheit kann es nicht hingenommen werden, dass sich im Einzelfall mangels objektiver Abgrenzungskriterien das für die Vertretung der Aktiengesellschaft zuständige Organ nicht mit Sicherheit feststellen lässt. § 112 AktG lässt erkennen, dass es dem Gesetzgeber darauf ankam, eine eindeutige Regelung zu schaffen, die die abstrakte Gefährdungslage definiert und die keine Bewertung im Einzelfall erforderlich macht.

Eine Regelungslücke liegt demnach für die von Variante b) des ersten Fallbeispiels erfassten Fälle nicht vor, so dass eine analoge Anwendung von § 112 AktG in diesen Fällen grundsätzlich nicht möglich ist. Aus denselben Gründen scheidet auch eine analoge Anwendung auf die von Variante c) des ersten Fallbeispiels erfassten Fälle aus, in denen das Vorstandsmitglied lediglich Minderheitsgesellschafter des potenziellen Vertragspartners der Aktiengesellschaft ist. Die Gefährdungslage unterscheidet sich bereits auf Grund der Stellung als Minderheitsgesellschafter erheblich von dem von § 112 AktG erfassten Sachverhalt, so dass davon ausgegangen werden kann, dass der Gesetzgeber die Regelung der Anwendbarkeit des § 112 AktG auch auf diesen Fall bewusst unterlassen hat.

cc) Analoge Anwendung auf das zweite Fallbeispiel

Für eine analoge Anwendung auf das zweite Fallbeispiel fehlt es ebenfalls an einer planwidrigen Regelungslücke. Die Gefährdungslage unterscheidet sich erheblich von der Gefährdungslage der von § 112 AktG erfassten Fälle, da die Wahrscheinlichkeit der Befangenheit der übrigen Vorstandsmitglieder noch viel geringer sein wird, wenn das Vorstandsmitglied weder unmittelbar noch mittelbar über eine zwischengeschaltete juristische Person Vertragspartner der Aktiengesellschaft ist. Das Gesetz bietet außerdem keinen Anhaltspunkt dafür, dass der Gesetzgeber die Vertretungsmacht des Vorstands in jeder denkbaren Fallkonstellation ausschließen wollte, in der möglicherweise eine Befangenheit der übrigen Vorstandsmitglieder bestehen könnte.

Gegen das Bestehen einer Regelungslücke spricht auch Folgendes: Der Vorstand ist das regelmäßige Vertretungsorgan der Aktiengesellschaft. Die Vertretungsbefugnis wird nur ausnahmsweise in den von § 112 AktG erfassten Fällen auf den Aufsichtsrat übertragen. Die Ausdehnung der Vertretungsmacht des Aufsichtsrats auf alle denkbaren Fälle möglicher Befangenheit der Vorstandsmitglieder könnte zu einer Umkehrung dieses Regel-Ausnahme-Verhältnisses führen und ließe sich auch mit dem Gedanken der Rechtssicherheit nur schwer vereinbaren. Im Einzelfall wäre es schwierig zu entscheiden, ob nun der Vorstand oder der Aufsichtsrat zur Vertretung der Aktiengesellschaft befugt ist, da es auch hier schwierig wäre eindeutig zu definieren, welcher Art die Nähebeziehung zwischen Vorstandsmitglied und Drittem sein müsste, um eine analoge Anwendung von § 112 AktG zu rechtfertigen.

Eine planwidrige Regelungslücke liegt aus den dargestellten Gründen nicht vor, so dass eine analoge Anwendung des § 112 AktG auf das zweite Fallbeispiel ausscheidet.[32]

dd) Ergebnis zu b)

In den von Variante a) des ersten Fallbeispiels erfassten Fällen würde die Aktiengesellschaft durch den Aufsichtsrat vertreten. In Variante b) und c) des ersten Fallbeispiels und im zweiten Fallbeispiel hingegen würde die Aktiengesellschaft durch den Vorstand vertreten, da § 112 AktG keine Anwendung fände.

---

32 *Werner*, ZGR 1989, 369, 374 f; Köln. Komm. AktG/*Mertens*, § 112 Rn. 11, der den § 112 AktG bei Familienangehörigen dann für anwendbar hält, wenn es um die Regelung von Fragen geht, die im Vorstandsverhältnis wurzeln wie z.B. Pensionsregelungen.

c) Rechtsfolge eines Verstoßes gegen § 112 AktG

aa) Darstellung des Streitstandes

Es ist heftig umstritten, welche Rechtsfolge ein Verstoß gegen § 112 AktG für das davon betroffene Rechtsgeschäft nach sich zieht. Nach wohl noch h.M. sind solche Rechtsgeschäfte unheilbar nichtig.[33] Nach einer sich im Vordringen befindenden Auffassung sind solche Rechtsgeschäfte jedoch nur schwebend unwirksam und könnten somit gemäß § 177 Abs. 1 BGB von der Aktiengesellschaft genehmigt werden.[34] Die Rechtsgeschäfte würden durch eine entsprechende Genehmigung endgültig wirksam.

Der *Bundesgerichtshof* hat sich bisher keiner dieser Auffassungen ausdrücklich angeschlossen.[35] Er ist allerdings in mehreren Entscheidungen davon ausgegangen, dass der Aufsichtsrat die gegen § 112 AktG verstoßende gerichtliche Vertretung der Aktiengesellschaft durch den Vorstand genehmigen könne.[36]

Die Vertreter der h.M. sehen in dem Verstoß gegen § 112 AktG überwiegend einen Verstoß gegen die zwingende aktienrechtliche Zuständigkeitsordnung sowie einen Verstoß gegen ein gesetzliches Verbot im Sinne von § 134 BGB, der zur Nichtigkeit des entsprechenden Rechtsgeschäfts führt.[37]

Giesen begründet die Nichtigkeit des Rechtsgeschäfts damit, dass die §§ 177 ff. BGB nicht anwendbar seien, wenn für ein Rechtsgeschäft die Stellvertretung ausgeschlossen sei. Da § 112 AktG zwingend die Zuständigkeit des Aufsichtsrats vorsehe, könne der Vorstand weder als organschaftlicher noch als rechtsgeschäftlicher Vertreter der Gesellschaft tätig werden. Aus diesem Grund griffen die §§ 177 ff. BGB nicht ein, so dass als einzige

---

33 Hans. OLG Hamburg WM 1986, 972, 974; OLG Stuttgart AG 1993, 85, 86; *Semler*, Festschrift für Rowedder, S. 441, 456; Großkomm. AktG/*Meyer-Landrut*, § 112 Anm. 1; Köln. Komm. AktG/*Mertens*, § 112 Rn. 5; *Hefermehl*, in Geßler/Hefermehl, § 78 Rn. 87, § 82 Rn. 20; *Giesen*, S. 79; im Ergebnis auch *Stein*, AG 1999, 28, 39.

34 OLG Karlsruhe WM 1996, 161, 164 ff.; OLG Celle BB 2002, 1438; Münch. Hdb. GesR IV/*Wiesner*, § 23 Rn. 8; *Werner*, ZGR 1989, 369, 392 ff.; *Lutter/Krieger*, Rn. 413; *Hübner*, S. 250.

35 BGH WM 1993, 1630, 1631; BGH AG 1994, 35.

36 BGH NJW 1998, 384; BGH AG 1991, 269, 270; BGH NJW 1989, 2055.

37 Hans. OLG Hamburg WM 1986, 972, 974; OLG Stuttgart AG 1993, 85, 86; *Semler*, Festschrift für Rowedder, S. 441, 456; Köln. Komm. AktG/*Mertens*, § 112 Rn. 5.

mögliche Rechtsfolge eines Verstoßes gegen § 112 AktG die Nichtigkeit des Rechtsgeschäfts bliebe.[38]

Semler führt darüber hinaus an, dass die Möglichkeit einer nachträglichen Genehmigung des fraglichen Rechtsgeschäfts durch den Aufsichtsrat dem Schutzzweck des § 112 AktG zuwiderlaufe. Denn der Aufsichtsrat, der über die Genehmigung zu entscheiden habe, sei in seiner Entscheidung nicht mehr frei, da er zu berücksichtigen habe, dass er mit einer ablehnenden Entscheidung den Vorstand brüskiere.[39]

Stein kommt zur Nichtigkeit des Rechtsgeschäfts, indem sie den Beschluss des Aufsichtsrats über das Rechtsgeschäft als materielle Wirksamkeitsvoraussetzung des unter Verstoß gegen § 112 AktG geschlossenen Rechtsgeschäfts ansieht. Das Fehlen dieses Beschlusses bedeute nicht nur einen Vertretungsmangel, sondern führe zu einem Wirksamkeitsmangel des Rechtsgeschäfts, der durch eine nachträgliche Genehmigung oder Nachholung des Beschlusses nicht behoben oder geheilt werden könne. Das Rechtsgeschäft sei vielmehr unheilbar nichtig.[40]

bb) Stellungnahme

Für die Mindermeinung und damit die Anwendbarkeit der §§ 177 ff. BGB spricht, dass diese Regelungen grundsätzlich für alle Fälle gelten, in denen ein Vertreter ohne Vertretungsmacht ein Rechtsgeschäft in fremdem Namen vornimmt.[41] Handelt der Vorstand im Anwendungsbereich des § 112 AktG im Namen der Aktiengesellschaft, sind die Tatbestandsvoraussetzungen des §§ 177 Abs. 1 BGB erfüllt, da er *„ohne Vertretungsmacht im Namen eines anderen einen Vertrag“* abschließt.

Es ist allgemein anerkannt, dass die §§ 177 ff. BGB nicht nur für rechtsgeschäftlich bestellte, sondern auch für gesetzliche und organschaftliche Vertreter gelten.[42] Die §§ 177 ff. BGB werden außerdem entsprechend angewendet auf Vermögensverwalter wie Konkurs-, Zwangs-, Nachlassverwalter und

38 *Giesen*, S. 79; allgemein zu den Voraussetzungen der Anwendbarkeit der §§ 177 ff BGB: Münch. Komm. BGB/*Schramm*, § 177 Rn. 3; Soergel/*Leptien*, § 177 Rn. 14.

39 *Semler*, Festschrift für Rowedder, S. 441, 456.

40 *Stein*, AG 1999, 28, 39.

41 Palandt/*Heinrichs*, § 178 Rn. 1; Münch. Komm. BGB/*Schramm*, § 177 Rn. 3.

42 OLG Karlsruhe WM 1996, 161, 164; *Werner*, ZGR 1989, 369, 392 f.; Soergel/ *Leptien*, § 177 Rn. 10; Münch. Komm. BGB/*Schramm*, § 177 Rn. 4.

Testamentsvollstrecker.[43] *Werner* ist der Auffassung, dass dies darauf hindeute, dass die §§ 177 ff. BGB einen allgemeinen Rechtsgedanken enthielten, nach dem Mängel in der Vertretungsmacht bzw. in der Verpflichtungsfähigkeit heilbar sein sollen.[44] Es ist außerdem nicht erkennbar, aus welchen Gründen eine Aktiengesellschaft schutzbedürftiger sein sollte als Minderjährige oder Betreute, bei denen eine Genehmigung ebenfalls möglich ist (§§ 1629 Abs. 2, 1795, 1903 BGB).[45]

Auch das von *Giesen* angeführte Argument, die Anwendung von §§ 177 ff. BGB scheide aus, da im Anwendungsbereich des § 112 AktG die Vertretung ausgeschlossen sei, ist nicht zutreffend. Die §§ 177 ff. BGB sind zwar ausgeschlossen, wenn für bestimmte Rechtsgeschäfte die Stellvertretung ausgeschlossen ist.[46] § 112 AktG schließt jedoch nicht die Stellvertretung für bestimmte Rechtsgeschäfte aus, sondern bestimmt für genau definierte Fälle das zuständige Vertretungsorgan für die Aktiengesellschaft.

Auch das von der h.M. angeführte Argument, § 112 AktG enthalte ein gesetzliches Verbot im Sinne von § 134 BGB, überzeugt nicht. Eine Norm hat dann den Charakter eines Verbotsgesetzes, wenn es den Inhalt oder die Vornahme eines Rechtsgeschäfts untersagt, d.h. das Rechtsgeschäft als solches missbilligt.[47] § 112 AktG verbietet jedoch nicht den Abschluss eines Vertrags zwischen Vorstandsmitgliedern und der Aktiengesellschaft, sondern regelt nur die Vertretung der Aktiengesellschaft in diesen Fällen.[48] Auch wenn es sich bei § 112 AktG um eine zwingende aktiengesetzliche Zuständigkeitsregelung handelt, hat dies nicht zwingend die Nichtigkeit von gegen diese Zuständigkeit verstoßenden Rechtsgeschäften zur Folge. Denn der Vorstand wird durch die Genehmigung nicht rückwirkend zuständig. Der Aufsichtsrat hat mit der Entscheidung über die Genehmigung die Möglichkeit die ihm obliegende Vertretungszuständigkeit auszuüben. Ist er nicht mit den Konditionen des Rechtsgeschäfts einverstanden, kann er die Genehmigung verweigern und in erneute Verhandlungen mit dem potenziellen Vertragspartner eintreten. Sind die Konditionen für die Aktiengesellschaft hingegen günstig, kann er den Abschluss des Rechtsgeschäfts genehmigen.

---

43 Soergel/*Leptien*, § 177 Rn. 11; Münch. Komm. BGB/*Brandner*, § 2205 Rn. 73 f.; *Werner*, ZGR 1989, 369, 393; *Müller*, JZ 1981, 370, 371.

44 *Werner*, ZGR 1989, 369, 393; ebenso: OLG Celle BB 2002, 1438.

45 OLG Celle BB 2002, 1438.

46 Münch. Komm. BGB/*Schramm*, § 177 Rn. 3.

47 Soergel/*Hefermehl*, § 134 Rn. 2; Staudinger/*Sack*, § 134 Rn. 30.

48 *Hübner*, S. 250.

Auch der Schutzzweck des § 112 AktG fordert nicht die Nichtigkeit des Rechtsgeschäfts, wie *Semler* behauptet. § 112 AktG soll eine Gefährdung der Gesellschaftsinteressen auf Grund der Befangenheit der Vorstandsmitglieder verhindern. Indem der Aufsichtsrat im Nachhinein über die Genehmigung des Rechtsgeschäfts entscheidet, kommt es zu einer objektiven Prüfung dahingehend, ob das Rechtsgeschäft die Gesellschaftsinteressen beeinträchtigt. Der Aufsichtsrat trifft mit der Entscheidung über die Genehmigung die ihm nach § 112 AktG ausschließlich vorbehaltene Entscheidung über den Abschluss des Rechtsgeschäfts, so dass die zwingende Zuständigkeitsordnung nicht durch die §§ 177 ff. BGB umgangen wird.[49] Es ist außerdem zu berücksichtigen, dass, wenn es dem Aufsichtsrat als gesetzlich zuständigem Vertretungsorgan nicht möglich wäre, ein vom Vorstand als unzuständigem Organ vorgenommenes (und u.U. vorteilhaftes) Rechtsgeschäft zu genehmigen, der Aufsichtsrat damit schlechter stünde als andere gesetzliche oder organschaftliche Vertreter oder eine vollmachtlos vertretene natürliche Person.[50] Ein Grund für eine derartige Schlechterstellung ist nicht ersichtlich.

Eine Gefährdung der Gesellschaftsinteressen durch eine befangene Entscheidung des Aufsichtsrats auf Grund einer befürchteten Brüskierung des Vorstands besteht entgegen der Auffassung von *Semler* nicht. Es ist Aufgabe des Aufsichtsrats, den Vorstand zu kontrollieren. Dabei läuft der Aufsichtsrat immer Gefahr, den Vorstand zu brüskieren. Mit der Entscheidung über die Genehmigung tut der Aufsichtsrat jedoch nichts anderes als ein Handeln des Vorstands zu kontrollieren. Der Gesetzgeber ist davon ausgegangen, dass ihn diese Gefahr nicht daran hindert objektiv und im Interesse der Gesellschaft zu entscheiden.

Auch wenn der *Bundesgerichtshof* die Anwendbarkeit der §§ 177 ff. BGB auf die außergerichtliche Vertretung offen gelassen hat, ist kein Grund ersichtlich, aus dem die von ihm zugelassene Genehmigung gerichtlicher Vertretungshandlungen nicht auch bei außergerichtlichen Vertretungshandlungen möglich sein sollte. Es spricht somit einiges dafür, dass sich auch der *Bundesgerichtshof* in zukünftigen Fällen, in denen er eine solche Entscheidung nicht offen lassen kann, der bisherigen Mindermeinung anschließen wird.

cc) Ergebnis zu c)

Die h.M. ist aus den dargestellten Gründen abzulehnen. Ein Verstoß gegen § 112 AktG hat somit die schwebende Unwirksamkeit des Rechtsgeschäfts

---

49 OLG Karlsruhe WM 1996, 161, 165.

50 OLG Karlsruhe WM 1996, 161, 165.

zur Folge. Der Aufsichtsrat kann die Unwirksamkeit des Rechtsgeschäfts durch seine Genehmigung heilen.

3. Ausschluss der Vertretungsbefugnis des Vorstandsmitglieds nach § 181 BGB

§ 181 BGB findet im Gesellschaftsrecht grundsätzlich nur dann Anwendung, wenn keine Sonderbestimmungen eingreifen, welche die Vertretungsbefugnis bei Verträgen zwischen Gesellschaft und Organmitgliedern regeln und auf Grund ihrer Spezialität Vorrang vor § 181 BGB haben.[51] Wegen § 112 AktG hat § 181 BGB im Aktienrecht keine weitgehende Bedeutung. Im Folgenden soll untersucht werden, ob eine analoge Anwendung des § 181 BGB auf die von Variante b) und c) des ersten Fallbeispiels sowie auf die vom zweiten Fallbeispiel erfassten Fälle zulässig ist.

a) Allgemeines

§ 181 BGB verbietet die Vornahme von Insichgeschäften. Dazu gehört zum einen der Abschluss eines Rechtsgeschäfts des Vertreters mit sich selbst (Selbstkontrahieren) und zum anderen der Abschluss eines Rechtsgeschäfts mit einem vom Vertreter ebenfalls vertretenen Dritten (Doppel- oder Mehrvertretung). § 181 BGB will verhindern, dass verschiedene und einander widerstreitende Interessen durch ein und dieselbe Person vertreten werden, soweit dies nicht durch Gesetz oder Vollmacht gestattet ist, weil ein solches Selbstkontrahieren stets die Gefahr eines Interessenkonflikts und damit einer Schädigung des einen oder anderen Teils mit sich bringt.[52]

b) Analoge Anwendung

Da im Hinblick auf Variante a) des ersten Fallbeispiels eine Anwendung von § 181 BGB auf Grund des Eingreifens von § 112 AktG ausscheidet, kommt allenfalls eine Anwendung von § 181 BGB auf die von Variante b) und c) des ersten Fallbeispiels und auf die vom zweiten Fallbeispiel erfassten Fälle in Betracht. In diesen Fällen handelt jedoch das Vorstandsmitglied lediglich auf einer Seite, nämlich als Vertreter der Aktiengesellschaft. Der Vertrag wird nicht mit dem Vorstandsmitglied, sondern mit einer von ihm rechtlich unabhängigen Gesellschaft oder einer ihm nahestehenden Person geschlossen. Aus diesem Grund kommt allenfalls eine analoge Anwendung des

---

[51] *Hübner*, S. 229.

[52] BGH NJW 1992, 618; BGHZ 51, 209, 215; 56, 97, 101; Palandt/*Heinrichs*, § 181 Rn. 1 f.

§ 181 BGB in Betracht. Es ist jedoch fraglich, ob hier eine planwidrige Regelungslücke vorliegt.

Unter 2. b) bb) und cc) wurde festgestellt, dass das Aktiengesetz im Hinblick auf die von Variante b) und c) des ersten Fallbeispiels und auf die vom zweiten Fallbeispiel erfassten Fälle keine Regelungslücke aufweist. Dies gilt nicht zwangsläufig auch für die Beurteilung der analogen Anwendung von § 181 BGB. Denn § 112 AktG und § 181 BGB unterscheiden sich grundlegend voneinander. § 112 AktG schließt die Vertretungsmacht des Vorstands als organschaftlichem Vertretungsorgan der Aktiengesellschaft aus und überträgt sie auf ein anderes Verwaltungsorgan. § 181 BGB schließt die Vertretungsmacht eines rechtsgeschäftlichen oder gesetzlichen Vertreters aus, ohne die Vertretungsmacht auf einen anderen zu übertragen. Außerdem schließt § 112 AktG nicht nur die Vertretungsmacht der Person aus, die unmittelbar von dem Interessenkonflikt betroffen ist, sondern auch davon nicht betroffene Personen, die dem Vertretungsorgan angehören. § 181 BGB hingegen schließt nur den vom Interessenkonflikt unmittelbar betroffenen Vertreter aus. Darüber hinaus kann ein Vertreter durch Rechtsgeschäft von den Beschränkungen des § 181 BGB befreit werden. Dies ist bei § 112 AktG nicht möglich. Auf Grund dieser erheblichen Unterschiede muss für § 181 BGB selbständig geprüft werden, ob eine planwidrige Regelungslücke besteht.

Im Ergebnis ist jedoch eine analoge Anwendung des § 181 AktG auf Grund der fehlenden planwidrigen Regelungslücke abzulehnen. Trotz der dargestellten erheblichen Unterschiede zu § 112 AktG stellt auch § 181 BGB auf die abstrakte Gefährdungslage ab, die allein an das Vorliegen eines bestimmten Tatbestands anknüpft.[53] Bei einer Beteiligung, die keine Alleinbeteiligung ist, ist jedoch schwer bestimmbar, wann eine Gefährdungslage besteht, die durch § 181 BGB verhindert werden soll. Der Gesetzgeber wollte auch mit § 181 BGB klare Kriterien schaffen, welche im Sinne der Rechtssicherheit für alle erkennbar die Vertretungsmacht eines Vertreters ausschließen. Diese Kriterien sind bei einer bloßen Mehrheits- oder Minderheitsbeteiligung nicht eindeutig feststellbar. Es kann auch nicht davon ausgegangen werden, dass der Gesetzgeber mit § 181 BGB die Vertretungsmacht in allen Fällen ausschließen wollte, in denen sich ein Vertreter möglicherweise in einem Interessenkonflikt befindet. Es fehlt somit an einer planwidrigen Regelungslücke. Eine analoge Anwendung des § 181 BGB beim Vorliegen jeder Art von Interessenkollision und damit auf die von Variante b) und c) des ersten Fallbeispiels sowie auf die vom zweiten Fallbeispiel erfassten Fälle ist daher abzulehnen.[54]

---

[53] BGHZ 56, 97, 101; 91, 334, 336.

[54] Münch. Komm. BGB/*Schramm*, § 181 Rn. 35; Staudinger/*Schilken*, § 181 Rn. 7.

Dieser Auffassung scheint auch der *Bundesgerichtshof* zu sein, der in einem Fall über die analoge Anwendung von § 181 BGB zu entscheiden hatte, in dem ein Verein beim Vertragsschluss mit einer GmbH von seinem alleinvertretungsberechtigten Präsidenten vertreten wurde, der zugleich Mehrheitsgesellschafter und Geschäftsführer dieser GmbH war. Die GmbH wurde beim Vertragsschluss allerdings nicht von ihm, sondern von zwei vertretungsberechtigten Prokuristen vertreten. Der *Bundesgerichtshof* sah in diesem Fall, ohne dies jedoch näher zu begründen, keine Grundlage dafür, den Präsidenten des Vereins mit der GmbH gleichzusetzen und § 181 BGB analog anzuwenden.[55]

c) Ergebnis zu 3.

Eine analoge Anwendung des § 181 BGB auf die von Variante b) und c) des ersten Fallbeispiels sowie auf die vom zweiten Fallbeispiel erfassten Fälle ist nicht zulässig.

4. Ergebnis zu Kapitel III.

Das Vorstandsmitglied, bei dem eine Interessenkollision im Sinne von Variante a) des ersten Fallbeispiels vorliegt, ist von der Vertretung der Aktiengesellschaft ausgeschlossen. Dies gilt auch für die übrigen Vorstandsmitglieder, da nach § 112 AktG die Vertretungsbefugnis insgesamt auf den Aufsichtsrat übergeht. In den übrigen Varianten des ersten Fallbeispiels sowie im zweiten Fallbeispiel bleibt es bei der Vertretungsbefugnis des Vorstands, so dass auch das befangene Vorstandsmitglied im Rahmen der allgemeinen Vorschriften zur Vertretung der Aktiengesellschaft berechtigt ist.

---

55 BGHZ 91, 334, 336.

IV. Stimmrechtsausschluss für Vorstandsbeschlüsse und Teilnahmeverbot für Vorstandssitzungen

1. Einleitung

Das Stimmverbot ist deutlich zu unterscheiden vom Verbot des Stimmrechtsmissbrauchs. Stimmverbote greifen unabhängig vom Vorliegen einer konkreten Gefahr bereits beim Vorliegen einer abstrakten Gefährdungslage ein. Diese Gefährdungslage ist allein durch die Erfüllung bestimmter Tatbestandsmerkmale indiziert. Im Gegensatz dazu setzt die Feststellung eines Stimmrechtsmissbrauchs eine positive Prüfung der konkreten Umstände des Einzelfalls voraus.[1]

Das Aktiengesetz enthält keine ausdrückliche Regelung, nach der ein Vorstandsmitglied bei Vorstandsbeschlüssen, die ein Vorhaben betreffen, welches bei ihm eine Interessenkollision auslöst, vom Stimmrecht ausgeschlossen ist. Es fehlen außerdem Regelungen, nach denen das befangene Vorstandsmitglied in diesen Fällen von der Teilnahme an den der Beschlussfassung zu Grunde liegenden Beratungen ausgeschlossen ist.

Die Rechtsprechung hat zu dieser Problematik, soweit ersichtlich, noch keine Entscheidungen getroffen. Die rechtswissenschaftliche Literatur beschäftigt sich mit der Frage nach dem Bestehen von Stimmrechtsausschlüssen und Teilnahmeverboten vor allem im Zusammenhang mit Interessenkollisionen bei Aufsichtsratsmitgliedern. Auf die entsprechende Frage bei Vorstandsmitgliedern wird entweder überhaupt nicht oder nur sehr knapp eingegangen. Dabei wird des Öfteren darauf hingewiesen, dass für diese Frage sowieso nur ein sehr geringer praktischer Anwendungsbereich bestehe.[2]

Für Aufsichtsratsmitglieder wird überwiegend vom Bestehen eines Stimmrechtsausschlusses bei (bestimmten) Interessenkollisionen ausgegangen. Äußerst umstritten sind allerdings die dogmatische Begründung und der gesetzliche Anknüpfungspunkt dafür. Diskutiert wird in diesem Zusammenhang

---

[1] Köln. Komm. AktG/*Zöllner*, § 136 Rn. 27; Michalski/*Römermann*, § 47 Rn. 83 f.; *Schneider*, ZHR 150 (1986), 609, 613; *Lohr*, NZG 2002, 551, 552.

[2] *Matthießen*, S. 196 ff.; *Giesen*, S. 114, Fn. 68; Großkomm. AktG/*Kort*, § 77 Rn. 14.

u.a. die analoge Anwendung von §§ 34, 28 BGB[3], § 181 BGB[4], die Herleitung des Stimmrechtsausschlusses aus § 242 BGB[5] sowie eine Rechtsanalogie zu den bestehenden mitgliedschaftlichen und organschaftlichen Stimmrechtsausschlüssen (§§ 34 BGB, 47 Abs. 4 GmbH, 43 Abs. 6 GenG, 136 Abs. 1 AktG, 36 Satz 1, 53 Abs. 2 VAG).[6] Es finden sich nur vereinzelt Begründungen für die jeweils gefundene Rechtsgrundlage, die dann in der Regel auch recht oberflächlich sind.

Nach der Darstellung des praktischen Anwendungsbereichs für Stimmrechtsausschlüsse (2.) wird untersucht, ob sich durch eine analoge Anwendung bestehender gesetzlicher Regelungen (3. bis 5.), im Wege einer Rechtsanalogie zu bestehenden Stimmrechtsausschlussvorschriften (6.), aus Treu und Glauben (7.) oder aus der Sorgfalts- und Treuepflicht (8.) ein Stimmrechtsausschluss herleiten lässt. Im Anschluss daran wird untersucht, welche Rechtsfolgen der Verstoß gegen ein Stimmverbot hat (10.) und ob das Vorstandsmitglied beim Bestehen eines Stimmverbots zur Teilnahme an den der Beschlussfassung zu Grunde liegenden Beratungen berechtigt ist (11.).

2. Praktischer Anwendungsbereich

a) Keine Abweichung vom Prinzip der Gesamtgeschäftsführung und der Gesamtvertretung

Die Frage nach dem Bestehen eines Stimmverbots bei Interessenkollisionen wird nur dann relevant, wenn der Gesamtvorstand für die Entscheidung über die Durchführung des Vorhabens, auf Grund dessen bei einem Vorstandsmitglied eine Interessenkollision besteht, zuständig ist. Sollte bei der Aktiengesellschaft hingegen eine vom Prinzip der Gesamtgeschäftsführung und der

---

3 Für Rechtsgeschäfte zwischen Gesellschaft und Aufsichtsratsmitglied: Köln. Komm. AktG/*Mertens*, § 108 Rn. 49 ff.; *Lutter/Krieger*, Rn. 606; *Werner*, ZHR 145 (1981), 252, 266; *Ulmer*, NJW 1980, 1603, 1605; *Semler/Stengel*, NZG 2003, 1, 3; *Hüffer*, § 108 Rn. 9; Münch. Hdb. GesR IV/*Hoffmann-Becking*, § 31 Rn. 59; für das Vorstandsmitglied, allerdings unter Verkennung des Umstands, dass in diesem Fall wegen § 112 AktG ein Stimmverbot gar nicht relevant wird: Köln. Komm. AktG/*Mertens*, § 77 Rn. 29; *Hefermehl*, in Geßler/Hefermehl, § 77 Rn. 4; Münch. Hdb. GesR IV/*Wiesner*, § 22 Rn. 6; *Giesen*, S. 110 für Vorstand und Aufsichtsrat.

4 *Hübner*, S. 276 ff.

5 *Redding*, NJW 1956, 48, 50.

6 *Schmidt*, Gesellschaftsrecht, § 21 II, insb. S. 611; *Geßler*, in Geßler/Hefermehl, § 108 Rn. 29; *Wiedemann*, Gesellschaftsrecht, Bd. 1, S. 634; Staudinger/*Weick*, § 34 Rn. 4, 12; *Lutter*, ZHR 145 (1981), 224, 247; Großkomm. AktG/*Meyer-Landrut*, § 108 Anm. 5; *Seiter*, Festschrift für Müller, S. 589, 601 f; *Hoffmann/Preu*, Rn. 501.

Gesamtvertretung abweichende Regelung bestehen, durch die einzelne Vorstandsmitglieder zur Geschäftsführung und Vertretung der Gesellschaft berechtigt werden, wird der Gesamtvorstand und damit das befangene Vorstandsmitglied u.U. nicht über die Durchführung des Vorhabens beschließen. In diesen Fällen stellt sich die Frage nach dem Bestehen eines Stimmverbots erst gar nicht.

b) Unanwendbarkeit von § 112 AktG

Der Vorstand wird außerdem dann nicht über die Durchführung eines Vorhabens beschließen, wenn § 112 AktG anwendbar ist. Denn in diesem Fall ist der Aufsichtsrat bereits für vorbereitende geschäftsführende Maßnahmen zuständig.

In Kapitel III. wurde bereits dargestellt, dass § 112 AktG nicht nur dann anwendbar ist, wenn die Aktiengesellschaft einen Vertrag mit dem Vorstandsmitglied selbst schließt, sondern auch dann, wenn die Aktiengesellschaft einen Vertrag mit einer Drittgesellschaft schließt, deren Alleingesellschafter das Vorstandsmitglied ist (Variante a) des ersten Fallbeispiels). Für diese Fälle kommt ein Stimmrechtsausschluss wegen der ausschließlichen Zuständigkeit des Aufsichtsrats nicht in Betracht. In den von Variante b) und c) des ersten Fallbeispiels sowie in den vom zweiten Fallbeispiel erfassten Fällen ist die Frage nach einem Stimmrechtsausschluss hingegen relevant.

3. Analoge Anwendung mitgliedschaftlicher Stimmverbote

Sowohl das Aktiengesetz (§§ 136, 142 AktG) als auch das GmbH-Gesetz (§ 47 GmbHG) enthalten für bestimmte Fallkonstellationen Stimmverbote für Aktionäre bzw. Gesellschafter. Vergleichbare Regelungen für die Beschlussfassung im Vorstand enthält das Aktiengesetz nicht. Deshalb wird im Folgenden untersucht, ob im Hinblick auf die von Variante b) und c) des ersten Fallbeispiels sowie die vom zweiten Fallbeispiel erfassten Fälle eine planwidrige Regelungslücke (vgl. a)) besteht, die durch die analoge Anwendung der aktien- (vgl. b)) oder GmbH-gesetzlichen (vgl. c)) Stimmverbotsvorschriften im Sinne einer Gesetzesanalogie geschlossen werden kann.[7]

a) Planwidrige Regelungslücke

Das Aktiengesetz enthält keine allgemeinen Regelungen zur Beschlussfassung im Vorstand wie sie z.B. in § 108 AktG festgelegt sind. Es fehlt insbe-

---

7 Vgl. zu der Unterscheidung zwischen Gesetzes- (oder Einzel-) und Rechtsanalogie (oder Gesamtanalogie): *Larenz*, Methodenlehre, S. 383 f.

sondere eine Regelung, nach der ein Vorstandsmitglied unter bestimmten Umständen bei Vorstandsbeschlüssen vom Stimmrecht ausgeschlossen ist. Das Aktiengesetz enthält lediglich Vorschriften, die die Beschlussfassung des Vorstands in Sonderfällen regeln (z.B. § 77 Abs. 2 Satz 3 AktG). Im Folgenden wird geprüft, ob es sich bei der bestehenden Regelungslücke um eine planwidrige Regelungslücke handelt.

aa) Variante b) und c) des ersten Fallbeispiels

Wie bereits dargestellt[8], setzt eine analoge Anwendung von gesetzlichen Normen auf die Fallbeispiele eine planwidrige Regelungslücke voraus. Es ist deshalb entscheidend, ob das Fehlen einer Stimmverbotsvorschrift für Vorstandsmitglieder auf einer bewussten Entscheidung des Gesetzgebers beruht oder ob er diesen Bereich regeln wollte, jedoch der Auffassung war, dies ausreichend und abschließend getan zu haben. Nur im zuletzt genannten Fall läge eine planwidrige Regelungslücke vor.

Im Hinblick auf die analoge Anwendung des § 112 AktG auf Variante b) und c) des ersten Fallbeispiels sowie auf das zweite Fallbeispiel wurde eine planwidrige Regelungslücke aus verschiedenen Gründen verneint (vgl. Kapitel III. 2. b) bb), cc)). Das bedeutet jedoch nicht, dass damit zwangsläufig auch das Fehlen einer planwidrigen Regelungslücke im Hinblick auf einen Stimmrechtsausschluss für Vorstandsmitglieder zu verneinen ist. Denn hier sind andere Maßstäbe anzusetzen als bei der Beurteilung der Vertretungsbefugnis des Vorstands nach § 112 AktG. Zwar geht es sowohl bei § 112 AktG als auch bei Stimmverbotsvorschriften wie den §§ 136, 142 AktG und § 47 GmbHG darum, den innergesellschaftlichen Entscheidungsprozess vor Sonderinteressen zu schützen. Die Zielrichtungen dieser gesetzlichen Vorschriften unterscheiden sich jedoch.

§ 112 AktG betrifft die abstrakte Gefahr, die durch die Befangenheit nicht nur des unmittelbar betroffenen Vorstandsmitglieds, sondern auch der übrigen Vorstandsmitglieder geschaffen wird. Vom Bestehen einer derartigen Befangenheit wird im Rahmen des § 112 AktG allein auf Grund der Zugehörigkeit zu demselben Organ ausgegangen. Bei den Stimmverbotsvorschriften geht es hingegen um die abstrakte Gefahr, die allein durch die Befangenheit des Abstimmenden selbst geschaffen wird. In diesem Fall ist eine Realisierung der abstrakten Gefahr größer als die Gefahr, die von der Befangenheit anderer Organmitglieder ausgeht. Denn nach der allgemeinen Lebenserfahrung ist es wahrscheinlicher, dass sich der Abstimmende auf Grund seiner eigenen Beteiligung am potenziellen Vertragspartner bei der Stimmabgabe

8 Vgl. Kapitel III. 2. b) aa) (4).

beeinflussen lässt, als dies bei den übrigen Vorstandsmitgliedern im Rahmen des § 112 AktG der Fall sein wird. Das Vorliegen einer planwidrigen Regelungslücke im Hinblick auf Stimmverbote für Vorstandsmitglieder ist somit an Hand anderer Kriterien zu beurteilen als das Vorliegen einer planwidrigen Regelungslücke im Hinblick auf die Vertretungsbefugnis des Aufsichtsrats nach § 112 AktG.

Für eine bewusste Entscheidung des Gesetzgebers gegen Stimmverbote für Vorstandsmitglieder könnte allerdings die Tatsache sprechen, dass der Gesetzgeber in den §§ 136, 142 AktG spezielle Stimmverbote geregelt hat, welche auch Vorstands- und Aufsichtsratsmitglieder treffen. Dies könnte bedeuten, dass der Gesetzgeber der Auffassung war, diese Stimmverbote seien für Vorstand und Aufsichtsrat ausreichend. Außerdem fehlt dem Aktiengesetz eine dem § 28 Abs. 1 BGB entsprechende Verweisungsnorm, durch den für die Beschlussfassung des Vorstands auf die Regelungen zur Beschlussfassung in der Hauptversammlung verwiesen wird. Durch die Verweisung in § 28 Abs. 1 BGB gilt auch für die Mitglieder des Vereinsvorstands der in § 34 BGB für die Vereinsmitglieder geregelte Stimmrechtsausschluss.

Diese Argumente, insbesondere die Tatsache, dass eine dem § 28 Abs. 1 BGB entsprechende Verweisungsnorm fehlt, genügen jedoch nicht, um das Bestehen einer planwidrigen Regelungslücke zu verneinen und damit eine analoge Anwendung abzulehnen.[9] Es sprechen vielmehr einige Argumente für eine solche Lücke:

Das Aktiengesetz enthält in den §§ 84 Abs. 1 bis Abs. 3, 88 Abs. 1, 89 Abs. 1, Abs. 3 und Abs. 4, 112, 136 Abs. 1 Satz 1, 142 Abs. 1 AktG Regelungen für Situationen, in denen bei Vorstandsmitgliedern Interessenkollisionen entstehen können. Diese Regelungen zeigen, dass der Gesetzgeber die potenzielle Gefahr von Interessenkollisionen bei Vorstandsmitgliedern grundsätzlich gesehen und versucht hat, ihnen durch die bestehenden Regelungen entgegenzuwirken.

§ 88 AktG z.B. betrifft, auch wenn er eigentlich eine andere Zielsetzung hat (vgl. Kapitel II. 2. d) ee)), u.a. Tätigkeiten eines Vorstandsmitglieds außerhalb seines Vorstandsmandats, aus denen Interessenkollisionen erwachsen können. Dies gilt insbesondere für den Teil der Vorschrift, der Wettbewerbshandlungen durch das Vorstandsmitglied betrifft und insofern eine Konkretisierung der Treuepflicht darstellt. Durch das Erfordernis der Einwilligung des Aufsichtsrats können zumindest bestimmte Arten von Interessenkollisionen von vornherein verhindert werden.

---

9 *Behr*, AG 1984, 281, 284; *Ulmer*, NJW 1982, 2288, 2289.

Bei den von § 89 Abs. 1 und § 112 AktG erfassten Konstellationen sind Interessenkollisionen insbesondere deshalb möglich und wahrscheinlich, weil das betreffende Vorstandsmitglied Vertragspartner der Aktiengesellschaft ist und somit ein unmittelbar eigenes persönliches Interesse am Vertragsschluss hat. § 89 Abs. 3 und Abs. 4 AktG betreffen den Fall, dass nicht das Vorstandsmitglied Vertragspartner der Aktiengesellschaft ist, sondern eine ihm nahestehende Person[10], eine juristische Person oder Personenhandelsgesellschaft, die mit dem Vorstandsmitglied personell verflochten ist. Auch hier sind Interessenkollisionen denkbar. Die Zuständigkeit des Aufsichtsrats auch in diesen Fällen soll mögliche Auswirkungen von Interessenkollisionen verhindern. Primär dienen § 89 Abs. 3 und Abs. 4 AktG jedoch dem Umgehungsschutz; es soll verhindert werden, dass die Vorschriften des § 89 Abs. 1 und Abs. 2 AktG durch die Zwischenschaltung nahestehender oder juristischer Personen oder von Personenhandelsgesellschaften umgangen werden.[11]

§§ 136 Abs. 1, 142 Abs. 1 AktG sind speziell auf Interessenkollisionen zugeschnittene Regelungen. Sie dienen der Neutralisierung persönlicher Interessen der Aktionäre, insbesondere solcher Aktionäre, die den Verwaltungsorganen angehören. Der Gesetzgeber ging davon aus, dass diese Sonderinteressen typischer Weise dazu führen würden, dass sich die Stimmabgabe und der Hauptversammlungsbeschluss nicht am Gesellschaftsinteresse, sondern an den persönlichen Interessen des Abstimmenden orientieren.[12] Dies soll das Stimmverbot verhindern.

Die dargestellten Regelungen weisen darauf hin, dass der Gesetzgeber beabsichtigte, die Bereiche zu erfassen, in denen es nach der allgemeinen Lebenserfahrung häufig zu Interessenkollisionen bei Vorstandsmitgliedern kommt, und dass er die mit diesen Interessenkollisionen verbundenen Gefahren minimieren wollte. Gemein ist den von den Regelungen erfassten Fallkonstellationen, dass die Interessenkollision jeweils dadurch hervorgerufen wird, dass die Tätigkeit des Vorstandsmitglieds innerhalb der gesellschaftsinternen Organisation sowie seine nach außen gerichtete Tätigkeit für die Aktiengesellschaft mit seinem persönlichen Lebensbereich (z.B. als Aktionär, Gesellschafter, Unternehmer oder auch als Privatperson) kollidieren.

Auch Variante b) und c) des ersten Fallbeispiels betreffen eine solche Fallkonstellation. Die Interessenkollision wird in diesen Fällen dadurch hervorgerufen, dass das Vorstandsmitglied im Rahmen der Beschlussfassung als Mitglied des für die Geschäftsführung zuständigen Organs der Aktiengesell-

---

10 Das Näheverhältnis wird durch die gesetzliche Regelung eindeutig definiert.

11 *Hüffer*, § 136 Rn. 6 f.; Köln. Komm. AktG/*Mertens*, § 89 Rn. 8 f.; *Hefermehl*, in Geßler/Hefermehl, § 89 Rn. 3, 24, 26.

12 *Hüffer*, § 136 Rn. 1, § 142 Rn. 13.

schaft tätig wird und durch dieses Tätigwerden zugleich seine Interessen als Gesellschafter der Drittgesellschaft berührt werden. Der Tätigkeitsbereich als Vorstandsmitglied und der private bzw. der von seiner Eigenschaft als Organmitglied unabhängige Tätigkeitsbereich treffen hier aufeinander.

Die Beteiligung des Vorstandsmitglieds an der Drittgesellschaft führt dazu, dass die wirtschaftlichen Folgen des Abschlusses eines Vertrags zwischen Drittgesellschaft und Aktiengesellschaft wirtschaftlich auch das Vorstandsmitglied treffen. Das Ausmaß der wirtschaftlichen Betroffenheit mag zwar geringer sein als bei einer 100 %-Beteiligung. Als Gesellschafter hat das Vorstandsmitglied jedoch auch in einem solchen Fall an einem für die Drittgesellschaft vorteilhaften Vertragsabschluss ein unmittelbar eigenes Interesse. Aus diesem Grund besteht auch in diesen Fällen die abstrakte Gefahr, dass das Vorstandsmitglied sich bei der Stimmabgabe von seinem persönlichen Interesse an dem zur Abstimmung gestellten Vorhaben leiten lässt.

Es dürfte auch des Öfteren vorkommen, dass Vorstandsmitglieder Beteiligungen an anderen Gesellschaften halten, so dass nicht davon ausgegangen werden kann, dass der Gesetzgeber eine entsprechende Regelung auf Grund fehlender praktischer Relevanz unterlassen hat. Es sind auch keine anderen Gründe dafür erkennbar, dass es der Gesetzgeber unterlassen hat, eine Vorschrift zu schaffen, welche die Gefahren, die von den durch Variante b) und c) des ersten Fallbeispiels erfassten Interessenkollisionen ausgehen, einschränkt. Weder die Gesetzesbegründung zum Aktiengesetz von 1937 noch die zum Aktiengesetz von 1965 enthalten zu dieser Frage entsprechende Hinweise.

Aus den dargestellten Gründen ist für die von Variante b) und c) des ersten Fallbeispiels erfassten Fälle von einer planwidrigen Regelungslücke auszugehen.

bb) Zweites Fallbeispiel

Im zweiten Fallbeispiel liegt eine unmittelbare Betroffenheit lediglich bei der dem Vorstandsmitglied nahestehenden Person vor. Die Interessenkollision beim Vorstandsmitglied wird in diesem Fall allein durch die persönliche Beziehung zwischen ihm und dem Dritten verursacht. Der Vertragsschluss selbst hat keine unmittelbaren wirtschaftlichen Folgen für das Vorstandsmitglied.

Während der Gesetzgeber Fälle mittelbarer Betroffenheit bei Geschäften mit nahen Angehörigen weitgehend auf verschiedenen Rechtsgebieten berücksichtigt hat (z.B. §§ 1795 Abs. 1, 1629 Abs. 2 BGB, §§ 130 ff., 138 InsO, § 3 Abs. 2 AnfG, §§ 383, 384 ZPO), hat er Interessenkonflikte auf Grund persönlicher Beziehungen im Aktiengesetz nicht geregelt. Lediglich § 89 Abs. 3 AktG enthält eine Regelung, die nahe Angehörige betrifft. Ziel dieser Regelung ist jedoch nicht die Verhinderung von Interessenkollisionen, sondern die Verhinderung der Umgehung von §§ 89 Abs. 1 und Abs. 2 AktG durch die Einschaltung naher Angehöriger.[13]

Auch die bestehenden Stimmverbotsvorschriften erfassen nach h.M. nicht Interessenkollisionen auf Grund persönlicher Beziehungen.[14] Gegen eine derartige Ausdehnung spricht insbesondere die Rechtssicherheit. Denn der Personenkreis, der auf Grund der persönlichen Beziehungen Interessenkollisionen verursachen könnte, ließe sich nicht eindeutig abgrenzen. In vielen Fällen wäre daher das Bestehen eines Stimmverbots auf Grund der fehlenden eindeutigen Abgrenzungskriterien zweifelhaft.

Die Ausdehnung der Stimmverbotsvorschriften auf nahestehende Personen würde außerdem voraussetzen, dass generell davon ausgegangen werden könnte, dass bei der Abstimmung durch solche Personen die Verbandsinteressen in demselben Maß gefährdet würden wie bei einer Abstimmung durch den vom Stimmrecht Ausgeschlossenen. Dies ist jedoch in dieser Allgemeinheit nicht vertretbar.[15]

Das Bestehen von § 89 Abs. 3 AktG genügt somit nicht, um von einer planwidrigen Regelungslücke ausgehen zu können. Es sind keine Anhaltspunkte dafür ersichtlich, dass der Gesetzgeber alle denkbaren Interessenkollisionen auf Grund persönlicher Beziehungen erfassen wollte. Es ist deshalb davon auszugehen, dass der Gesetzgeber bewusst von einer entsprechenden Rege-

---

13 Vgl. die Nachweise in Fn. 11.

14 Hachenburg/*Hüffer*, § 47 Rn. 140; Scholz/*Schmidt*, § 47 Rn. 154, nach dem das Stimmrecht ausnahmsweise dann ausgeschlossen ist, wenn feststeht, dass der vom Stimmrecht Ausgeschlossene an Stelle des Verwandten faktisch die Stimmrechtsmacht ausübt oder wenn der Gesellschafter (etwa als Treuhänder) das Stimmrecht ausschließlich im Interesse des nahestehenden Dritten ausüben wird, insbesondere den Geschäftsanteil zur Umgehung des Stimmverbots erworben hat; Baumbach/Hueck/*Zöllner*, § 47 Rn. 69; *Zöllner*, S. 281 f.; Erman/*Westermann*, § 34 Rn. 5; Soergel/*Hadding*, § 34 Rn. 8, Köln. Komm. AktG/*Zöllner*, § 136 Rn. 52; *Herzfelder*, S. 51.

15 *Zöllner*, S. 282; *Koppensteiner*, Gedenkschrift für Schönherr, S. 205, 208.

lung abgesehen hat. Aus diesem Grund ist insoweit eine planwidrige Regelungslücke abzulehnen.[16]

cc) Ergebnis zu a)

Eine planwidrige Regelungslücke liegt nur für die von Variante b) und c) des ersten Fallbeispiels erfassten Interessenkollisionen vor. Eine analoge Anwendung auf das zweite Fallbeispiel scheidet deshalb aus.

b) Vergleichbarkeit der Fallbeispiele mit den Tatbeständen der §§ 136 Abs. 1, 142 Abs. 1 AktG

Das Vorliegen einer planwidrigen Regelungslücke wurde für die von Variante b) und c) des ersten Fallbeispiels erfassten Interessenkollisionen bejaht (vgl. a)). Für eine analoge Anwendung der §§ 136 Abs. 1, 142 Abs. 1 AktG ist darüber hinaus erforderlich, dass die in diesen Vorschriften geregelten Tatbestände mit den Fallbeispielen vergleichbar sind.

aa) Allgemeines

Nach § 136 Abs. 1 AktG kann niemand das Stimmrecht ausüben bei Beschlüssen über seine Entlastung oder seine Befreiung von einer Verbindlichkeit sowie bei Beschlüssen darüber, ob die Aktiengesellschaft gegen ihn einen Anspruch geltend machen soll.

§ 142 Abs. 1 AktG sieht für Vorstands- und Aufsichtsratsmitglieder einen Stimmrechtsausschluss bei Hauptversammlungsbeschlüssen über die Bestellung eines Sonderprüfers vor, wenn sich die Prüfung auf Vorgänge erstrecken soll, die mit ihrer eigenen Entlastung oder mit der Einleitung eines Rechtsstreits zwischen der Gesellschaft und ihnen zusammenhängen.

Beide Regelungen definieren die Fälle, in denen Aktionäre von ihrem Stimmrecht ausgeschlossen sind. Eine konkrete Gefährdung der Gesellschaftsinteressen ist für das Eingreifen des Stimmrechtsausschlusses nicht erforderlich. Sie wird durch die Erfüllung der Tatbestandsmerkmale vielmehr

---

16 BGHZ 56, 47, 53 f., gegen die Ausdehnung des Stimmrechtsverbots des § 34 BGB auf Geschäfte mit nahen Angehörigen; OLG Düsseldorf GmbHR 1996, 689, 691, kein Stimmrechtsausschluss nach § 47 GmbHG bei Beschlussfassung über Einleitung eines Rechtstreits gegen einen nahen Angehörigen des Abstimmenden; Köln. Komm. AktG/*Zöllner*, § 136 Rn. 52, gegen die analoge Anwendung der Stimmrechtsausschlussvorschriften auf den Fall, dass nicht der Abstimmende durch das Stimmverbot betroffen wird, sondern eine ihm persönlich nahestehende Person.

indiziert.[17] §§ 136 Abs. 1 Satz 1, 1. Alt., 142 Abs. 1 AktG betreffen auf Grund ihrer Tatbestandsvoraussetzungen lediglich Aktionäre, die zugleich Vorstands- oder Aufsichtsratsmitglieder sind.

bb) Vergleichbarkeit

Ein wesentlicher Unterschied der von §§ 136 Abs. 1, 142 Abs. 1 AktG geregelten Tatbestände zu den Fallbeispielen besteht darin, dass sie lediglich das mitgliedschaftliche Stimmrecht betreffen. Das organschaftliche Stimmrecht wird von diesen Vorschriften hingegen nicht erfasst. Die Vorstands- und Aufsichtsratsmitglieder fallen nur dann in den Anwendungsbereich der Vorschriften, wenn ihnen auf Grund ihrer gleichzeitigen Aktionärseigenschaft das mitgliedschaftliche Stimmrecht zusteht.

Teilweise wird versucht dieses Argument mit dem *argumentum a fortiori* zu entkräften, dass, wenn schon in den Mitgliederversammlungen Eigeninteressen durch Stimmverbote ausgeschaltet würden, dies erst recht für die Verwaltungsorgane gelten müsse. Denn diese seien allein dem Gesellschaftsinteresse verpflichtet und könnten durch ihre Verwaltungsrechte wesentlich intensiver auf die Körperschaft einwirken als deren Mitglieder.[18]

Herzfelder hat dazu ausgeführt:

> *„...wenn es das Gesetz schon für nötig gehalten hat, die Gesamtheit der Körperschaftsmitglieder gegen die eigenen Mitglieder der Körperschaft, die doch selbst in der Regel unmittelbar an dem Wohlergehen der Körperschaft interessiert sind, zu schützen, um wie viel mehr erscheint es dann angebracht, die Körperschaftsmitglieder vor einer selbstsüchtigen Willensentscheidung solcher Organmitglieder sicherzustellen, deren Interesse durchaus nicht mit dem der Körperschaft zu kongruieren braucht, zumal bei der in der Regel geringen Zahl von Mitgliedern dieser Organe jede einzelne ihrer Stimmen von erhöhter Bedeutung ist. Es ist nicht einzusehen, warum sich die Körperschaftsmitglieder hier mit etwaigen Ersatzansprüchen begnügen müssen sollten."*[19]

Ob dieses Argument zutrifft, braucht an dieser Stelle jedoch nicht entschieden zu werden, da die in den genannten Vorschriften aufgeführten Tatbe-

---

17 Köln. Komm. AktG/*Zöllner*, § 136 Rn. 2.

18 *Matthießen*, S. 62; *Hübner*, S. 284 f.

19 *Herzfelder*, S. 22 f.

stände aus einem weiteren Grund nicht mit den fraglichen Fallbeispielen vergleichbar sind[20]:

Die §§ 136 Abs. 1, 142 Abs. 1 AktG enthalten keinen Stimmrechtsausschluss für den Fall der Abstimmung über den Abschluss eines Vertrags zwischen Aktionär und Aktiengesellschaft bzw. über *„die Vornahme eines Rechtsgeschäfts ... gegenüber einem Gesellschafter“*, wie es z.B. in § 47 Abs. 4 Satz 2 GmbHG heißt. Das Fehlen einer solchen Regelung im Aktiengesetz basiert auf einer bewussten gesetzgeberischen Entscheidung, die der Gesetzgeber mit dem Aktiengesetz von 1937 getroffen hat. Ein entsprechender Stimmrechtsausschluss, den § 252 Abs. 2 Satz 3 HGB im Jahre 1937 noch enthielt, wurde vom Aktiengesetz von 1937 nicht mehr übernommen.[21] Grund dafür war, dass die Rechtsprechung diese Vorschrift sehr restriktiv ausgelegt hatte und sie dadurch bedeutungslos geworden war. Der Gesetzgeber sah es deshalb im Interesse der Rechtssicherheit für empfehlenswert an, die Vorschrift zu streichen.[22]

Die §§ 136 Abs. 1, 142 Abs. 1 AktG erfassen heute nur noch Fälle, die (Ersatz-)Ansprüche der Aktiengesellschaft gegen Aktionäre betreffen. Diese Aktionäre sind bei entsprechenden Beschlüssen vom Stimmrecht ausgeschlossen. Im Gegensatz dazu ist bei Beschlüssen der Hauptversammlung über den Abschluss eines Vertrags zwischen einem Aktionär und der Aktiengesellschaft, der Ansprüche des Aktionärs gegen die Aktiengesellschaft begründet, auch der an dem Vertrag beteiligte Aktionär grundsätzlich stimmberechtigt. Eine analoge Anwendung der §§ 136 Abs. 1, 142 Abs. 1 AktG auf solche Beschlüsse scheidet auf Grund der bewussten gesetzgeberischen Entscheidung aus.

Da die von §§ 136 Abs. 1, 142 Abs. 1 AktG geregelten Fälle auf Grund einer bewussten gesetzgeberischen Entscheidung lediglich Ansprüche der Gesellschaft gegen den Aktionär erfassen und gerade keine Rechtsgeschäfte, besteht auch ein erheblicher Unterschied zu den von Variante b) und c) des ersten Fallbeispiels erfassten Fällen.[23] Es fehlt deshalb an der Vergleichbarkeit der Tatbestände, so dass die Voraussetzungen für eine analoge Anwen-

---

20 Vgl. dazu aber c) b)) (2).

21 § 252 Abs. 3 HGB a.F. lautete: *„Wer durch die Beschlußfassung entlastet oder von einer Verpflichtung befreit werden soll, hat hierbei kein Stimmrecht und darf ein solches auch nicht für andere ausüben. Dasselbe gilt von einer Beschlußfassung, welche die Vornahme eines Rechtsgeschäfts mit einem Aktionär oder die Einleitung oder Erledigung eines Rechtsstreits zwischen ihm und der Gesellschaft betrifft.“*

22 Siehe dazu die amtliche Begründung zu §§ 113, 114 AktG 1937, in *Klausing*, S. 101.

23 Im Ergebnis so wohl auch: *Giesen*, S. 112; *Matthießen*, S. 63 f., Fn. 82.

dung der §§ 136 Abs. 1, 142 Abs. 1 AktG auf die von Variante b) und c) des ersten Fallbeispiels erfassten Fälle nicht gegeben sind.[24]

cc) Ergebnis zu b)

Eine analoge Anwendung der §§ 136 Abs. 1, 142 Abs. 1 AktG auf Variante b) und c) des ersten Fallbeispiels kommt nicht in Betracht, da die Tatbestände nicht vergleichbar sind. Die §§ 136 Abs. 1, 142 Abs. 1 AktG stellen deshalb keine taugliche Rechtsgrundlage für den Ausschluss eines befangenen Vorstandsmitglieds vom Stimmrecht für einen Vorstandsbeschluss dar.

c) Vergleichbarkeit der Fallbeispiele mit den Tatbeständen des § 47 GmbH

Da das Aktiengesetz keine entsprechende ausdrückliche Regelung enthält und sich ein Stimmrechtsausschluss auch nicht aus einer analogen Anwendung aktiengesetzlicher Regelungen herleiten lässt (vgl. b)), ist zu prüfen, ob sich ein Stimmrechtsausschluss aus einer analogen Anwendung von § 47 Abs. 4 GmbHG herleiten lässt.

Unter a) wurde bereits festgestellt, dass eine planwidrige Regelungslücke nur im Hinblick auf die von Variante b) und c) des ersten Fallbeispiels erfassten Interessenkollisionen vorliegt. Deshalb ist nur noch zu prüfen, ob die in § 47 Abs. 4 GmbHG geregelten Tatbestände mit diesen Fallbeispielen vergleichbar sind.

aa) Allgemeines

Nach § 47 Abs. 4 Satz 1 GmbHG ist ein Gesellschafter bei Beschlüssen vom Stimmrecht ausgeschlossen, die seiner Entlastung oder seiner Befreiung von einer Verbindlichkeit dienen. § 47 Abs. 4 Satz 2 GmbHG bestimmt darüber hinaus einen Stimmrechtsausschluss für Beschlüsse, welche die Vornahme eines Rechtsgeschäfts oder die Einleitung oder Erledigung eines Rechtsstreits gegenüber einem Gesellschafter betreffen.

Wie §§ 136, 142 AktG dient auch der in § 47 Abs. 4 GmbHG geregelte Stimmrechtsausschluss dem Zweck, verbandsfremde Sonderinteressen von der Einwirkung auf den innergesellschaftlichen Entscheidungsprozess fern-

---

24 Das gilt zumindest für die analoge Anwendung im Sinne einer Gesetzesanalogie. Wegen der Möglichkeit einer Rechtsanalogie zu den mitgliedschaftlichen Stimmverbotsvorschriften des Gesellschaftsrechts vgl. 6.

zuhalten.[25] Dadurch soll das Risiko einer für die Gesellschaft nachteiligen Stimmrechtsausübung von vornherein ausgeschaltet werden.[26]

Im Folgenden ist zu prüfen, ob die in § 47 Abs. 4 GmbHG geregelten Tatbestände mit denen von Variante b) und c) des ersten Fallbeispiels vergleichbar sind.

bb) Einzelheiten zur Vergleichbarkeit

§ 47 Abs. 4 Satz 2 GmbHG enthält im Gegensatz zu § 136 Abs. 1 AktG einen Stimmrechtsausschluss für Beschlüsse, welche die Vornahme eines Rechtsgeschäfts gegenüber einem Gesellschafter betreffen.

Ein entscheidender Unterschied der von Variante b) und c) des ersten Fallbeispiels erfassten Tatbestände liegt jedoch darin, dass es nicht um den Abschluss eines Vertrags mit dem Vorstandsmitglied geht, sondern um den Abschluss eines Vertrags mit einer rechtlich vom Vorstandsmitglied unabhängigen juristischen Person, einer GmbH. § 47 Abs. 4 Satz 2 GmbHG erfasst jedoch seinem Wortlaut nach nur den Abschluss eines Vertrags mit dem GmbH-Gesellschafter, nicht jedoch mit einem Dritten. Der Wortlaut der Vorschrift erfasst auch nicht den Fall, dass die Gesellschaft einen Vertrag mit einem Dritten abschließt, an dem der GmbH-Gesellschafter beteiligt ist.

Für GmbH-Gesellschafter wird eine analoge Anwendung des § 47 Abs. 4 GmbHG auf den zuletzt genannten Fall diskutiert. Bejahte man eine analoge Anwendung, wäre ein GmbH-Gesellschafter vom Stimmrecht ausgeschlossen, wenn in der Gesellschafterversammlung über den Abschluss eines Vertrags der Gesellschaft mit einer Drittgesellschaft ein Beschluss gefasst würde, an welcher der GmbH-Gesellschafter beteiligt ist.

(1) Analoge Anwendung des § 47 Abs. 4 GmbHG auf einen GmbH-Gesellschafter, der an einer Drittgesellschaft beteiligt ist

Der *Bundesgerichtshof* hat entschieden, ein GmbH-Gesellschafter sei vom Stimmrecht ausgeschlossen, wenn er zugleich Alleingesellschafter einer anderen Gesellschaft sei, mit der die GmbH ein Geschäft abschließen solle, oder wenn er einer als Geschäftsgegnerin vorgesehenen Personengesellschaft als persönlich haftender Gesellschafter angehöre. Hierfür sei das in der anderweitigen Beteiligung des Gesellschafters verkörperte unternehmerische Interesse maßgeblich, das bei Entscheidungen über Rechtsgeschäfte mit dem

25 Baumbach/Hueck/*Zöllner*, § 47 Rn. 44; Scholz/*Schmidt*, § 47 Rn. 100.

26 *Siegmund*, BB 1981, 1674; *Immenga/Werner*, GmbHR 1976, 53, 54.

fremden Unternehmen eine unbefangene Stimmabgabe in der Regel ausschließe und deshalb für die GmbH eine erhebliche Gefahr bedeute.[27]

Für den Stimmrechtsausschluss reiche es allerdings nicht aus, wenn

> *„der Gesellschafter an einer juristischen Person, mit der die GmbH kontrahieren soll, nur irgendwie - z.B. als Minderheitsaktionär - beteiligt“*

sei.[28]

Nach *K. Schmidt* löst bereits die Beherrschung der Drittgesellschaft das Stimmverbot aus. Grund dafür sei die durch die Beherrschung indizierte Interessenkollision. Die Beherrschung sei deshalb zwar ausreichend, aber nicht erforderlich. Vielmehr genüge jede Beteiligung, die nennenswert genug sei, um einen Einfluss des Drittinteresses befürchten zu lassen.[29]

Ähnlicher Auffassung scheint auch *Schneider* zu sein, für den die abstrakte Gefährdungslage entscheidend ist. Der Gesellschafter müsse auf Grund seiner Beteiligung an der Drittgesellschaft unmittelbar oder mittelbar einen beherrschenden Einfluss auf diese ausüben und damit die Einzelentscheidung der Drittgesellschaft bestimmen können. Dem müsse es gleichstehen, wenn der Gesellschafter bei der Drittgesellschaft als Organmitglied deren Geschäftsführung bestimme.[30]

Wank hingegen lehnt die alleinige Anknüpfung an den Beteiligungsumfang ab. Er ist der Auffassung, dass nach den einzelnen möglichen Gesellschaftsformen zu unterscheiden und eine Vermutungsregel entsprechend dem wahrscheinlichen Interessenkonflikt aufzustellen ist. Danach greife bei OHG-Gesellschaftern, Gesellschaftern einer personalistischen GmbH und Komplementären das Stimmverbot des § 47 Abs. 4 Satz 2 GmbHG immer ein. Bei einem Kommanditisten sei im Einzelfall zu prüfen, ob eine Interessengefährdung vorliege. Er sei insbesondere dann vom Stimmrecht ausgeschlossen, wenn er auf die Geschäftsführung der KG einwirke und somit mehr als nur ein Kapitalgeber sei. In der typischen GmbH & Co. KG unterlägen die Gesellschafter in ihrer Doppelrolle als GmbH-Gesellschafter und Kommanditisten ebenfalls dem Stimmverbot. Dies gelte jedoch nicht für Kommanditisten, die als bloße Kapitalgeber fungierten. In körperschaftlich strukturierten

---

27 BGHZ 68, 107, 110.

28 BGHZ 68, 107, 110.

29 Scholz/*Schmidt*, § 47 Rn. 164.

30 *Schneider*, ZHR 150 (1986), 609, 617 f.

Gesellschaften gelte ein Stimmverbot zumindest bei der Einmann-Gesellschaft. Im Übrigen sei ein Stimmverbot bei nicht unwesentlicher Kapitalbeteiligung zu bejahen. In diesen Fällen habe der Gesellschafter aber die Möglichkeit des Gegenbeweises, dass die Beteiligung an der Drittgesellschaft seine Interessen an der GmbH auf Grund der Umstände nicht beeinflussen könne.[31]

Auch nach der Auffassung von *Zöllner* ist die Beteiligung an der Drittgesellschaft allein nicht ausreichend für ein Eingreifen des Stimmverbots. Die Größe des finanziellen Interesses des GmbH-Gesellschafters an der Drittgesellschaft sei abhängig von der absoluten und relativen Höhe seiner Beteiligung an der Drittgesellschaft und deren Relation zur Beteiligung an der GmbH. Die Gleichartigkeit der Befangenheit des GmbH-Gesellschafters mit derjenigen, die das Gesetz in den Stimmverboten voraussetze, lasse sich nur feststellen, wenn den GmbH-Gesellschafter nicht lediglich finanzielle Interessen mit der Drittgesellschaft verbänden. Er müsse deshalb aus der Rolle des reinen Kapitalgebers heraustreten und zusätzlich unternehmerische Funktionen wahrnehmen.[32]

(2) Übertragbarkeit des Meinungsstreits zur analogen Anwendung von § 47 Abs. 4 GmbHG

Die Vertreter der oben dargestellten Auffassungen kommen mit unterschiedlichen Voraussetzungen zur Vergleichbarkeit des in § 47 Abs. 4 Satz 2 GmbHG geregelten Tatbestands mit der von ihnen untersuchten Fallkonstellation. Fraglich ist, ob dies ohne Weiteres auch für die Vergleichbarkeit mit Variante b) und c) des ersten Fallbeispiels gilt. Rechtsprechung oder Literatur gibt es zu dieser Frage, soweit ersichtlich, noch nicht.

Gegen eine Übertragung des oben dargestellten Meinungsstreits auf die von Variante b) und c) des ersten Fallbeispiels erfassten Interessenkollisionen spricht jedoch Folgendes: Bei der Prüfung der Vergleichbarkeit mit den von §§ 136, 142 AktG erfassten Tatbestände (vgl. b) bb)) wurde offen gelassen, ob bereits der mitgliedschaftliche Charakter der Stimmverbote gegen die Vergleichbarkeit spreche. Die Frage konnte im Hinblick auf §§ 136 Abs. 1, 142 Abs. 1 AktG offen bleiben, da bereits aus anderen Gründen die Vergleichbarkeit zu verneinen war. Im Hinblick auf § 47 Abs. 4 GmbHG muss jedoch auf diesen Unterschied eingegangen werden.

---

31 *Wank*, ZGR 1979, 222, 227 f.; so auch: *Koppensteiner*, Gedenkschrift für Schönherr, S. 205, 212.

32 *Zöllner*, S. 279 f.

Wie bereits oben dargestellt (vgl. b) bb)), wird die Vergleichbarkeit der von den mitgliedschaftlichen Stimmverboten erfassten Tatbestände mit den Fallkonstellationen, in denen für Organmitglieder ein Stimmverbot gelten soll, teilweise mit dem *argumentum a fortiori* begründet, dass die Gefahr, welche die mitgliedschaftlichen Stimmverbote rechtfertige, nämlich dass in diesen Fällen typischerweise keine ausschließlich am Gesellschaftsinteresse orientierte Stimmrechtsausübung erwartet werden könne, auch oder sogar erst recht für die Ausübung des organschaftlichen Stimmrechts gelte.[33]

Matthießen hält dieses Argument für Stimmverbote im Rahmen der Beschlussfassung in Geschäftsführungsorganen vom Grundgedanken wohl für zutreffend, auch wenn dort nach seiner Auffassung Interessenkonflikte bereits durch § 181 BGB und § 112 AktG vermieden würden. Für Stimmverbote im Rahmen von Beschlüssen des Aufsichtsrats lehnt er dieses Argument jedoch unter Hinweis darauf ab, dass es auf einer unzulässigen Gleichsetzung von Geschäftsführungsorganen mit dem Überwachungsorgan Aufsichtsrat beruhe und der Einfluss des Aufsichtsratsmitglieds nicht so weit reiche wie der eines Mitglieds des Geschäftsführungsorgans.[34]

Das *argumentum a fortiori* muss jedoch auch im Hinblick auf Stimmverbote für Vorstandsmitglieder abgelehnt werden. Zwar trifft es zu, dass bei Vorstandsmitgliedern ebenso wie bei GmbH-Gesellschaftern grundsätzlich die abstrakte Gefahr besteht, dass sie sich bei der Ausübung ihres Stimmrechts auf Grund der Interessenkollision von den eigenen Interessen beeinflussen lassen. Die Gefahrenlagen unterscheiden sich jedoch erheblich.

Im Unterschied zu den GmbH-Gesellschaftern unterliegt der Vorstand der Überwachung durch ein spezielles Organ, den Aufsichtsrat. Dieser kontrolliert, ob die Vorstandsmitglieder ihren Pflichten gegenüber der Aktiengesellschaft, insbesondere ihrer Treuepflicht, nachkommen und ob sie ausschließlich im Unternehmensinteresse handeln. Auch die Pflichten, denen die Vorstandsmitglieder gegenüber der Aktiengesellschaft unterliegen, übersteigen die des GmbH-Gesellschafters erheblich. Eine Verletzung dieser Pflichten führt zudem nach § 93 Abs. 2 AktG zu einer erheblich strengeren Haftung. Darüber hinaus kann der Aufsichtsrat erhebliche Pflichtverstöße des Vorstandsmitglieds dadurch sanktionieren, dass er es abberuft. Es ist außerdem zu berücksichtigen, dass die Gefahr der Beeinflussung des gesellschaftsinternen Entscheidungsvorgangs in der Gesellschafterversammlung auf Grund der Berechnung des Stimmrechts nach Kapitalanteilen erheblich größer sein kann als im Vorstand, in dem das Stimmrecht nach Köpfen verteilt ist. Das organschaftliche Stimmrecht versetzt daher ein Organmitglied wegen seines

---

33 *Hübner*, S. 284 f.; *Herzfelder*, S. 22 f.

34 *Matthießen*, S. 63.

personalen, nicht kapitalmäßigen Gewichts in der Regel nicht in die Lage, das Organ durch seine Stimmrechtsausübung zu dominieren. Dies stellt einen entscheidenden Unterschied zum mitgliedschaftlichen Stimmrecht in der Hauptversammlung der Aktiengesellschaft oder der Gesellschafterversammlung der GmbH dar.[35]

Da sich die Gefahrenlage des in § 47 Abs. 4 Satz 2 GmbHG geregelten Tatbestands somit erheblich von der Gefahrenlage der von Variante b) und c) des ersten Fallbeispiels erfassten Fälle unterscheidet, muss die für die Analogie erforderliche Vergleichbarkeit der Tatbestände verneint werden. Auf den oben dargestellten Meinungsstreit muss somit an dieser Stelle nicht eingegangen werden.[36] Eine Gesetzesanalogie zu § 47 Abs. 4 Satz 2 GmbHG scheidet deshalb aus.

cc) Ergebnis zu c)

Eine analoge Anwendung des § 47 Abs. 4 Satz 2 GmbHG auf Variante b) und c) des ersten Fallbeispiels kommt nicht in Betracht, da die Tatbestände nicht vergleichbar sind.

d) Ergebnis zu 3.

Eine analoge Anwendung der §§ 136, 142 AktG und § 47 Abs. 4 Satz 2 GmbH auf die von Variante b) und c) des ersten Fallbeispiels erfassten Fälle ist ausgeschlossen. Im Hinblick auf diese Fälle fehlt es an der Vergleichbarkeit der von §§ 136 Abs. 1, 142 Abs. 1 AktG und § 47 Abs. 4 GmbHG geregelten Tatbestände. Im Hinblick auf die vom zweiten Fallbeispiel erfassten Fälle fehlt es bereits an einer planwidrigen Regelungslücke.

4. § 181 BGB

Nachdem eine analoge Anwendung der mitgliedschaftlichen Stimmverbote ausscheidet, wird im Rahmen des folgenden Abschnitts untersucht, ob sich für die von Variante b) und c) des ersten Fallbeispiels erfassten Fälle aus § 181 BGB ein Stimmrechtsausschluss herleiten lässt. Eine entsprechende Prüfung im Hinblick auf das zweite Fallbeispiel ist mangels planwidriger Regelungslücke (vgl. 3. a) bb)) nicht erforderlich.

---

35 Vgl. dazu für das Stimmrecht des Aufsichtsratsmitglieds: *Matthießen*, S. 220.

36 Vgl. dazu aber unter 5. b).

a) Rechtsprechung des *Bundesgerichtshofs*

Der *Bundesgerichtshof* vertrat früher für Gesellschafterbeschlüsse die Auffassung, dass § 181 BGB lediglich auf Satzungsänderungen anwendbar sei. Insbesondere Maßnahmen im Rahmen der laufenden Geschäftsführung würden nicht von der Vorschrift erfasst.[37]

Mittlerweile ist der *Bundesgerichtshof* zu der Auffassung gelangt, dass der Anwendungsbereich des § 181 BGB auch dann eröffnet ist, wenn über die gesellschaftsinterne Willensbildung zu einer Geschäftsführungsmaßnahme hinaus auch deren Umsetzung durch Vertragsabschluss mit den Gesellschaftern in Frage stehe.[38] Nach dem Normzweck des § 181 BGB sei entscheidend, ob die Ausübung der übertragenen Stimmrechte durch den bevollmächtigten Gesellschafter für die vollmachtgebenden Gesellschafter die Gefahr eines Interessenkonflikts und damit der Schädigung dieser Gesellschafter in sich berge.[39]

b) Die Auffassung von *Hübner*

Hübner vertritt die Auffassung, dass sich aus einer analogen Anwendung des § 181 BGB der Ausschluss des organschaftlichen Stimmrechts ergeben kann.[40]

Bei der Prüfung der Anwendbarkeit von § 181 BGB sei zunächst zu beachten, dass es sich dabei um eine Norm aus dem Vertretungsrecht handele. Ihre Anwendung auf die Ausübung des Stimmrechts setze somit voraus, dass jemand das Stimmrecht kraft Vertretung oder auf Grund eines vertretungsähnlichen Rechtsverhältnisses ausübe.[41]

Hübner ist der Auffassung, dass das Treueverhältnis, welches aus der gesetzlichen Organstellung der Verwaltungsorgane abzuleiten ist, als vertretungsrechtliches Treueverhältnis zu qualifizieren sei. Dies mache es möglich, einen organschaftlichen Stimmrechtsausschluss auf § 181 BGB zu stützen.[42] Denn für die Anwendung von § 181 BGB komme es nicht nur auf die Ver-

---

[37] BGHZ 52, 316, 318; 65, 93, 99 f.; BGH LM Nr. 8 zu § 138.

[38] BGHZ 112, 339, 341.

[39] BGHZ 112, 339, 341.

[40] *Hübner*, S. 265 ff.

[41] *Hübner*, S. 266; so auch: *Giesen*, S. 105.

[42] *Hübner*, S. 276 f.

tretung nach außen, sondern auch auf das Rechtsverhältnis an, das zur Stimmrechtsausübung berechtige.[43]

§ 181 BGB führe deshalb zu einem Ausschluss des organschaftlichen Stimmrechts, wenn das Organmitglied am Beschlussgegenstand ein persönliches Eigeninteresse habe, welches geeignet sei, die Interessen der Gesellschaft zu gefährden. Dieser Grundsatz sei aber dahingehend einzuschänken, dass das Eigeninteresse ohne Weiteres erkennbar sein müsse.[44]

c) Stellungnahme

Eine direkte Anwendung von § 181 BGB auf die von Variante b) und c) des ersten Fallbeispiels erfassten Fälle kommt nicht in Betracht, da es dabei nicht um den Abschluss eines Vertrags geht, sondern um die diesem Abschluss vorgelagerte Entscheidung über den Vertragsabschluss durch den Vorstand. Es handelt sich dabei um die Entscheidung über eine Geschäftsführungsmaßnahme, die der Ausführung durch vertretungsberechtigte Personen bedarf. In Betracht käme somit allenfalls eine analoge Anwendung des § 181 BGB.

Ob die oben dargestellte Rechtsprechung auf Vorstandsbeschlüsse übertragbar ist, kann offen bleiben, da eine analoge Anwendung von § 181 BGB auf die von Variante b) und c) des ersten Fallbeispiels erfassten Fälle bereits aus einem anderen Grund ausscheidet.

Hübner ist zwar zuzugeben, dass der Schutzzweck eines organschaftlichen Stimmverbots dem Schutzzweck des § 181 BGB ähnelt, da jeweils die Wahrung der Belange des Vertretenen bzw. des Verbandsinteresses bezweckt ist.[45] Das Organmitglied darf bei der Ausübung des Stimmrechts ebenso wenig eigene Interessen verfolgen wie der Vertreter bei der Vornahme von Rechtsgeschäften im Namen des Vertretenen.

Es fehlt jedoch trotzdem an der Vergleichbarkeit des von § 181 BGB erfassten Tatbestands mit den von Variante b) und c) des ersten Fallbeispiels erfassten Fällen. Im Unterschied zur Vornahme von Rechtsgeschäften im Namen des Vertretenen handelt es sich nämlich bei der Stimmabgabe nicht um eine Vertretungshandlung. Das Stimmrecht steht dem Organmitglied zwar auf Grund seiner Organstellung zu. Es übt damit jedoch ein ihm als Organ-

---

43 *Hübner*, S. 276.

44 *Hübner*, S. 281.

45 So auch: *Matthießen*, S. 60; *Krebs*, S. 133.

mitglied zustehendes Recht auf Beteiligung an der Geschäftsführung aus.[46] Denn die Stimmabgabe im Rahmen des Vorstandsbeschlusses stellt die Zustimmung zu einer Geschäftsführungsmaßnahme dar.[47]

Deshalb passt § 181 BGB auch systematisch nicht auf die Stimmabgabe. Denn das Aktiengesetz differenziert deutlich zwischen der Geschäftsführung (§ 77 AktG) und der Vertretung der Aktiengesellschaft (§ 78 AktG). Sowohl die Geschäftsführungs- als auch die Vertretungsbefugnis beruhen zwar auf der Organstellung und sind in der Regel auch deckungsgleich. Systematisch betrachtet handelt es sich jedoch um zwei unterschiedliche, aus der Organstellung resultierende Befugnisse.

Hübner widerspricht sich im Übrigen selbst, wenn er für das Organmitglied von einem vertretungsrechtlichen Treueverhältnis ausgeht. Denn seiner Auffassung nach ist auch der Gesellschafter durch eine Treuepflicht bei der Stimmrechtsausübung gebunden. Dabei handele es sich jedoch um ein gesellschaftsrechtliches und nicht um ein vertretungsrechtliches Treueverhältnis. Die Voraussetzung eines vertretungsrechtlichen Treueverhältnisses sei jedoch unverzichtbar, wenn § 181 BGB nicht völlig unscharfe Konturen erhalten solle.[48] *Hübner* vermag aber nicht zu begründen, wieso die aus der Organstellung des Organmitglieds resultierende Treuepflicht im Gegensatz zu der des Gesellschafters eine vertretungsrechtliche und nicht nur eine gesellschaftsrechtliche Treuepflicht darstellt.

Gegen die analoge Anwendung von § 181 BGB spricht außerdem, dass die Rechtsfolgen des § 181 BGB die Konfliktsituation nicht angemessen lösen können: Ein Verstoß gegen § 181 BGB zieht die schwebende Unwirksamkeit eines Rechtsgeschäfts nach sich.[49] Danach wäre die abgegebene Stimme des Vorstandsmitglieds schwebend unwirksam und könnte vom Vertretenen genehmigt werden.[50] Da nach § 112 AktG der Aufsichtsrat die Aktiengesellschaft gegenüber den Vorstandsmitgliedern vertritt, wäre der Aufsichtsrat auch zur Genehmigung der Stimmabgabe berechtigt. In diesem Fall würde der Aufsichtsrat durch seine Genehmigung an einer Geschäftsführungsmaßnahme mitwirken, obwohl die Geschäftsführungsmaßnahme selbst nicht in seinen Zuständigkeitsbereich des Aufsichtsrats nach § 112 AktG fiele. Denn

---

46 *Dose*, S. 34, nach dem dem Vorstandsmitglied unentziehbare Rechte auf Beteiligung an der Geschäftsführung zustehen.

47 *Hüffer*, § 77 Rn. 7; Köln. Komm. AktG/*Mertens*, § 77 Rn. 28.

48 *Hübner*, S. 274.

49 *Krebs*, S. 133; *Hübner*, S. 289; Palandt/*Heinrichs*, § 181 Rn. 15; Staudinger/*Schilken*, § 181 Rn. 45.

50 *Krebs*, S. 133; *Hübner*, S. 289.

anderenfalls wäre es gar nicht zu einem Vorstandsbeschluss gekommen, da der Aufsichtsrat und nicht der Vorstand gemäß § 112 AktG zu der vorbereitenden Geschäftsführungsmaßnahme berechtigt gewesen wäre (vgl. Kapitel III.). Die Möglichkeit der Genehmigung der Stimmabgabe durch den Aufsichtsrat würde jedoch zu einer Verschiebung der durch das Aktiengesetz vorgesehenen Kompetenzverteilung führen. Die Rechtsfolge des § 181 BGB lässt sich somit nicht mit der zwingenden Zuständigkeitsordnung des Aktiengesetzes vereinbaren[51], so dass eine analoge Anwendung des § 181 BGB ausscheidet.

d) Ergebnis zu 4.

Aus § 181 BGB lässt sich kein Stimmrechtsausschluss für ein befangenes Vorstandsmitglied bei Vorstandsbeschlüssen herleiten.

5. §§ 28, 34 BGB

Nachdem eine analoge Anwendung der aktien- und GmbH-rechtlichen Vorschriften zum Ausschluss des mitgliedschaftlichen Stimmrechts nicht in Betracht kommt und auch die Herleitung eines Stimmverbots aus § 181 BGB ausscheidet, wird die analoge Anwendung der §§ 28, 34 BGB auf Variante b) und c) des ersten Fallbeispiels geprüft.

a) Allgemeines

Nach § 28 Abs. 1 BGB finden auf die Beschlussfassung des aus mehreren Personen bestehenden Vereinsvorstands die für die Beschlüsse der Vereinsmitglieder geltenden Vorschriften der §§ 32, 34 BGB Anwendung. Danach ist ein Vorstandsmitglied beim Beschluss über die Vornahme eines Rechtsgeschäfts mit ihm oder über die Einleitung oder Erledigung eines Rechtsstreits mit ihm vom Stimmrecht ausgeschlossen.

§ 34 BGB dient der Vermeidung von Interessenkonflikten[52] und enthält seiner Grundidee nach ein allgemeines verbandsrechtliches Prinzip, nach dem verbandsfremde Sonderinteressen von der Auswirkung auf Verbandsentscheidungen fernzuhalten sind.[53]

---

51 Im Ergebnis so auch: *Matthießen*, S. 61 f.; *Krebs*, S. 133, allerdings für die Genehmigung der Stimmabgabe eines Aufsichtsratsmitglieds durch den Vorstand; *Giesen*, S. 106.

52 Erman/*Westermann*, § 34 Rn. 1; Soergel/*Hadding*, § 34 Rn. 1.

53 Münch. Komm. BGB/*Reuter*, § 34 Rn. 1.

Die wohl überwiegende Auffassung in der Literatur geht davon aus, dass die §§ 28 Abs. 1, 34 BGB auf die Beschlüsse des Vorstands einer Aktiengesellschaft entsprechend anwendbar sind.[54] Ein Vorstandsmitglied sei deshalb vom Stimmrecht im Vorstand ausgeschlossen, wenn über ein Rechtsgeschäft der Gesellschaft mit ihm abgestimmt werde. Diese Auffassung berücksichtigt jedoch nicht, dass es in diesem Fall auf Grund der Anwendbarkeit von § 112 AktG gar nicht mehr zu einer Beschlussfassung durch den Vorstand kommen würde. Denn § 112 AktG schließt bereits vorbereitende geschäftsführende Maßnahmen durch den Vorstand aus und weist diese Kompetenz dem Aufsichtsrat zu (vgl. 2. b)).

Bei den von Variante b) und c) des ersten Fallbeispiels erfassten Fällen geht es jedoch nicht um den Beschluss über ein Rechtsgeschäft zwischen Vorstandsmitglied und Aktiengesellschaft, sondern um ein Rechtsgeschäft mit einem Dritten, einer Gesellschaft, an der das Vorstandsmitglied lediglich beteiligt ist. § 112 AktG ist auf diesen Fall nicht anwendbar (vgl. Kapitel III. 2. b) bb)). Im Folgenden ist deshalb zu prüfen, ob die Voraussetzungen für eine analoge Anwendung der §§ 28 Abs. 1, 34 BGB auch auf die von Variante b) und c) des ersten Fallbeispiels erfassten Fälle vorliegen.

Wie bereits mehrfach angesprochen, besteht insoweit eine planwidrige Regelungslücke. Deshalb ist im Folgenden nur noch die Vergleichbarkeit der von §§ 28, 34 BGB geregelten Tatbestände mit den von Variante b) und c) des ersten Fallbeispiels erfassten Fällen zu prüfen.

b) Vergleichbarkeit

Bei den Vertretern der unter a) dargestellten h.M. finden sich kaum Begründungen dafür, dass die Voraussetzungen für eine analoge Anwendung der §§ 28 Abs. 1, 34 BGB auf Rechtsgeschäfte der Aktiengesellschaft mit einem Vorstandsmitglied erfüllt sind. *Krebs* sieht einen möglichen Grund dafür darin, dass die Autoren, die eine Analogie zu § 34 BGB vertreten, möglicherweise der Auffassung seien, dessen Geltung sei mittlerweile zu einem selbstverständlichen Grundsatz des Gesellschaftsrechts geworden.[55]

---

54 Köln. Komm. AktG/*Mertens*, § 77 Rn. 29; *Hefermehl*, in Geßler/Hefermehl, § 77 Rn. 4; Münch. Hdb. GesR IV/*Wiesner*, § 22 Rn. 6; *Hoffmann-Becking*, ZHR 150 (1986), 570, 580; Köln. Komm. AktG/*Mertens*, § 77 Rn. 29; *Giesen*, S. 110 ff; Soergel/*Hadding*, § 28 Rn. 3, nach dem § 28 BGB zumindest hilfsweise herangezogen werden kann.

55 *Krebs*, S. 117, allerdings im Hinblick auf eine analoge Anwendung der §§ 28 Abs. 1, 34 BGB auf Aufsichtsratsbeschlüsse; ebenso: *Matthießen*, S. 51.

Bei *Giesen* hingegen findet sich eine knappe Begründung für die analoge Anwendbarkeit. Seiner Auffassung nach weisen Verein und Aktiengesellschaft eine vergleichbare körperschaftliche Struktur auf. Deshalb könnten die Vorschriften des Vereinsrechts zur Füllung von Lücken des Aktienrechts herangezogen werden, soweit dem nicht der Sinn aktienrechtlicher Bestimmungen entgegenstehe. Außerdem sei die Interessenlage vergleichbar, da der Vorstand der Aktiengesellschaft in demselben Maß wie der Vereinsvorstand uneigennützig die Belange der Körperschaft und ihrer Mitglieder zu fördern habe. Es seien keine aktienrechtlichen Besonderheiten erkennbar, die eine andere Bewertung rechtfertigten.[56]

Nach *Engfer* hingegen sind die Voraussetzungen für eine Analogie nicht erfüllt. Gegen eine Analogie zu §§ 28, Abs. 1, 34 BGB spreche, dass die Verwaltungsgremien der handelsrechtlichen Körperschaften eine größere Machtbefugnis hätten als der Vereinsvorstand. Dies zeige bereits die unbeschränkbare Vertretungsmacht des Vorstands der Aktiengesellschaft. Die Vorschrift des § 28 Abs. 1 BGB sei außerdem nur für einen wirtschaftlich unbedeutenden Fall normiert. Sie sei deshalb zu schwach, um im Wege der Analogie zu einem Stimmrechtsausschluss bei den Verwaltungsorganen der Aktiengesellschaft zu gelangen.[57]

Entgegen der Auffassung von *Engfer* ist jedoch die Vertretungsmacht des Vorstands nicht unbeschränkt, sondern insbesondere durch § 112 AktG entsprechend eingeschränkt. Damit führen bestimmte Interessenkollisionen einzelner Vorstandsmitglieder dazu, dass die Vertretungsmacht des gesamten Vorstands ausgeschlossen wird (vgl. Kapitel III.). Davon abgesehen, geht es bei einem Stimmrechtsausschluss nicht um die Vertretungsmacht, so dass der Einwand *Engfer*s auch aus diesem Grund nicht zutrifft. Der Stimmrechtsausschluss betrifft vielmehr die interne Willensbildung eines Organs, während die Vertretungsmacht das Handeln eines Organs nach außen und damit dessen Wirkungen gegenüber Dritten betrifft. Der Vorstand wäre auch beim Eingreifen eines Stimmrechtsausschlusses weiterhin grundsätzlich vertretungsbefugt. Das befangene Vorstandsmitglied wäre lediglich von der Beschlussfassung über das betreffende Rechtsgeschäft ausgeschlossen.

Auch *Engfer*s Hinweis darauf, dass § 28 Abs. 1 BGB für eine Analogie zu schwach sei, da die Vorschrift lediglich auf einen wirtschaftlich unbedeutenden Fall zugeschnitten sei, ist unzutreffend. Dagegen spricht bereits die Tatsache, dass sich bei allen handelsrechtlichen Körperschaften solche Stimm-

---

56 *Giesen*, S. 110.

57 *Engfer*, S. 85.

rechtsausschlüsse finden lassen.[58] Das zeigt, dass der Gesetzgeber die dort erfassten Interessenkonflikte und ihre Rechtsfolgen als derart relevant betrachtet hat, dass er sie nicht ungeregelt bleiben lassen wollte.

Vereinsvorstand und AG-Vorstand nehmen außerdem vergleichbare Funktionen und Aufgaben wahr. Bei beiden handelt es sich um ein Organ der jeweiligen Körperschaft. Beide sind zur Geschäftsführung befugt (vgl. § 27 Abs. 3 BGB, § 77 AktG) und sind organschaftliche Vertreter der jeweiligen Körperschaft (vgl. § 26 Abs. 2 BGB, § 78 AktG), deren Vertretung nicht auf einer Bevollmächtigung der Körperschaftsmitglieder, sondern auf Gesetz beruht. Auch wenn die Vertretungsmacht des Vereinsvorstands im Gegensatz zu der des AG-Vorstands grundsätzlich beschränkt werden kann, kann sie ihm nicht gänzlich entzogen werden.[59] Außerdem kann diese Beschränkung nicht lediglich auf Grund eines Beschlusses der Mitgliederversammlung erfolgen, sondern muss durch die Satzung ausgesprochen werden. Die Beschränkung der Vertretungsmacht ist damit nur unter engen Voraussetzungen möglich.

Auch die Gefährdungslagen bei Beschlüssen über Rechtsgeschäfte der Körperschaft mit dem jeweiligen Vorstandsmitglied sind vergleichbar. Genau wie beim Mitglied des Vereinsvorstands ist beim AG-Vorstandsmitglied zu befürchten, dass es bei Beschlüssen über ein Rechtsgeschäft mit ihm seinen eigenen Interessen den Vorrang einräumt. Es ist sachlich nicht gerechtfertigt, dass die Aktionäre bzw. die Aktiengesellschaft auf Schadensersatzansprüche beschränkt sein sollten und damit einen geringeren Schutz genössen als die Vereinsmitglieder und der Verein, bei denen etwaige Schädigungen auf Grund von Interessenkollisionen durch den Stimmrechtsausschluss vermieden werden. Dies ist insbesondere deshalb unverständlich, weil sich die Vereinsmitglieder im Gegensatz zu den Aktionären in der Regel nicht mit ihrem Vermögen am Verein beteiligen und deshalb durch etwaige Schädigungen des Vereins auf Grund von Interessenkollisionen grundsätzlich auch keine wirtschaftlichen Schäden erleiden werden.

Da Funktionen und Aufgaben von Vereins- und AG-Vorstand sowie die jeweiligen Gefährdungslagen nach dem Vorhergesagten vergleichbar sind, ist eine analoge Anwendung der §§ 28 Abs. 1, 34 BGB auf die Beschlussfassung im Vorstand einer Aktiengesellschaft grundsätzlich zulässig. Damit ist allerdings noch nicht geklärt, ob eine analoge Anwendung auch auf die von Variante b) und c) des ersten Fallbeispiels erfassten Fälle zulässig ist. Denn hierfür ist erforderlich, dass die von §§ 28 Abs. 1, 34 BGB erfassten Tatbe-

---

58 §§ 34 BGB, 47 Abs. 4 GmbH, 43 Abs. 6 GenG, 136 Abs. 1 AktG, 36 Satz 1, 53 Abs. 2 VAG; so auch: *Giesen*, S. 111.

59 Staudinger/*Weick*, § 26 Rn. 9, 11.

stände auch mit den von Variante b) und c) des ersten Fallbeispiels erfassten Sonderfällen vergleichbar sind. Bei diesen Fällen geht es nicht um einen Vertrag mit dem Vorstandsmitglied selbst, sondern um einen Vertrag mit einer Drittgesellschaft, an der das Vorstandsmitglied beteiligt ist.

Nach *Hadding* greift der Stimmrechtsausschluss des § 34 BGB in diesen Fällen zumindest dann ein, wenn das Vorstandsmitglied die Drittgesellschaft beherrscht oder mit ihr wirtschaftlich identisch ist (z.B. Ein-Personen-Gesellschaft) oder für ihre Verbindlichkeiten persönlich haftet (z.B. als persönlich haftender Gesellschafter einer Personenhandelsgesellschaft).[60]

Diese Auffassung entspricht teilweise den Auffassungen, die unter 3. c) bb) (1) im Rahmen der Diskussion zur Parallelproblematik bei § 47 Abs. 4 GmbHG dargestellt wurden. Dabei ging es um die analoge Anwendung von § 47 Abs. 4 GmbHG auf Beschlüsse über den Abschluss eines Rechtsgeschäfts der GmbH mit einer Drittgesellschaft, an der ein GmbH-Gesellschafter beteiligt ist. Eine analoge Anwendung wird im Rahmen dieser Diskussion überwiegend für den Fall bejaht, dass der GmbH-Gesellschafter Alleingesellschafter der Drittgesellschaft ist. Darüber hinaus wird eine Analogie bejaht, wenn der GmbH-Gesellschafter einen beherrschenden Einfluss auf die Drittgesellschaft ausüben kann, sei es durch eine entsprechende Beteiligung oder durch die Zugehörigkeit zur Geschäftsleitung der Drittgesellschaft. Teilweise wird zusätzlich gefordert, dass der betreffende GmbH-Gesellschafter bei der Drittgesellschaft eine unternehmerische Funktion wahrnehmen müsse.[61]

Auch wenn bei § 34 BGB eine vergleichbare Problematik besteht, finden sich dazu kaum Ausführungen in der Literatur. Einige der zur analogen Anwendung von § 47 Abs. 4 GmbHG entwickelten Grundsätze können jedoch für die Prüfung der Vergleichbarkeit der vom Fallbeispiel erfassten Fälle mit den von § 34 BGB erfassten Tatbeständen herangezogen werden.

Bei dieser Prüfung müssen insbesondere Sinn und Zweck des § 34 BGB berücksichtigt werden. Die Vorschrift soll Interessenkonflikte vermeiden und dadurch verhindern, dass sich verbandsfremde Sonderinteressen auf Verbandsentscheidungen auswirken. Dabei ist für die von Variante b) und c) des ersten Fallbeispiels erfassten Fälle festzustellen, dass ein Interessenkonflikt nicht nur bei einer Allein- oder Mehrheitsbeteiligung, sondern auch bei einer Minderheitsbeteiligung auftreten kann.

---

60 Soergel/*Hadding*, § 34 Rn. 8, der sich unmittelbar nur zur analogen Anwendung auf den Fall äußert, in dem ein Vereinsmitglied an einer Drittgesellschaft beteiligt ist.

61 Vgl. zu den Einzelheiten 3. c) bb) (1).

Der Gesetzgeber wollte das Stimmrecht jedoch nicht bei jedem denkbaren Interessenkonflikt ausschließen. Eine Vergleichbarkeit kann deshalb nur bei solchen Tatbeständen bejaht werden, bei denen ein Vorstandsmitglied mit der Drittgesellschaft auf Grund seiner Beteiligung so eng verbunden ist, dass man ihn und die Drittgesellschaft als Einheit betrachten kann. Denn nur in einem solchen Fall kann davon ausgegangen werden, dass das Vorstandsmitglied sein durch diese Verbundenheit geleitetes Interesse über die Interessen der Aktiengesellschaft stellt, wie dies bei einem Vertrag mit dem Vorstandsmitglied selbst der Fall wäre.[62]

Diese Voraussetzung ist bei einer bloßen Minderheitsbeteiligung in der Regel nicht erfüllt.[63] Aber auch die Mehrheitsbeteiligung allein erfüllt nicht automatisch die oben genannten Voraussetzungen. Erforderlich ist vielmehr, dass das Vorstandsmitglied die Drittgesellschaft derart beherrscht, dass alle ihre Handlungen ausschließlich von ihm bestimmt werden. Dies ist jedoch nur der Fall, wenn mit der Mehrheitsbeteiligung zugleich die Stimmrechtsmehrheit verbunden ist. Denn nur dadurch kann das Vorstandsmitglied beispielsweise über die Person des Geschäftsführers bestimmen und über Beschlüsse der Gesellschafterversammlung, welche die einfache Stimmenmehrheit voraussetzen, Weisungen an den Geschäftsführer erteilen. Außerdem sind in diesem Fall gegen seinen Willen keine grundlegenden Maßnahmen möglich. Aus diesem Grund ist es in diesen Fällen gerechtfertigt, die Handlungen der Drittgesellschaft dem Vorstandsmitglied und Gesellschafter als eigene Handlungen zuzurechnen. Je nach gesellschaftsvertraglicher Ausgestaltung ist eine derartige Beherrschung allerdings auch bei einer Minderheitsbeteiligung denkbar, so dass bei der Beurteilung nicht allein an den Beteiligungsumfang angeknüpft werden darf.[64] Maßgeblich ist folglich eine Beherrschung im Sinne von § 17 AktG, ohne dass es jedoch insoweit auf die Unternehmenseigenschaft des Vorstandsmitglieds ankäme.

Im Fall der Beherrschung der Drittgesellschaft im dargestellten Sinne ist das Vorstandsmitglied auch mehr als ein bloßer Kapitalgeber, da er die Geschicke und das (Geschäfts-)Verhalten der Drittgesellschaft maßgeblich beeinflusst, wenn nicht sogar steuert. Nimmt das Vorstandsmitglied derart Einfluss auf die Drittgesellschaft, kann davon ausgegangen werden, dass es ebenso intensive Interessen am Abschluss eines für die Drittgesellschaft positiven Vertrags hat, wie es beim Abschluss eines Vertrags mit ihm selbst der

---

62 So: BGHZ 68, 107, 110, allerdings zur Begründung der Ablehnung einer analogen Anwendung des § 47 Abs. 4 GmbHG auf einen GmbH-Gesellschafter mit einer Minderheitsbeteiligung an einer Drittgesellschaft.

63 BGHZ 68, 107, 110.

64 BGHZ 56, 47, 54.

Fall wäre. Die in diesen Fällen bestehenden Gefährdungslagen sind mit der von §§ 28 Abs. 1, 34 BGB vergleichbar.

c) Ergebnis zu 5.

Mangels besonderer Anhaltspunkte ist für Variante b) des ersten Fallbeispiels davon auszugehen, dass das Vorstandsmitglied als Mehrheitsgesellschafter zugleich über die Stimmrechtsmehrheit verfügt und somit einen beherrschenden Einfluss auf die GmbH ausüben kann. Aus diesem Grund ist für die von Variante b) des ersten Fallbeispiels erfassten Fälle vom Eingreifen des Stimmverbots analog §§ 28 Abs. 1, 34 BGB auszugehen. Demgegenüber ist bei Variante c) des ersten Fallbeispiels davon auszugehen, dass das Vorstandsmitglied keinen beherrschenden Einfluss auf die Drittgesellschaft ausüben kann. Eine analoge Anwendung von §§ 28 Abs. 1, 34 BGB kommt deshalb nicht in Betracht. Etwas anderes könnte allerdings bei einer entsprechenden gesellschaftsvertraglichen Regelung gelten.

6. Bestehen eines allgemeinen Rechtsgrundsatzes

Im Rahmen dieses Gliederungspunkts wird geprüft, ob sich aus einer Rechtsanalogie zu den mitgliedschaftlichen Stimmverboten ein allgemeiner Rechtsgrundsatz ableiten lässt, der für die von Variante c) des ersten Fallbeispiels erfassten Fälle zu einem Stimmverbot für das befangene Vorstandsmitglied führt.

a) Allgemeines

Bei einer Rechtsanalogie wird im Gegensatz zur Gesetzesanalogie mehreren gesetzlichen Bestimmungen, die an verschiedene Tatbestände die gleiche Rechtsfolge knüpfen, ein allgemeiner Rechtssatz entnommen, der auf einen im Gesetz nicht geregelten Tatbestand wertungsmäßig ebenso zutrifft wie auf die geregelten Tatbestände.[65] Es ist sorgfältig zu prüfen, ob die betreffenden Regelungen eine gemeinsame *ratio legis* enthalten, die verallgemeinerungsfähig ist. Dabei ist immer zu berücksichtigen, dass Besonderheiten bestimmter Fallgruppen eine abweichende Beurteilung rechtfertigen könnten.[66]

---

[65] *Larenz*, Methodenlehre, S. 383 f.

[66] *Larenz*, Methodenlehre, S. 386.

b) Darstellung des Meinungsstands

Teilweise wird in der Literatur vertreten, dass ein allgemeiner Rechtsgrundsatz existiere, nach dem das Stimmrecht beim Vorliegen von Interessenkollisionen grundsätzlich ausgeschlossen ist. Ausführliche Begründungen dieser Auffassung finden sich allerdings nicht. Außerdem beziehen sich die überwiegenden Äußerungen auf die Beschlussfassung in der Gesellschafterversammlung oder im Aufsichtsrat.

So wird beispielsweise von *Meyer-Landrut* vertreten, dass ein Stimmverbot bei jedem echten Interessengegensatz bestehe.[67] Nach *Weick* reicht es für ein Stimmverbot bereits aus, wenn private Interessen auch nur tatsächlich erheblich berührt werden.[68] *Hoffmann/Preu* sind der Auffassung, dass das für solche Fälle im Vereinsrecht normierte Stimmverbot als allgemeiner Rechtsgrundsatz überall im Gesellschaftsrecht gelte.[69]

K. Schmidt ist der Auffassung, dass es sich bei den Stimmverboten um ein einheitliches Prinzip des inneren Verbandrechts handele, das für die Tatbestandsgruppen Insichgeschäft und Richten in eigener Sache eine einheitliche Handhabung erfordere. Die aktuelle Gesetzgebung gebe den bestehenden Rechtszustand unrichtig wieder. Die dadurch verursachten Wertungswidersprüche müssten, solange der Gesetzgeber untätig bleibe, durch institutionelle Rechtsfortbildung behoben werden.[70]

Nach *Seiter* ist der Stimmrechtsausschluss in den gesetzlich näher ausgeformten Fällen der Interessenkollision ein allgemeines Rechtsprinzip, das für alle Aufsichtsratsmitglieder gleichmäßig gelte. Es beruhe auf der Erkenntnis, dass es Situationen gebe, in denen ein Stimmberechtigter zwei Interessenrichtungen verbunden sei und, gleichgültig wie er abstimme, eine Interessenrichtung verraten müsse. Der Stimmrechtsausschluss solle das Aufsichtsratsmitglied vor Pflichtverletzungen und sonstigen Schwierigkeiten bewahren.[71]

Auch *Wiedemann* vertritt die Auffassung, das Stimmverbot bei Interessenkollisionen sei ein allgemeines gesellschaftsrechtliches Institut, das den Widerspruch verhindern solle, der sich ergebe, wenn ein und dieselbe Person die Anforderungen aus zwei unterschiedlichen Rollen erfüllen solle. Dieses

---

67 Großkomm. AktG/*Meyer-Landrut*, § 108 Anm. 5.

68 Staudinger/*Weick*, § 34 Rn. 12.

69 *Hoffmann/Preu*, Rn. 501.

70 *Schmidt*, Gesellschaftsrecht, S. 610 f.

71 *Seiter*, Festschrift für Müller, S. 589, 601 f.

Prinzip gelte sowohl bei mitgliedschaftlichen als auch organschaftlichen Stellungen. Zwar seien die Stimm- und Tätigkeitsverbote für die verschiedenen Verbandsarten nicht einheitlich formuliert; dies spreche jedoch nicht gegen die Übernahme des allgemein anerkannten Prinzips für Aufsichtsratsmitglieder.[72]

c) Stellungnahme

Gegen das Bestehen eines allgemeinen Rechtsgrundsatzes, nach dem das organschaftliche Stimmrecht eines Vorstandsmitglieds bei Interessenkollisionen ausgeschlossen ist, spricht vor allem, dass es lediglich eine Vorschrift gibt, die den Ausschluss des organschaftlichen Stimmrechts überhaupt regelt.

Wie bereits ausgeführt (vgl. 3. c) bb) (2)), unterscheidet sich die Gefahrenlage, die von den mitgliedschaftlichen Stimmverbotsvorschriften vorausgesetzt wird, erheblich von der Gefahrenlage beim organschaftlichen Stimmverbot. Auf Grund der fehlenden Vergleichbarkeit kann aus den mitgliedschaftlichen Stimmverboten kein entsprechender allgemeiner Rechtsgrundsatz für das organschaftliche Stimmrecht abgeleitet werden.

Den bestehenden Stimmverbotsvorschriften kann auch keine *ratio legis* des Inhalts entnommen werden, dass bei Beschlüssen jeder Art das Stimmrecht immer dann ausgeschlossen ist, wenn Interessenkollisionen vorliegen. Dagegen spricht vor allem die kasuistische Fassung der bestehenden Vorschriften.[73] Es ist außerdem bereits an verschiedenen Stellen darauf hingewiesen worden, dass es dem Gesetzgeber anscheinend auch zur Gewährleistung angemessener Rechtssicherheit darauf ankam zweifelsfrei diejenigen Fallkonstellationen festzulegen, in denen ein Stimmrechtsausschluss greifen soll.

Der Gesetzgeber beabsichtigte bei der Schaffung der Stimmverbote nicht, damit jegliche Art von Interessenkollision erfassen. Dies ergibt sich auch daraus, dass sich die verschiedenen Stimmverbotsvorschriften teilweise erheblich voneinander unterscheiden. Während § 34 BGB die Vornahme eines Rechtsgeschäfts sowie die Einleitung oder Erledigung eines Rechtsstreits erfasst, betreffen die §§ 136 Abs. 1, 142 Abs. 1 AktG gerade nicht die Vornahme eines Rechtsgeschäfts, dafür aber zusätzlich die Entlastung, die Befreiung von einer Verbindlichkeit und die Geltendmachung eines Anspruchs. § 47 Abs. 4 GmbHG hingegen erfasst die Vornahme eines Rechtsgeschäfts gegenüber einem Gesellschafter sowie zusätzlich die Entlastung, die Befreiung von einer Verbindlichkeit und die Einleitung oder Erledigung eines

---

72 *Wiedemann*, S. 634.

73 *Zöllner*, S. 263 f.; *Giesen*, S. 113.

Rechtsstreits gegenüber einem Gesellschafter. Dies zeigt, dass der Gesetzgeber Regelungen schaffen wollte, die auf die unterschiedlichen Gesellschafts- und Verbandsformen sowie die daraus folgenden besonderen Erfordernisse zugeschnitten sind.[74]

Dieser gesetzgeberischen Regelungsabsicht würde man jedoch zuwiderhandeln, leitete man aus den verschiedenen Stimmverbotsvorschriften ein allgemeines Prinzip her, nach dem das Stimmrecht immer dann ausgeschlossen ist, wenn eine Interessenkollision vorliegt.

d) Ergebnis zu 6.

Die Herleitung eines allgemeinen Prinzips des Stimmrechtsausschlusses aus §§ 34 BGB, 136 AktG, 47 GmbHG, 43 GenG, 181 BGB ist aus den dargestellten Gründen abzulehnen.[75]

7. Treu und Glauben

Verschiedentlich werden Treu und Glauben als Anknüpfungspunkt für die Begründung eines Stimmrechtsausschlusses herangezogen.

a) Darstellung des Meinungsstands

Als einer der Ersten hat sich *Hachenburg* zum Stimmverbot (allerdings für den GmbH-Gesellschafter) geäußert. Seiner Auffassung nach sind auch die aus dem Gesellschaftsvertrag erwachsenden Rechte gemäß § 157 BGB so auszulegen, wie es Treu und Glauben mit Rücksicht auf die Verkehrssitte erfordern. Danach sei es unzulässig, dass ein Gesellschafter sein Stimmrecht missbrauche, um hierdurch ein Recht der Gesellschaft lahm zu legen und undurchführbar zu machen oder um sich auf Kosten der Gesellschaft Vorteile zu verschaffen. Ein solcher Gebrauch wäre gegen Treu und Glauben, so dass das Stimmrecht in diesen Fällen nicht ausgeübt werden dürfe.[76]

Hachenburg stellt zudem fest, dass in den Fällen, in denen das Stimmverbot nach § 47 Abs. 4 GmbHG nicht greife, ein Stimmverbot nur in Form eines relativen Stimmverbots bestehen könne. Danach müsse im konkreten Fall

---

[74] *Giesen*, S. 113.

[75] Ebenso: BGHZ 68, 107, 109; 97, 28, 32 f.; Erman/*Westermann*, § 34 Rn. 1; Soergel/*Hadding*, § 34 Rn. 2; *Zöllner*, S. 263 f.; Großkomm. AktG/*Kort*, § 77 Rn. 14.

[76] *Hachenburg*, LZ 1907, Sp. 460, 466.

festgestellt werden, ob die Mitwirkung des Gesellschafters einen Missbrauch seines Stimmrechts darstelle.[77]

Nach *Redding*, der sich lediglich zu Stimmrechtsausschlüssen für Aufsichtsratsmitglieder geäußert hat, ist die Stimmrechtsausübung unzulässig, wenn sie der Durchsetzung gesellschaftsfremder Interessen dienen könne und das Aufsichtsratsmitglied diesen Interessen in solchem Ausmaß verbunden sei, dass von ihm eine Entscheidung gegen diese Interessen nicht erwartet werden könne.[78]

Redding begründet seine Auffassung damit, dass seit langem anerkannt sei, dass die Ausübung von Rechten unzulässig werden könne, wenn sie gegen Treu und Glauben verstoße. In dem dadurch gezogenen Rahmen sei eine an der allgemeinen Lebenserfahrung orientierte Typisierung erforderlich. Dafür eigne sich das Kriterium des gesellschaftsfremden Vorteils und die Berücksichtigung des Umfangs der persönlichen Bindung eines Aufsichtsratsmitglieds an gesellschaftsfremde Interessen.[79]

Goldschmit vertritt eine ähnliche Auffassung. Ein Stimmrechtsausschluss bestehe in jedem unter § 252 Abs. 3 HGB a.F.[80] fallenden Sachverhalt und weiteren nicht näher präzisierten Fällen von Interessenkollisionen.[81] Er begründet den Stimmrechtsausschluss für Aufsichtsratsmitglieder mit ihrer Pflicht zur Unterordnung unter die Interessen der Gesellschaft, der sie im Gegensatz zum Aktionär unterlägen.[82]

Auch *Herzfelder* leitet aus Treu und Glauben einen Stimmrechtsausschluss ab. Dieser greife ein, wenn bei einer Beschlussfassung das Interesse eines Mitglieds unmittelbar und erheblich berührt sei und die Beschlussfassung, falls sie im Interesse des Mitglieds ausfalle, eine ernstliche Gefährdung der Verbandsinteressen bedeute.[83]

---

77 *Hachenburg*, LZ 1907, Sp. 460, 467.

78 *Redding*, NJW 1956, 48, 50.

79 *Redding*, NJW 1956, 48, 50.

80 Der Wortlaut von § 252 Abs. 3 HGB a.F. ist in Fn. 21 wiedergegeben.

81 *Goldschmit*, S. 247 (Anm. 105).

82 *Goldschmit*, S. 248 (Anm. 105).

83 *Herzfelder*, S. 50.

b) Stellungnahme

Durch das Erfordernis der Feststellung eines Stimmrechtsmissbrauchs im konkreten Einzelfall unterscheidet sich die Auffassung von *Hachenburg* von den anderen dargestellten Auffassungen. Im Gegensatz zu diesen Auffassungen geht sie nicht von Tatbeständen aus, die unabhängig von ihrer Gesellschaftsschädlichkeit und dem konkreten Abstimmungswillen des befangenen Organmitglieds dieses von der Abstimmung ausschließen. Im Ergebnis betrifft seine Auffassung daher nicht nicht den Ausschluss des Stimmrechts, sondern den Missbrauch eines bestehenden Stimmrechts. Denn im Unterschied zum Stimmverbot ist die Stimmrechtsausübung beim Stimmrechtsmissbrauch nicht schlechthin versagt, sondern nur in der gesellschaftsschädlichen Richtung.[84]

Die übrigen dargestellten Auffassungen gehen hingegen davon aus, dass bereits das Vorliegen bestimmter Tatbestände ein Stimmverbot indiziert. Trotz der jeweils versuchten Eingrenzung haben die derart definierten Stimmverbote generalklauselartigen Charakter. Die Auffassungen sind deshalb nur schwer mit dem Erfordernis der Rechtssicherheit zu vereinbaren, da sie keine eindeutigen Kriterien festlegen, die eine Unterscheidung zwischen zulässiger und unzulässiger Stimmrechtsausübung ermöglichen.[85]

Es ist z.B. unklar, wann ein derart starker Interessenkonflikt vorliegt, dass von einem Organmitglied eine Entscheidung gegen die eigenen Interessen nicht mehr erwartet werden kann, wie dies von *Redding* für ein Stimmverbot gefordert wird. Seine Auffassung führt im Ergebnis zu einem Gefährdungstatbestand, bei dem allein das Vorliegen eines Interessenkonflikts zum Stimmrechtsausschluss führt, ohne dass eine Gefährdung der Gesellschaftsinteressen oder aber ein Stimmrechtsmissbrauch vorliegen muss.[86] Dasselbe gilt für die von *Herzfelder* vertretene Auffassung. § 242 BGB setzt jedoch einen konkreten Rechtsmissbrauch voraus. Würde man der Auffassung von *Goldschmit* folgen, griffe ein Stimmverbot bei einem Rechtsgeschäft zwischen Organmitglied und Gesellschaft auch dann ein, wenn das Rechtsgeschäft für die Gesellschaft ausschließlich von Vorteil wäre. Dies widerspricht jedoch dem Sinn und Zweck eines Stimmverbots.

Die Auffassungen, die ein Stimmverbot aus Treu und Glauben herleiten, sind aus den dargestellten Gründen abzulehnen.

---

84 Köln. Komm. AktG/*Zöllner*, § 136 Rn. 27.

85 *Giesen*, S. 109.

86 *Matthießen*, S. 70 f.; *Zöllner*, S. 267.

c) Ergebnis zu 7.

Auch aus Treu und Glauben lässt sich somit in den von Variante c) des ersten Fallbeispiels erfassten Fällen kein Stimmverbot herleiten.

8. Sorgfalts- und Treuepflicht

Die Organmitglieder stehen in einem besonderen Treueverhältnis zur Gesellschaft, aus dem auch Pflichten für das Organmitglied folgen, die über das normale Maß von Treu und Glauben hinausgehen (vgl. Kapitel II. 2. c)). Im Folgenden wird geprüft, ob sich aus der Sorgfalts- und Treuepflicht ein Stimmverbot für die von Variante c) des ersten Fallbeispiels erfassten Fälle ableiten lässt.

a) Die Auffassung von *Engfer*

Engfer vertritt die Auffassung, dass aus der Treuepflicht des Organmitglieds gegenüber der Gesellschaft ein Stimmrechtsausschluss folgen könne.[87] Nach seiner Auffassung ist die besondere Treuepflicht der Organmitglieder aus ihrer gesetzlichen Organstellung abzuleiten, die ihnen eine bestimmte Machtbefugnis über eine personenrechtliche Einheit einräume. Diese Macht sei durch eine gesteigerte Pflichtigkeit auszugleichen, die sich auch auf die Sorgfaltspflicht der Organmitglieder auswirke und ihr einen besonderen Inhalt gebe.[88] *Engfer* folgert daraus, dass das Stimmverbot als Teil der allgemeinen Sorgfaltspflicht zu qualifizieren sei, die das Gesetz den Organmitgliedern auferlege.[89]

Die Treuepflicht gebiete es, dass die Eigeninteressen des Organmitglieds völlig hinter die Interessen der Gesellschaft zurückzutreten hätten. Deshalb müsse das Organmitglied es hinnehmen, an einem Beschluss nicht mitzuwirken, sofern es durch den Beschluss persönlich betroffen werde.[90] Dies bedeute aber nichts anderes als ein Stimmverbot.

Ein Stimmverbot bestehe somit grundsätzlich immer dann, wenn der Gegenstand des Beschlusses entweder in die persönliche Interessensphäre eines Organmitglieds eingreife oder aber in die eines Dritten, sofern das Organ-

---

87 *Engfer*, S. 108 ff.

88 *Engfer*, S. 109 ff.

89 *Engfer*, S. 112.

90 *Engfer*, S. 111 f.

mitglied zu diesem Dritten in einem derartigen Abhängigkeitsverhältnis stehe, dass von ihm eine freie Entscheidung nicht erwartet werden könne.[91]

Engfer gibt zu, dass diese Formulierung sehr allgemein gehalten sei und einer Generalklausel nahe komme. Seiner Auffassung nach ist dadurch jedoch die Rechtssicherheit und Praktikabilität des Stimmverbots nicht gefährdet, da die möglichen Konflikttatbestände und damit auch der Stimmrechtsausschluss in der Regel ohne Weiteres erkannt werden könnten. Lediglich in einigen Fällen ergäben sich Zweifelsfragen.[92]

b) Stellungnahme

Die Herleitung des Stimmverbots aus der Sorgfalts- und Treuepflicht überzeugt nicht. Zwar trifft es zu, dass die Treuepflicht es dem Organmitglied gebietet, eigene Interessen hinter den Gesellschaftsinteressen zurückzustellen. Aus dieser Verpflichtung folgt aber nicht automatisch ein Stimmverbot. Die Sorgfalts- und Treuepflicht schafft vielmehr einen Maßstab, an dem sich ein Organmitglied beim Vorliegen eines Interessenkonflikts zu orientieren hat. Aus der Verpflichtung sich auf eine bestimmte Art und Weise zu verhalten, lässt sich jedoch keine Verpflichtung zur Unterlassung einer bestimmten Handlung (hier: die Teilnahme an einem Beschluss) ableiten.[93]

Es ist außerdem nicht ausgeschlossen, dass sich ein Organmitglied auch beim Vorliegen eines Interessenkonflikts pflichtgemäß verhält und es sich in seinem Abstimmungsverhalten ausschließlich von den Gesellschaftsinteressen leiten lässt. Dies zeigt, dass aus der Sorgfalts- und Treuepflicht nicht automatisch ein Stimmverbot folgen muss, da Organmitglieder grundsätzlich auch bei Interessenkollisionen pflichtgemäß handeln können.

Krebs weist im Zusammenhang mit Stimmverboten für Aufsichtsratsmitglieder zu Recht darauf hin, dass es bedenklich erscheint, Aufsichtsratsmitglieder einerseits auf das Unternehmensinteresse zu verpflichten und ihnen andererseits die Fähigkeit zur Wahrung desselben durch die Aufstellung eines generalklauselartigen Stimmverbots bei Interessenkonflikten wieder abzusprechen.[94] Dieser Gedanke ist auch auf Vorstandsmitglieder übertragbar.

---

91 *Engfer*, S. 113.

92 *Engfer*, S. 113 f.

93 *Giesen*, S. 107 f.; *Matthießen*, S. 72.

94 *Krebs*, S. 131.

*Engfer*s Auffassung ist außerdem als zu weit abzulehnen. Dies gilt insbesondere für das Stimmverbot in Fällen mittelbarer Betroffenheit. *Engfer* schafft hier eine Generalklausel, die der Gesetzgeber nicht schaffen wollte. Wie bereits mehrfach angemerkt, weisen die geltenden Regelungen zum organschaftlichen und mitgliedschaftlichen Stimmverbot vielmehr darauf hin, dass der Gesetzgeber eindeutig und zweifelsfrei die Fälle festlegen wollte, in denen ein Stimmverbot greifen soll. Diesem Willen widerspricht *Engfer* mit der von ihm aufgestellten Generalklausel.

Es trifft auch nicht zu, dass durch diese Generalklausel lediglich in Einzelfällen Unklarheiten über das Bestehen oder Nicht-Bestehen eines Stimmverbots geschaffen würden. Denn Interessenkonflikte treten in unübersehbarer Art und Intensität auf. Dies gilt gerade für die von *Engfer* anvisierten Interessenkollisionen. Aus diesem Grund böte das von ihm vorgesehene Stimmverbot entgegen seiner Auffassung keine Rechtssicherheit.[95] Dies hätte die Konsequenz, dass es in manchen Fällen zweifelhaft sein könnte, ob der konkrete Vorstandsbeschluss wirksam ist, wenn sich der Interessenkonflikt eines Vorstandsmitglieds im Nachhinein heraus stellt.[96]

Engfer ist auch zu widersprechen, wenn er behauptet, dass der Gefahr einer Rechtsunsicherheit für den Bereich des organschaftlichen Stimmrechts eine geringere Bedeutung beizumessen sei als für den Bereich des mitgliedschaftlichen Stimmrechts.[97] Gerade bei Verwaltungsorganen mit einer geringen Mitgliederzahl hat ein Stimmrechtsausschluss einen viel größeren Einfluss auf Entscheidungen als dies bei Mitgliederversammlungen mit einer höheren Teilnehmerzahl der Fall wäre. Je geringer die Anzahl von Abstimmungsteilnehmern ist, desto entscheidender kann das Bestehen eines Stimmrechtsausschlusses sein. Gerade deshalb ist es entscheidend, klare Regeln dafür zu haben, wer stimmberechtigt ist und wer nicht. Es ist nicht ersichtlich, warum der Leiter einer Mitgliederversammlung ein größeres Interesse an eindeutigen Regeln haben soll als der Leiter einer Organsitzung.[98] Dies gilt insbesondere für Vorstandsentscheidungen, die für die Aktiengesellschaft von großer Bedeutung sind.

---

95 *Deckert*, DZWir 1996, 406, 409.

96 So zum Stimmverbot für Aufsichtsratsmitglieder: *Krebs*, S. 131; *Dreher*, JZ 1990, 896, 901; *Giesen*, S. 108.

97 *Engfer*, S. 114.

98 So aber: *Engfer*, S. 115.

c) Ergebnis zu 8.

Die Sorgfalts- und Treuepflicht stellt aus den dargestellten Gründen ebenfalls keine geeignete Grundlage für die Herleitung eines Stimmverbots für Vorstandsmitglieder in den von Variante c) des ersten Fallbeispiels erfassten Fällen dar.

9. Zwischenergebnis zu 3. bis 8.

Lediglich für die von Variante b) des ersten Fallbeispiels erfassten Fälle lässt sich aus §§ 28 Abs. 1, 34 BGB ein Stimmrechtsausschluss herleiten. Im Übrigen besteht keine Rechtsgrundlage für einen Stimmrechtsausschluss.

10. Rechtsfolgen eines Verstoßes gegen ein Stimmverbot

Es wurde festgestellt, dass ein Vorstandsmitglied in den von Variante b) des ersten Fallbeispiels erfassten Fällen nach § 28 Abs. 1, 34 BGB analog einem Stimmverbot unterliegt. Im Rahmen dieses Abschnitts wird untersucht, welche rechtlichen Konsequenzen der Verstoß gegen ein Stimmverbot hat. Einen solchen Verstoß würde beispielsweise das Vorstandsmitglied in Variante b) des ersten Fallbeispiels begehen, wenn es an dem Beschluss über den Abschluss des Vertrags mit der Drittgesellschaft teilnähme.

Da das Aktiengesetz keine Regelungen zum organschaftlichen Stimmverbot enthält, enthält es auch keine Bestimmungen, welche die Folgen eines Verstoßes gegen ein solches Stimmverbot regeln. Auch die nach der hier vertretenen Auffassung analog anzuwendenden Vorschriften der §§ 28 Abs. 1, 34 BGB enthalten keine entsprechende Bestimmung. Soweit ersichtlich, hat sich die Rechtsprechung bisher noch nicht mit den Folgen von Verstößen gegen Stimmverbote im Rahmen von Vorstandsbeschlüssen beschäftigt. Die Literatur betrifft überwiegend die Folgen von Verstößen gegen Stimmverbote im Rahmen von Aufsichtsratsbeschlüssen.

a) Darstellung des Meinungsstands

aa) Allgemeines

Die unter Verstoß gegen ein Stimmverbot abgegebene Stimme ist nach h.M. nichtig.[99] Fraglich ist jedoch, welche Auswirkungen die Nichtigkeit der ein-

---

[99] *Giesen*, S. 127; *Zöllner*, S. 364; Soergel/*Hadding*, § 32 Rn. 39; Erman/*Westermann*, § 34 Rn. 6; *Engfer*, S. 164; Baumbach/Hueck/*Zöllner*, § 47 Rn. 71; *Lemke*, S. 139; *Möllers*, Handbuch Corporate Governance, S. 405, 422.

zelnen Stimme auf den Vorstandsbeschluss hat. Insoweit besteht Einigkeit darüber, dass die Nichtigkeit einer Einzelstimme sich grundsätzlich nur dann auf einen Beschluss auswirkt, wenn die Stimmabgabe für das Beschlussergebnis von Bedeutung war, d.h. wenn es dazu nicht auch ohne die nichtige Stimme gekommen wäre.[100]

Uneinigkeit besteht jedoch dahingehend, welche Konsequenzen es hat, wenn die Stimmabgabe Einfluss auf das Beschlussergebnis hatte. Zum einen wird vertreten, dass die nichtige Stimme den Vorstandsbeschluss „infiziert" und damit ebenfalls nichtig (vgl. bb)) oder durch Anfechtung zumindest vernichtbar macht (vgl. cc)). Zum anderen wird vertreten, dass der Beschluss trotz Nichtigkeit der einzelnen Stimme voll wirksam ist und in diesem Fall das Beschlussergebnis neu zu ermitteln ist, indem die nichtige Einzelstimme bei der Auszählung der abgegebenen Stimmen nicht mehr berücksichtigt wird (vgl. dd)).

bb) Nichtigkeit des Beschlusses

Der *Bundesgerichtshof* hatte zunächst zur Teilnahme Unbefugter an Aufsichtsratsbeschlüssen entschieden, dass diese Teilnahme in zwei Fällen zur Unwirksamkeit des Aufsichtsratsbeschlusses führte. Ein Aufsichtsratsbeschluss sei zum einen dann unwirksam, wenn die erforderliche Mehrheit nur mit den Stimmen der Unbefugten erreicht wurde. Er sei zum anderen auch dann unwirksam, wenn zwar die Mehrheit unabhängig von der Teilnahme der Unbefugten erreicht worden sei, diese Teilnahme aber die Stimmabgabe anderer beeinflusst habe.[101]

Diese Rechtsprechung hat der *Bundesgerichtshof* später dahingehend modifiziert, dass ein Aufsichtsratsbeschluss nur dann unwirksam sei, wenn er ohne die Stimmen der Unbefugten nicht zustandegekommen wäre.[102] Indem das Gesetz unter bestimmten Voraussetzungen die Teilnahme Dritter an Aufsichtsratssitzungen erlaube, bezwecke es die Beeinflussung der Aufsichts-

---

100 Köln. Komm. AktG/*Mertens*, § 77 Rn. 27; Münch. Hdb. GesR IV/*Wiesner*, § 22 Rn. 7; *Giesen*, S. 128; Soergel/*Hadding*, § 32 Rn. 34; *Engfer*, S. 165; *Möllers*, Handbuch Corporate Governance, S. 405, 422; *Geßler*, in Geßler/Hefermehl, § 108 Rn. 75, zum Aufsichtsratsbeschluss; ebenso: *Baums*, ZGR 1983 300, 320; *Lemke*, S. 141; Baumbach/Hueck/*Zöllner*, § 47 Rn. 71, zum Beschluss der GmbH-Gesellschafterversammlung; Scholz/*Schneider*, § 52 Rn. 305, zum Beschluss eines GmbH-Aufsichtsrats.

101 BGHZ 12, 327, 331.

102 BGHZ 47, 341, 346.

ratsmitglieder. Ein Aufsichtsratsbeschluss könne darum nicht schon deshalb unwirksam sein, weil er von dritten Personen beeinflusst worden sei.[103]

Das Urteil des *Bundesgerichtshofs* im Falle der Opel AG[104] wird zwar des Öfteren als Hinweis auf eine Differenzierung zwischen anfechtbaren und nichtigen Aufsichtsratsbeschlüssen interpretiert.[105] Der *Bundesgerichtshof* hat sich jedoch in einem späteren Urteil ausdrücklich gegen diese Differenzierung ausgesprochen.[106] Aufsichtsratsbeschlüsse, die in verfahrensmäßiger oder inhaltlicher Beziehung gegen zwingendes Gesetzes- oder Satzungsrecht verstießen, seien im Grundsatz nichtig und nicht nur anfechtbar.[107] Der *Bundesgerichtshof* sieht allerdings ebenso wie die Kritiker seiner Auffassung das Bedürfnis, die Nichtigkeitsfolge im Interesse der Rechtssicherheit einzuschränken. Diese Einschränkung erreicht er durch eine Begrenzung des klagebefugten Personenkreises mit Hilfe des Erfordernisses des Rechtsschutzinteresses und des Einsatzes des Rechtsinstituts der Verwirkung.[108]

Auch in Teilen der Literatur findet die Auffassung des *Bundesgerichtshofs* Unterstützung.[109]

cc) Differenzierung zwischen nichtigen und anfechtbaren Beschlüssen

Das *Oberlandesgericht Hamburg* differenziert zwischen nichtigen und anfechtbaren Aufsichtsratsbeschlüssen.[110] Nach seiner Auffassung sind Aufsichtsratsbeschlüsse nur in solchen Fällen als nichtig einzuordnen, in denen allein die Nichtigkeitsfolge als angemessene Sanktion erscheint. Dies sei in den Fällen des § 241 AktG der Fall. In allen anderen Fällen seien Aufsichtsratsbeschlüsse nur anfechtbar.[111]

---

103 BGHZ 47, 341, 346.

104 BGHZ 106, 54.

105 OLG Celle AG 1990, 264, 266; *Kindl*, AG 1993, 153, 154, Fn. 14; Köln. Komm. AktG/*Mertens*, § 108 Rn. 82.

106 BGHZ 122, 342, 347, 351.

107 BGHZ 122, 342, 351; 135, 244, 247; BGH AG 1994, 124, 127.

108 BGHZ 122, 342, 351.

109 Münch. Hdb. GesR IV/*Hoffmann-Becking*, § 31 Rn. 97; *Hüffer*, § 108 Rn. 19; Scholz/*Schneider*, § 52 Rn. 311.

110 OLG Hamburg AG WM 1982, 1090, 1095; 1992, 197, 198.

111 OLG Hamburg AG 1992, 197, 198.

Im Vordergrund stehe dabei das Interesse an Rechtssicherheit, die durch die herkömmliche Auffassung kaum hinreichend gewährleistet werden könne. Dies zeige sich insbesondere bei Zweifeln an der Wirksamkeit der Wahl einer bestimmten Person in den Vorstandsausschuss. Diese Zweifel wirkten sich vor allem bei der Frage nach der Wirksamkeit von Beschlüssen dieses Ausschusses über die Anstellungsverträge der Vorstandsmitglieder aus. Da deren Wirksamkeit die Voraussetzung für die Gültigkeit solcher Verträge sei, entstünden bei entsprechenden Zweifeln auch Zweifel an der Wirksamkeit der Vertragsschlüsse.[112]

Auch das *Oberlandesgericht Celle* unterschied in einem Urteil, das die Möglichkeit einer Klage einzelner Aufsichtsratsmitglieder gegen die Aktiengesellschaft und den Vorstand betraf, zwischen nichtigen und anfechtbaren Aufsichtsratsbeschlüssen. Es ging dabei jedoch nicht genauer auf die einzelnen Voraussetzungen ein.[113]

Auch der wohl mittlerweile überwiegende Teil der Literatur differenziert zwischen nichtigen und anfechtbaren bzw. vernichtbaren Aufsichtsratsbeschlüssen.[114] Ein nichtiger Aufsichtsratsbeschluss liegt danach in den seltensten Fällen und nur dann vor, wenn es sich um einen besonders schwerwiegenden Verstoß handele. Von einem minderschweren Verstoß wird in der Regel dann ausgegangen, wenn der Verstoß solche Grundsätze des Beschlussverfahrens betreffe, die zur Disposition der Aufsichtsratsmitglieder ständen.[115] Von einem bloß anfechtbaren Beschluss wird außerdem ausgegangen bei Verfahrensverstößen, welche die Mitwirkungsrechte eines Aufsichtsratsmitglieds betreffen. Dies gelte allerdings nur unter der Voraussetzung, dass das Aufsichtsratsmitglied trotz des Verfahrensverstoßes ohne Schmälerung seiner Mitwirkungsrechte an der Beschlussfassung teilgenommen habe.[116]

---

112 OLG Hamburg AG 1992, 197, 198.

113 OLG Celle AG 1990, 264, 266.

114 *Kindl*, AG 1993, 153, 155; Köln. Komm. AktG/*Mertens*, § 108 Rn. 82; *Geßler*, in Geßler/Hefermehl, § 108 Rn. 69; *Götz*, Festschrift für Lüke, S. 167, 182 ff.; *Rellermeyer*, ZGR 1993, 77, 101; *Baums*, ZGR 1983, 300, 305 ff.; *Lemke*, S. 143, der zur Anfechtbarkeit kommt, indem er der Beschlussfeststellung durch den Aufsichtsratsvorsitzenden konstitutive Bedeutung beimisst und verlangt, dass derjenige, der sich gegen den verkündeten Beschluss wehren möchte, diesen durch Anfechtung vernichten müsse, wenn er die erforderliche Anfechtungsbefugnis besitze.

115 *Götz*, Festschrift für Lüke, S. 167, 183; *Kindl*, AG 1993, 153, 158; Köln. Komm. AktG *Mertens*, § 108 Rn. 79.

116 Köln. Komm. AktG *Mertens*, § 108 Rn. 78.

Begründet wird diese Auffassung mit der Rechtssicherheit, mit der es nicht vereinbar sei, dass sich jedermann über einen zeitlich nicht beschränkten Zeitraum auf die Nichtigkeit eines Aufsichtsratsbeschlusses berufen könne.[117] Die Rechtsfolge der Nichtigkeit sei insbesondere dann unangemessen, wenn ein Beschluss allein auf Grund von Verfahrensmängeln fehlerhaft sei. In diesem Fall genüge die Vernichtbarkeit des Beschlusses durch die Aufsichtsratsmitglieder.[118] Außerdem ginge es darum für Dritte, die nicht dem Aufsichtsrat angehörten, die Berufung auf die angebliche Nichtigkeit eines Aufsichtsratsbeschlusses zu beschränken. Eine Berufung auf die Nichtigkeit des Beschlusses sei ihnen dann nicht möglich, wenn der Beschluss unter Verletzung von Vorschriften zustande gekommen sei, die nicht dem Schutz von Dritten dienten. Dies sei dann der Fall, wenn diese Vorschriften ausschließlich dazu dienten, die den Aufsichtsratsmitgliedern zur Erfüllung ihrer Organpflichten zustehenden Mitwirkungsrechte zu sichern.[119]

dd) Wirksamkeit des Beschlusses

Zöllner vertritt für den Verstoß gegen ein (mitgliedschaftliches) Stimmverbot die Auffassung, dass eine auf Grund eines solchen Verstoßes nichtige Stimme trotz Beeinflussung des Beschlussergebnisses grundsätzlich dann nicht zur Unwirksamkeit des Beschlusses führe, wenn sich feststellen lasse, welcher Beschluss in Wahrheit gefasst worden sei.[120] Das Beschlussergebnis sei in diesem Fall entsprechend zu korrigieren. Außerdem sei der Einwand, dass bei Beachtung des Stimmverbots andere Gesellschafter anders gestimmt haben könnten, regelmäßig unerheblich. Ein solcher Einwand widerspreche so sehr der Lebenserfahrung, dass er eigens bewiesen werden müsse.[121]

Engfer ist ebenfalls der Auffassung, dass sich die Nichtigkeit einer Stimme nicht auf die Wirksamkeit des Beschlusses auswirke. Es sei nicht einzusehen, weshalb wegen der Nichtigkeit einer Stimme auch die Stimmen der übrigen Mitglieder als nicht existent behandelt werden sollten. Die nichtige Stimme sei deshalb von dem ursprünglich festgestellten Abstimmungsergebnis abzuziehen. Das derart ermittelte Beschlussergebnis stelle den wirksamen Beschluss dar.[122]

---

117 *Kindl*, AG 1993, 153, 155; *Götz*, Festschrift für Lüke, S. 167, 182.

118 Köln. Komm. AktG/*Mertens*, § 108 Rn. 83; *Götz*, Festschrift für Lüke, S. 167, 182.

119 *Kindl*, AG 1993, 153, 155.

120 *Zöllner*, S. 374.

121 *Zöllner*, S. 375, gibt damit zu erkennen, dass er die Beeinflussung der Stimmabgabe nicht für ausgeschlossen und, sofern sie bewiesen wird, grundsätzlich auch für beachtlich hält.

122 *Engfer*, S. 165 f.

Giesen vertritt dieselbe Auffassung. Der Beschluss sei allerdings dann nichtig, wenn sich das genaue Abstimmungsergebnis nicht mehr feststellen lasse, oder wenn nachgewiesen werde, dass andere Organmitglieder bei Beachtung des Stimmverbots durch den Betroffenen anders abgestimmt hätten. Er sei außerdem nichtig, wenn inzwischen eine neue Sachlage entstanden sei, weil der fehlerhafte Beschluss bereits ausgeführt worden sei.[123]

b) Stellungnahme

Hatte die nichtige Stimme Einfluss auf das Beschlussergebnis und lässt sich durch Abzug der nichtigen Stimme zweifelsfrei ermitteln, welches Ergebnis der Beschluss ohne die Beteiligung des vom Stimmrecht ausgeschlossenen Vorstandsmitglieds gehabt hätte, besteht kein Grund, den Beschluss für unwirksam zu erklären. Denn die Korrektur des Ergebnisses führt genau zu dem Zustand, der bestehen würde, wenn nicht gegen das Stimmverbot verstoßen worden wäre.

Es ist kein Grund dafür ersichtlich, dass die nichtige Stimme auch zur Nichtigkeit der wirksam abgegebenen Stimmen führen sollte. Diesen Effekt hätte es aber, wenn man den gesamten Beschluss als nichtig ansähe. Die dadurch erforderlich gewordene erneute Abstimmung könnte unter bestimmten Umständen sogar dazu führen, dass ein anderes Ergebnis erzielt würde, als wenn die Beschlussfassung unter Beachtung des Stimmverbots erfolgt wäre. Dies wäre z.B. dann der Fall, wenn sich zwischenzeitlich die Umstände geändert und dadurch auch eine Meinungsänderung im Vorstand stattgefunden hätte. Es ist jedoch nicht nachvollziehbar, warum der Verstoß gegen ein Stimmverbot derart weitreichende Konsequenzen haben sollte.

Auch der Zweck des Stimmverbots fordert keine andere Beurteilung. Das Stimmverbot dient lediglich dazu, den gesellschaftsinternen Entscheidungsprozess vor der Beeinflussung durch Sonderinteressen Einzelner zu schützen. Dieser Zweck wird jedoch bei einem Verstoß gegen das Stimmverbot bereits dadurch erreicht, dass die betreffende Stimme nichtig und deshalb bei der Ermittlung des Beschlussergebnisses nicht zu berücksichtigen ist. Aus diesem Grund ist die Auffassung des *Bundesgerichtshofs* abzulehnen. Dasselbe gilt beim Verstoß gegen das Stimmverbot für die überwiegende Auffassung der Literatur, die zwischen nichtigen und anfechtbaren Beschlüssen unterscheidet. Denn bei dem Stimmverbot handelt es sich nicht um eine Vorschrift, auf deren Einhaltung die Vorstandsmitglieder verzichten könnten. Sie dient nicht dem Schutz des einzelnen Vorstandsmitglieds, sondern dem

---

[123] *Giesen*, S. 129.

Schutz der Gesellschaft vor einer Beeinflussung des gesellschaftsinternen Entscheidungsprozesses vor (ggfs. schädlichen) Sonderinteressen.

Entgegen der Auffassung von *Giesen* ist aber der Einwand, nach dem Vorstandsmitglieder anders gestimmt hätten, wenn das Stimmverbot beachtet worden wäre, für die Beurteilung der Nichtigkeit oder Wirksamkeit des Beschlusses unerheblich. Denn die Vorstandsmitglieder haben sich bei der Stimmabgabe ausschließlich am Unternehmensinteresse zu orientieren. Es ist deshalb nicht erkennbar, inwiefern die Stimmabgabe eines anderen Vorstandsmitglieds bzw. die Kenntnis vom Stimmverbot für dieses Vorstandsmitglied für die Entscheidung über die eigene Stimmabgabe maßgeblich sein könnte. Ein solcher Einwand weist vielmehr darauf hin, dass sich das abstimmende, nicht vom Stimmverbot erfasste Vorstandsmitglied bei der Abstimmung von sachfremden Erwägungen leiten ließ. Für die Stimmabgabe darf jedoch nur die eigene Sachkunde und eigenverantwortliche Meinungsbildung entscheidend sein.[124] Eine Verletzung dieser Pflicht darf nicht dazu führen, dass der gesamte Vorstandsbeschluss für unwirksam erklärt wird.

Lässt sich das Beschlussergebnis, z.B. auf Grund nicht ordnungsgemäßer Protokollierung, nicht zweifelsfrei korrigieren, wäre der Beschluss allerdings nichtig. Denn in diesem Fall ließe sich der interne Meinungsbildungsprozess nicht durch eine Korrektur vor den eingeflossenen Sonderinteressen schützen. Es wird allerdings äußerst selten der Fall eintreten, dass sich die Entscheidungserheblichkeit der nichtigen Stimme nachweisen lässt, nicht aber das Beschlussergebnis unter Abzug dieser Stimme.

c) Geltendmachung der Rechtsfolgen von Verstößen gegen das Stimmverbot

Sollte sich nach der Beschlussfassung herausstellen, dass ein an der Abstimmung beteiligtes Vorstandsmitglied einem Stimmverbot unterlag, ist das Beschlussergebnis entsprechend zu korrigieren. Ist das Beschlussergebnis nicht mehr feststellbar und der Beschluss deshalb nichtig, muss die Beschlussfassung wiederholt werden.

Sollte über den Verstoß gegen ein Stimmverbot, die Wirksamkeit des Vorstandsbeschlusses oder über das korrekte Beschlussergebnis kein Einvernehmen erzielt werden können, besteht grundsätzlich die Möglichkeit, die Rechtslage gerichtlich klären zu lassen. In diesem Zusammenhang bestehen

---

[124] Mit derselben Begründung für den Aufsichtsratsbeschluss: *Geßler*, in Geßler/Hefermehl, § 108 Rn. 76; *Lemke*, S. 140 f.

einige noch nicht abschließend geklärte Fragen. Auf diese soll im Folgenden kurz eingegangen werden.[125]

aa) Klageart

Es ist umstritten, mit welcher Klageart gegen fehlerhafte Beschlüsse vorzugehen ist.[126] Während die Vertreter der Auffassung, die zwischen nichtigen und anfechtbaren Beschlüssen unterscheiden, überwiegend eine entsprechende Anwendung der §§ 241 ff. AktG befürworten[127], lehnt die Gegenauffassung, insbesondere der *Bundesgerichtshof*, die Anwendung der §§ 241 ff. AktG ab und geht davon aus, dass die allgemeine Feststellungsklage die statthafte Klageart ist.[128]

(1) Analoge Anwendung der §§ 241 ff. AktG

Das *Oberlandesgericht Hamburg*, welches zwischen anfechtbaren und nichtigen Aufsichtsratsbeschlüssen unterscheidet, hält die analoge Anwendung von §§ 241 ff. AktG für methodisch sachgerecht. Diese Vorschriften enthielten ein Rechtsprinzip des Kapitalgesellschaftsrechts, nach dem rechtswidrige Mehrheitsbeschlüsse in rechtsfähigen Verbänden grundsätzlich mit einer Anfechtungsklage anzufechten seien.[129]

Auch *Baums* hält die Beschlussanfechtungsklage gegenüber der Feststellungsklage für vorteilhafter. Zum einen werde der Beschluss unanfechtbar wirksam, wenn nicht fristgerecht Klage erhoben werde. Dadurch würde eine länger dauernde Ungewissheit, ob ein einmal gefasster Beschluss etwa wegen einer zu kurzen Einberufungsfrist nichtig sei und nicht ausgeführt werden dürfe, vermieden. Zum anderen sei auch ein rechtzeitig durch Anfechtungsklage angefochtener Beschluss bis zu einem der Klage stattgebenden Urteil wirksam. Der Beschluss könne deshalb ausgeführt werden, wenn die

---

125 Eine abschließende Behandlung dieses Themas im Rahmen dieser Dissertation würde zu weit gehen, so dass nur eine kurze Darstellung der verschiedenen Problemkreise möglich ist. Vgl. deshalb zu den Einzelheiten die im Folgenden angegebenen Literaturnachweise.

126 Auch zu dieser Frage findet sich nur Rechtsprechung und Literatur, die sich fast ausschließlich auf fehlerhafte Aufsichtsratsbeschlüsse bezieht

127 OLG Hamburg AG 1992, 197, 198; *Baums*, ZGR 1983, 300, 308; *Radtke*, BB 1960, 1045, 1046 ff; *Axhausen*, S. 113 ff., 154 ff.; *Lemke*, S. 94 ff.

128 BGHZ 122, 342, 349 ff.; 135; 244, 247; BGH AG 1994, 124, 125; OLG Frankfurt NZG 2003, 331, 332; *Götz*, Festschrift für Lüke, S. 167, 175 ff.; Großkomm. AktG/*Meyer-Landrut*, § 108 Anm. 8; *Lutter/Krieger*; Rn. 611.

129 OLG Hamburg AG 1992, 197, 198.

Organmehrheit die Beanstandung nach pflichtgemäßer Prüfung für unbegründet halten dürfe. Die Feststellungsklage hingegen setze gerade voraus, dass der Beschluss unwirksam sei.

Außerdem sei die Überprüfung des Beschlusses auf Mängel einzig in einem bestimmten, dafür geeigneten und vorgesehenen Verfahren möglich, zwischen bestimmten Klägern und der Gesellschaft, nicht etwa inzident in einem anderen Verfahren. Hinzu komme, dass das der Anfechtungsklage stattgebende Urteil im Gegensatz zum Feststellungsurteil allseitige Gestaltungswirkung habe.[130]

Nach *Lemke* stellt die fehlende gesetzliche Regelung über die Behandlung fehlerhafter Aufsichtsratsbeschlüsse eine planwidrige Regelungslücke dar, für deren Ausfüllung sich auf Grund der *ratio legis* der §§ 241 ff. AktG eine analoge Anwendung dieser Vorschriften anbiete. Denn die §§ 241 ff. AktG wollten durch die befristete Anfechtung und das Erfordernis des Widerspruchs die Möglichkeiten der Geltendmachung von Beschlussmängeln beschränken und damit ein den aktiengesetzlichen Erfordernissen gerecht werdendes Maß an Rechtssicherheit gewährleisten. Die Auswirkungen von Aufsichtsratsbeschlüssen seien jedoch oft nicht weniger bedeutend als die Auswirkungen der Hauptversammlung, so dass auch hier ein gesteigertes Rechtssicherheitsbedürfnis die Anwendung der §§ 241 ff. AktG erfordern könne.[131] Ob ein solch gesteigertes Rechtssicherheitsbedürfnis vorliege, müsse in jedem Fall konkret überprüft werden.[132]

(2) Ablehnung einer analogen Anwendung der §§ 241 ff. AktG

Der *Bundesgerichtshof* lehnt für die gerichtliche Geltendmachung von Mängeln von Aufsichtsratsbeschlüssen die analoge Anwendung der §§ 241 ff. AktG mit der Begründung ab, dass sich die Interessenlage bei Aufsichtsratsbeschlüssen wesentlich von der Interessenlage bei Hauptversammlungsbeschlüssen unterscheide. Denn bei Aufsichtsratsbeschlüssen gehe es nicht darum, das Vertrauen der Öffentlichkeit oder doch jedenfalls einer unbestimmten Vielzahl gegenwärtiger und künftiger Anleger in den Bestand grundlegender, mit erheblicher Außenwirkung und Publizität ausgestatteter Entscheidungen der Gesellschaft vor zeitlich unbegrenzten Angriffen aus einem großen, weitgehend anonymen Kreis von Aktionären mit häufig

130 *Baums*, ZGR 1983, 300, 306 f.

131 *Lemke*, S. 120.

132 *Lemke*, S. 121.

nur geringer Kapitalbeteiligung und Bindung an die Gesellschaft zu gewährleisten.[133]

Der *Bundesgerichtshof* führt weiter zur Begründung an, dass im Gegensatz zur Hauptversammlung davon ausgegangen werden könne, dass die Bedenken der einzelnen Aufsichtsratsmitglieder gegen bestimmte Beschlüsse innerhalb des Aufsichtsrats im Wege einer gütlichen Einigung behoben würden. Außerdem würde auch die entsprechende Anwendung der §§ 241 ff. AktG auf Grund der Rückwirkung einer erfolgreichen Anfechtungsklage keine dem Bedürfnis nach Vertrauensschutz in angemessener Weise gerecht werdende gesellschaftsrechtliche Antwort bringen.[134]

Götz führt darüber hinaus strukturelle Unterschiede zwischen Aufsichtsrat und Hauptversammlung an, die gegen eine analoge Anwendung der §§ 241 ff. AktG sprächen. Bei der Hauptversammlung handele es sich um ein Organ mit einer häufig sehr großen Anzahl von weitestgehend anonym bleibenden Aktionären. Demgegenüber umfasse das Aufsichtsratsgremium in seiner Maximalbesetzung 21 Mitglieder (§ 95 Satz 4 AktG), die in einer Gesamtverantwortung stünden. Auch die Anzahl der Zusammenkünfte unterscheide sich. Während die Hauptversammlung in der Regel einmal jährlich stattfinde, kämen die Aufsichtsratsmitglieder öfter zusammen.[135] Im Gegensatz zur Hauptversammlung sei zudem im Aufsichtsrat nach § 108 Abs. 4 AktG eine schriftliche Beschlussfassung möglich, ohne dass es einer Sitzung bedürfe. Nicht nur deswegen sei die Durchführung einer Hauptversammlung auch überwiegend kostspieliger als die einer Aufsichtsratssitzung. Aktionäre hätten außerdem im Gegensatz zu Aufsichtsratsmitgliedern weder eine Verpflichtung zur Teilnahme an der Hauptversammlung, noch zur Gewährleistung rechtmäßiger Hauptversammlungsbeschlüsse.[136]

(3) Stellungnahme

Es ist bereits zweifelhaft, ob die für eine analoge Anwendung der §§ 241 ff. AktG erforderliche planwidrige Regelungslücke vorliegt. Denn die allgemeine Feststellungsklage ist grundsätzlich geeignet, einen etwaigen Streit über die Wirksamkeit eines Vorstandsbeschlusses bzw. über das korrekte Beschlussergebnis auszutragen. Es ist nicht ersichtlich, dass der Ge-

---

[133] BGHZ 122, 342, 347.

[134] BGHZ 122, 342, 348.

[135] Nach § 110 Abs. 3 AktG muss der Aufsichtsrat zwei Sitzungen im Kalenderhalbjahr abhalten. Bei nichtbörsennotierten Gesellschaften genügt es, wenn der Aufsichtsrat nach entsprechendem Beschluss eine Sitzung im Kalenderhalbjahr abhält.

[136] *Götz*, Festschrift für Lüke, S. 167, 175 f.

setzgeber die gerichtliche Geltendmachung der Rechtsfolgen von Mängeln bei Vorstandsbeschlüssen entsprechend der §§ 241 ff. AktG beschränken wollte.

Davon abgesehen fehlt es aber auch an der Vergleichbarkeit der Tatbestände. Die von *Götz* angeführten strukturellen Unterschiede zwischen Aufsichtsrat und Hauptversammlung gelten auch im Verhältnis Vorstand und Hauptversammlung. Allerdings hat der *Bundesgerichtshof* in einem Urteil, das die analoge Anwendung der §§ 241 ff. AktG[137] auf die Beschlüsse der Generalversammlung einer Genossenschaft betraf, darauf hingewiesen, dass die analoge Anwendung dieser Vorschriften nicht bereits deshalb ausscheide, weil die Struktur von Aktiengesellschaft und Genossenschaft wirtschaftliche und rechtliche Unterschiede aufweise. Entscheidend sei vielmehr, dass im Wesentlichen die gleiche Interessenlage bestehe.[138]

Deshalb kann auch bei der Prüfung der analogen Anwendbarkeit der §§ 241 ff. AktG nicht allein auf die strukturellen Unterschiede zwischen Vorstand und Hauptversammlung abgestellt werden. Die Interessenlage bei Vorstandsbeschlüssen unterscheidet sich jedoch ebenfalls erheblich von der Interessenlage bei Hauptversammlungsbeschlüssen. Insoweit kann auf die Argumentation des *Bundesgerichtshofs* zu den Aufsichtsratsbeschlüssen verwiesen werden. Die Rechtslage kann bei Vorstandsbeschlüssen nicht anders beurteilt werden als bei Aufsichtsratsbeschlüssen.[139]

Bei im Rahmen der gewöhnlichen Geschäftsführung gefassten Vorstandsbeschlüssen besteht in der Regel ein geringeres Interesse von Anlegern und der Öffentlichkeit am Beschlussergebnis als bei Hauptversammlungsbeschlüssen. Auch die Publizität von Vorstandsbeschlüssen ist nicht vergleichbar mit denen von Hauptversammlungsbeschlüssen. Denn bei einem Beschluss des Vorstands handelt es sich um eine Geschäftsführungsmaßnahme, die im Gegensatz zu Hauptversammlungsbeschlüssen nicht zu beurkunden und zum Handelsregister einzureichen ist (§ 130 AktG).[140] Ein wirksamer Vorstandsbeschluss ist auch nicht Voraussetzung für eine wirksame Vertretung der Gesellschaft durch den Vorstand, so dass mit der Gesellschaft geschlossene Verträge trotz fehlenden wirksamen Vorstandsbeschlusses wirksam sind.[141]

137 Damals noch die §§ 195 ff. AktG.

138 BGHZ 18, 334, 338 f.

139 OLG Frankfurt a.M. NZG 2003, 331, 332; Münch. Komm. AktG/*Hüffer*, § 241 Rn. 103.

140 Ebenso: OLG Frankfurt a.M. NZG 2003, 331, 332.

141 Köln. Komm. AktG/*Mertens*, § 77 Rn. 27; Großkomm. AktG/*Habersack*, § 78 Rn. 6; *Möllers*, Handbuch Corporate Governance, S. 405, 422 f.

Eine Einschränkung der Vernichtbarkeit durch die Anwendung der §§ 241 ff. AktG ist deshalb auch nicht im Sinne der Rechtssicherheit geboten.

Außerdem kann damit gerechnet werden, dass Meinungsverschiedenheiten über Mängel eines Vorstandsbeschlusses in einem Gremium wie dem Vorstand, welches erheblich kleiner ist als die Hauptversammlung, und welches aus Mitgliedern besteht, die ihr Amt hauptberuflich ausüben, in der Regel außergerichtlich beigelegt werden können. Auch wenn der Aufsichtsrat Mängel eines Vorstandsbeschlusses rügen sollte, kann damit gerechnet werden, dass Meinungsverschiedenheiten in den seltensten Fällen gerichtlich ausgetragen werden. Auf Grund des erforderlichen Feststellungsinteresses gilt dies auch für entsprechende Klagen durch Aktionäre und sonstige Dritte.[142] Eine Vernichtung von Vorstandsbeschlüssen durch gerichtliche Entscheidung wird deshalb nur äußerst selten vorkommen, so dass es keiner weiteren Einschränkung durch die analoge Anwendung der §§ 241 ff. AktG bedarf.

Aus den dargestellten Gründen ist eine analoge Anwendung der §§ 241 ff. AktG auf Vorstandsbeschlüsse abzulehnen. Besteht Streit darüber, ob ein Beschluss unter Verletzung eines Stimmverbots gefasst wurde, welches das korrekte Beschlussergebnis ist oder ob der Beschluss nichtig ist, muss dieser Streit vielmehr mit Hilfe der allgemeinen Feststellungsklage ausgetragen und beigelegt werden.

bb) Weitere Einzelheiten zur gerichtlichen Geltendmachung

(1) Klagegegner

Nach ständiger Rechtsprechung des *Bundesgerichtshofs* sowie der überwiegenden Auffassung in der Literatur ist die Klage eines Aufsichtsratsmitglieds auf Feststellung der Nichtigkeit eines Aufsichtsratsbeschlusses gegen die Gesellschaft zu richten, weil der Aufsichtsrat den Beschluss als ihr Organ gefasst hat und sie durch die von ihm getroffene Entscheidung und deren Folgen berechtigt und verpflichtet werden kann.[143] Dasselbe muss für Klagen

---

142 Vgl. zum Feststellungsinteresse bb) (2).

143 BGHZ 83, 144, 146; 85, 293, 295; 122, 342, 344; Köln. Komm. AktG/*Mertens*, § 108 Rn. 90; Großkomm. AktG/*Meyer-Landrut*, § 108 Anm. 8; *Geßler*, in Geßler/Hefermehl, § 108 Rn. 72, *Meilicke*, Festschrift für W. *Schmidt*, S. 71, 112; *Hoffmann/Preu*, Rn. 604; *Lutter/Krieger*, Rn. 615; Scholz/*Schneider*, § 52 Rn. 311c; Münch. Komm. AktG/*Hüffer*, § 241 Rn. 102.

auf Feststellung der Nichtigkeit oder des korrekten Ergebnisses von Vorstandsbeschlüssen gelten.[144]

Die Gesellschaft wird bei Klagen von Vorstandsmitgliedern gemäß § 112 AktG durch den Aufsichtsrat vertreten, bei Klagen durch Dritte, den Aufsichtsrat oder einzelne Aufsichtsratsmitglieder nach der allgemeinen Regel des § 78 Abs. 1 AktG durch den Vorstand.[145]

(2) Kläger

Auf Grund der hier vertretenen Auffassung ist die allgemeine Feststellungsklage die statthafte Klageart, um die Nichtigkeit bzw. das korrekte Ergebnis eines Vorstandsbeschlusses feststellen zu lassen. Deshalb kann Kläger nur derjenige sein, der das erforderliche Feststellungsinteresse aufweist.

(a) Vorstandsmitglieder

Nach ständiger Rechtsprechung des *Bundesgerichtshof*s haben Aufsichtsratsmitglieder für eine Klage auf Feststellung der Rechtmäßigkeit oder Nichtigkeit von Aufsichtsratsbeschlüssen das erforderliche Feststellungsinteresse. Es ergibt sich aus der Organstellung der Aufsichtsratsmitglieder und ihrer sich daraus ergebenden gemeinsamen Verantwortung für die Rechtmäßigkeit der von ihnen gefassten Beschlüsse.[146] Dieser Gedanke ist auch auf die Vorstandsmitglieder übertragbar. Auch sie sind für die Rechtmäßigkeit der von ihnen gefassten Beschlüsse verantwortlich, so dass auch bei Vorstandsmitgliedern das für eine Feststellungsklage erforderliche Feststellungsinteresse gegeben ist.

(b) Aufsichtsrat

Soweit ersichtlich, ist bisher noch nicht gerichtlich entschieden worden, ob der Aufsichtsrat oder sogar einzelne Aufsichtsratsmitglieder das erforderliche Feststellungsinteresse hätten, um gerichtlich feststellen zu lassen, ob ein Vorstandsbeschluss wirksam gefasst wurde bzw. mit welchem Beschlussergebnis. Dies kann dann relevant werden, wenn das Aufsichtsratsmitglied die

---

144 Münch. Komm. AktG/*Hüffer*, § 241 Rn. 103.

145 Vgl. zur möglichen Klageerhebung durch den Aufsichtsrat und einzelne Aufsichtsratsmitglieder (2) (b) und (c).

146 BGHZ 83, 144, 146; 135, 244, 248; ebenso: Köln. Komm. AktG/*Mertens*, § 108 Rn. 89; *Kindl*er, ZHR 162 (1998), 101, 118; *Lutter/Krieger*, Rn. 615 und *Götz*, Festschrift für Lüke, S. 167, 187, für Aufsichtsratsmitglieder und Vorstandsmitglieder allerdings für die Feststellungsklage im Hinblick auf nichtige Aufsichtsratsbeschlüsse.

Durchführung einer Maßnahme verhindern möchte, die der Vorstand auf Grund eines Vorstandsbeschlusses durchzuführen beabsichtigt.

In der Literatur wird die Frage, ob der Aufsichtsrat zur Klageerhebung wegen rechtswidriger Geschäftsführungsmaßnahmen des Vorstands berechtigt ist, überwiegend im Hinblick auf Leistungs- oder Unterlassungsklagen bei der Prüfung der Prozessführungsbefugnis oder dem Rechtsschutzinteresse diskutiert. Teilweise wird ganz allgemein eine Berechtigung zur Klageerhebung geprüft, ohne dass darauf eingegangen wird, ob damit die Prozessführungsbefugnis, das Rechtsschutzinteresse oder eine andere Sachurteilsvoraussetzung gemeint ist.[147] Es finden sich außerdem nur wenige Ausführungen, die das für Feststellungsklagen erforderliche Feststellungsinteresse betreffen.

Mertens ist der Auffassung, dass der Aufsichtsrat, soweit der Vorstand die Kompetenzen des Aufsichtsrats durch die betreffende Geschäftsführungsmaßnahme nicht verletze, kein schützenswertes Interesse habe, auf Grund dessen er sich mit Hilfe der Gerichte in die Geschäftsführung des Vorstands einmischen dürfe. Komme es hier zu unüberbrückbaren unternehmenspolitischen Konflikten, habe der Aufsichtsrat personelle Konsequenzen zu ziehen.[148] Einer gerichtlichen Kontrolle im Rahmen einer Klage des Aufsichtsrats stehe der Gedanke entgegen, dass sie den Freiraum des Vorstands zur eigenverantwortlichen Unternehmensleitung erheblich beschränken würde.[149] Es genüge die Möglichkeit der Abberufung des Vorstands und die Haftung seiner Mitglieder gegenüber der Gesellschaft nach § 93 AktG. Für die nachträgliche Feststellung der Rechtslage und der Verantwortlichkeiten reichten die Anfechtungsklage und die Schadensersatzklage der Gesellschaft gegen ihre Verwaltungsmitglieder völlig aus.[150]

Auch *Brücher* verneint das praktische Bedürfnis für Klagen des Aufsichtsrats gegen den Vorstand. Das Aktiengesetz erwähne weder Leistungs- noch Unterlassungsklagen gegen den Vorstand. Als Sanktionen seien allein die Abberufung und Schadensersatzansprüche vorgesehen.[151] *Brücher* sieht keinerlei Bedürfnis, von dieser wohl abgewogenen gesetzlichen Regelung abzuweichen und damit das Organisationsgefüge der Aktiengesellschaft zu zerstö-

---

[147] Vgl. dazu die nachfolgenden Literaturnachweise.

[148] *Mertens*, ZGR 154 (1990), 24, 30.

[149] *Mertens*, ZGR 154 (1990), 24, 29 f.; Köln. Komm. AktG/*Mertens*, Vorb. § 76 Rn. 6.

[150] Köln. Komm. AktG/*Mertens*, Vorb. § 76 Rn. 6.

[151] Ebenso: *Bork*, ZGR 1989, 1, 21 f.

ren.[152] Es sei außerdem nicht zu erwarten, dass ein auf Grund einer erfolgreichen Schadensersatzklage verarmtes Vorstandsmitglied die Geschäfte der Gesellschaft gut führen werde. Die Klage gegen Vorstandsmitglieder sei deshalb keine Lösung. Auch sei die Klage gegen Vorstandsmitglieder im Verhältnis zur Abberufung nicht das mildere Mittel. Denn die Vollstreckung von Klagen auf die Vornahme bestimmter Handlungen oder Unterlassungen u.a. durch Zwangshaft könne dazu führen, dass der gesamte Vorstand ins Gefängnis müsse. Dadurch werde die Gesellschaft jedoch handlungsunfähig.[153] § 84 Abs. 3 AktG zeige zudem, dass das Gesetz es vermeiden wolle, dass gegen im Amt befindliche Vorstandsmitglieder prozessiert werde. *Brücher* führt weiter an, dass der Aufsichtsrat gegenüber einem (angeblich) rechtswidrig handelnden Vorstand nicht machtlos sei. Denn er könne bei Meinungsverschiedenheiten mit seiner Überzeugungskraft und seiner Autorität auf den Vorstand einwirken.[154]

Brücher gibt jedoch selbst zu, dass der Vorstand grundsätzlich nicht verpflichtet sei, Bedenken des Aufsichtsrats Rechnung zu tragen. Außerdem werden einer Klage nach der allgemeinen Lebenserfahrung immer gescheiterte Gespräche zwischen Vorstand und Aufsichtsrat vorausgehen. Es ist nicht denkbar, dass ein Aufsichtsrat gegen Geschäftsführungsmaßnahmen des Vorstands Klage erheben wird ohne zuvor versucht zu haben, mit dem Vorstand eine einvernehmliche Lösung zu erreichen. Dies zeigt aber auch, dass eine Klage immer der letzte Versuch sein wird, eine Meinungsverschiedenheit zwischen Aufsichtsrat und Vorstand beizulegen.

Es ist zudem mehr als unwahrscheinlich, dass ein Vorstand ein rechtskräftiges Urteil, das ihn zur Vornahme oder Unterlassung von Handlungen verpflichtet, missachten würde und das Urteil deshalb durch Zwangshaft vollstreckt werden müsste. Es ist davon auszugehen, dass es niemals zu einer derartigen Eskalation kommen wird.[155]

Eine Verarmung von Vorstandsmitgliedern auf Grund erfolgreicher Schadensersatzklagen ist ebenso unwahrscheinlich. Denn viele Aktiengesellschaften haben für ihre Vorstandsmitglieder sogenannte D&O-Versicherungen (D&O=Directors and Officers) abgeschlossen. Diese sichern die Vorstandsmitglieder finanziell gegen Schadensersatzklagen ab. In den seltensten Fällen werden deshalb Vorstandsmitglieder ihr Privatvermögen zur Zahlung von Schadensersatz einsetzen müssen. Bei einigen großen Akti-

---

152 *Brücher*, AG 1989, 190, 191.

153 *Brücher*, AG 1989, 190, 192.

154 *Brücher*, AG 1989, 190, 192.

155 Ebenso: *Bork*, ZGR 1989, 1, 29; *Schmidt*, ZZP 92 (1979), 212, 228.

engesellschaften sehen die D&O-Versicherungen nach Informationen der Zeitschrift Der Spiegel entgegen einer Empfehlung des Corporate Governance Kodexes[156] noch nicht einmal einen angemessenen Selbstbehalt vor.[157] Es ist auch mehr als unwahrscheinlich, dass ein Vorstandsmitglied, das zur Zahlung eines derart hohen Schadensersatzes verurteilt wurde, weiterhin im Amt bleibt und die Gesellschaft leitet, so dass die Sorge *Brüchers*, das Vorstandsmitglied werde die Geschäfte der Gesellschaft nicht mehr ordentlich führen, ebenfalls unbegründet ist.

Die vorhergehenden Ausführungen zeigen, dass die Argumente von *Brücher* nicht ausreichen, um überzeugend zu begründen, warum eine Klage des Aufsichtsrats zwingend ausgeschlossen werden muss. Auch die Argumente von *Mertens* sind nicht überzeugend.

Denn nach § 111 Abs. 1 AktG hat der Aufsichtsrat die Aufgabe, die Geschäftsführung zu überwachen. Dazu gehört auch die Überwachung der Rechtmäßigkeit von Geschäftsführungsmaßnahmen.[158] Eine wirksame Kontrolle setzt voraus, dass der Aufsichtsrat die Möglichkeit hat, Beschlüsse des Vorstands, die als Geschäftsführungsmaßnahmen zu qualifizieren sind, gerichtlich überprüfen zu lassen, wenn sich eine Klärung nicht im Rahmen von Diskussionen mit dem Vorstand herbeiführen lässt.[159]

Bei rechtswidrigen Geschäftsführungsmaßnahmen wird auch nicht in den Kompetenzbereich des Vorstands eingegriffen. Das Recht des Vorstands zur eigenverantwortlichen Leitung der Gesellschaft gemäß § 76 Abs. 1 AktG kann nicht so weit reichen, dass es auch rechtswidrige Akte deckt oder dem Vorstand einen kontrollfreien Spielraum dafür gewährt.[160]

Nach Auffassung von *Mertens* beruht dieses Argument jedoch auf einer Mischung von Konfliktverharmlosung und Rechtsüberschätzung. Denn die Frage, ob die Handlung eines Organs rechtmäßig oder rechtswidrig sei, werde meistens gerade im Streit sein. Außerdem sei nicht zu erwarten, dass ein

---

156 Ziffer 3.8 des Corporate Governance Kodexes sieht vor: „*Schließt die Gesellschaft für Vorstand und Aufsichtsrat eine D&O-Versicherung ab, so soll ein angemessener Selbstbehalt vereinbart werden.*“

157 Der Spiegel 9/2003, S. 80: Keinen Selbstbehalt sehen danach die D&O-Versicherungen von Deutsche Bank, Siemens, SAP, DaimlerChrysler und E.on vor.

158 *Raiser*, ZGR 1989, 44, 64; *Hüffer*, § 111 Rn. 4, der sich allerdings gegen eine Klagemöglichkeit des Aufsichtsrats ausspricht.

159 *Raiser*, AG 1989, 185, 188.

160 *Raiser*, AG 1989, 185, 188.

Aufsichtsrat sich einerseits mit dem Vorstand vor Gericht streite und andererseits weiterhin konstruktiv mit ihm zusammenarbeite.[161]

Zwar ist *Mertens* zuzugeben, dass in den Fällen, in denen der Aufsichtsrat eine Feststellungsklage erhebt, die Rechtmäßigkeit einer Geschäftsführungsmaßnahme streitig ist. Schließlich wird ein Vorstand in den seltensten Fällen bewusst rechtswidrig handeln. Dies gilt insbesondere in Fällen, in denen das Aufsichtsorgan die Rechtswidrigkeit kennt und den Vorstand unter Hinweis darauf aufgefordert hat, von der betreffenden Maßnahme abzusehen. Dennoch stellt die Überprüfung der Rechtmäßigkeit einer Geschäftsführungsmaßnahme die Ausübung einer dem Aufsichtsrat gesetzlich übertragenen Aufgabe dar. Eine konstruktive Zusammenarbeit wird zudem bereits dadurch gefährdet, dass der Vorstand gegen den Willen des Aufsichtsrats Maßnahmen durchführt, die der Aufsichtsrat ausdrücklich für rechtswidrig erklärt hat. Hier wird eine gerichtliche Klärung zum Rechtsfrieden beitragen können.

Es ist auch nicht einsichtig, warum der Aufsichtsrat auf das viel schärfere Mittel der personellen Konsequenzen angewiesen sein sollte. Entgegen der Auffassung von *Brücher* kann nämlich die Feststellungsklage das mildere Mittel sein, wenn anderenfalls der gesamte Vorstand ausgewechselt werden müsste, um eine rechtswidrige Geschäftsführungsmaßnahme zu verhindern.[162] Außerdem ist zu erwarten, dass die abberufenen Vorstandsmitglieder die Rechtmäßigkeit ihrer Abberufung gerichtlich klären lassen würden. In diesem Fall würde inzident auch die Rechtmäßigkeit der Geschäftsführungsmaßnahme geprüft, die zur Abberufung führte. Auch dies zeigt, dass die Prüfung der Rechtmäßigkeit der Geschäftsführungsmaßnahme nicht umgangen werden kann. *Hommelhoff* fragt deshalb zu Recht, ob nicht Vorstand und Aufsichtsrat ihrer Pflicht zu gedeihlicher Zusammenarbeit grob zuwiderhandelten, wenn sie eine Kompetenzfrage über die spektakuläre Abberufung von Vorstandsmitgliedern mit anschließendem Prozess um die Zulässigkeit der Abberufung zu klären versuchten.[163]

Auch der Schadensersatzanspruch nach § 93 Abs. 2 AktG reicht nicht unbedingt aus, um rechtswidrige Geschäftsführungsmaßnahmen zu verhindern. Es ist nicht einzusehen, warum erst der Eintritt eines Schadens abgewartet werden muss, um gegen solche Maßnahmen vorzugehen. Außerdem ist der Nachweis eines konkreten Schadens bzw. seiner tatsächlichen Höhe in der

161 *Mertens*, ZHR 154 (1990), 24, 27.

162 So auch: *Lewerenz*, S. 121.

163 *Hommelhoff*, ZHR 143 (1979), 288, 309.

Praxis nicht immer leicht, wenn nicht sogar unmöglich. Die Geltendmachung eines Schadensersatzanspruchs bietet deshalb keine geeignete Alternative.

Der Aufsichtsrat besitzt aus den dargestellten Gründen das erforderliche Interesse, um gerichtlich feststellen zu lassen, dass der Beschluss des Vorstands auf Grund eines Verstoßes gegen ein Stimmverbot nichtig bzw. mit einem anderen Beschlussergebnis zustande gekommen ist.

(c) Einzelne Aufsichtsratsmitglieder

Auch die Klageberechtigung einzelner Aufsichtsratsmitglieder ist umstritten. Teilweise wird vertreten, einzelne Aufsichtsratsmitglieder könnten Rechte, die dem Gesamtaufsichtsrat zustünden im Wege der *actio pro socio* geltend machen.[164] Überwiegend wird jedoch die Auffassung vertreten, dass einzelne Aufsichtsratsmitglieder nur dann zu einer Klage berechtigt seien, wenn durch die angegriffene Maßnahme eigene, dem konkreten Aufsichtsratsmitglied zustehende Rechte verletzt wurden.[165]

Die sog. Opel-Entscheidung des *Bundesgerichtshofs* betraf eine Klage einzelner Aufsichtsratsmitglieder, mit der diese die Unterlassung beabsichtigter Geschäftsführungsmaßnahmen durch den Vorstand begehrten, durch die der Aufsichtsrat in der Ausübung seiner Überwachungspflicht nach § 111 Abs. 1 AktG erheblich beeinträchtigt werde. Der *Bundesgerichtshof* wies die Klage mangels Prozessführungsbefugnis als unzulässig ab, weil nur der Gesamtaufsichtsrat zur Überwachung des Vorstands berechtigt sei. Deshalb könne sich auch nur der Gesamtaufsichtsrat auf ein Abwehrrecht gegen Maßnahmen des Vorstands berufen, die geeignet erschienen, seine insoweit gesetzlich geschützte Kompetenz zu beschneiden.[166] Der *Bundesgerichtshof* hat es in dieser Entscheidung aber letztendlich offengelassen, ob der Aufsichtsrat oder einzelne Aufsichtsratsmitglieder im Wege der *actio pro socio* zu einer Klage gegen rechtswidrige Maßnahmen des Vorstands berechtigt sind.[167]

---

164 So: *Hommelhoff/Timm*, AG 1976, 330, 333 unter der Voraussetzung, dass die Legitimation einer umfassenden Willensbildung entfällt, weil die Gesamtwillensbildung nachweisbar durch unternehmensfremde, insbesondere spezifisch „aufsichtsratsfremde" Erwägungen ausschlaggebend beeinflusst wird; so ähnlich: *Lutter*, AcP 180 (1980), 84, 143 f.; *Schmidt*, ZZP 92 (1979), 212, 230; *Bork*, ZGR 1989, 1, 39 ff.

165 BGHZ 106, 54, 62 ff.; *Mertens*, ZHR 154 (1990), 24, 33 f.; *Hüffer*, § 90 Rn. 20; *Säcker*, NJW 1979, 1521, 1526; *Häsemeyer*, ZHR 144 (1980), 265, 282 ff.

166 BGHZ 106, 54, 61 f., 63.

167 BGHZ 106, 54, 61 f., 62, 67.

Im Rahmen dieser Dissertation ist jedoch entscheidend, dass es in Variante b) des ersten Fallbeispiels weder um die Verletzung von Rechten des Aufsichtsrats geht noch um die Verletzung von Rechten des einzelnen Aufsichtsratsmitglieds. Es geht allein um die Verletzung eines Stimmverbots im Rahmen einer Beschlussfassung des Vorstands. Die Verletzung des Stimmverbots durch ein Vorstandsmitglied führt jedoch nicht zu einer Verletzung von Rechten des Aufsichtsrats oder einzelner Aufsichtsratsmitglieder, so dass nach keiner der dargestellten Auffassungen das erforderliche Feststellungsinteresse vorläge.

In einem solchen Fall wäre ein Aufsichtsratsmitglied lediglich berechtigt, vom Aufsichtsratsvorsitzenden zu verlangen, dass dieser eine Aufsichtsratssitzung einberuft, damit dort über ein Vorgehen gegen den Vorstand beraten und beschlossen werden könnte. Sollte dem Verlangen des Aufsichtsratsmitglieds nicht entsprochen werden, ist es nach § 110 Abs. 2 AktG berechtigt, selbst den Aufsichtsrat einzuberufen. Lehnt der Aufsichtsrat in der Sitzung ein Vorgehen gegen die Geschäftsführungsmaßnahme des Vorstands ab, könnte das Aufsichtsratsmitglied lediglich gegen den ablehnenden Aufsichtsratsbeschluss vorgehen.[168] Denn der Aufsichtsrat verstößt gegen seine Pflichten, wenn er rechtswidrige Akte des Vorstands billigt oder einen dagegen beantragten Missbilligungsbeschluss mit Mehrheit ablehnt.[169]

Im Rahmen eines gerichtlichen Verfahrens, in dem über die Rechtmäßigkeit des Aufsichtsratsbeschlusses entschieden würde, würde inzident auch über die Rechtmäßigkeit des Vorstandsbeschlusses entschieden. Es ist davon auszugehen, dass der Vorstand ein entsprechendes Urteil nicht missachten würde, so dass diese Möglichkeit auch zu einem befriedigenden Ergebnis führen würde.[170]

Aus den dargestellten Gründen fehlt es für eine Klage auf Feststellung der Nichtigkeit oder des korrekten Ergebnisses des Vorstandsbeschlusses am erforderlichen Feststellungsinteresse des einzelnen Aufsichtsratsmitglieds.

---

168 So: BGHZ 106, 54, 67, der es offen lässt, ob im Fall einer erfolgreichen Klage des einzelnen Aufsichtsratsmitglieds gegen den Aufsichtsratsbeschluss die Klage gegen den Vorstand im Wege der *actio pro socio* zulässig wäre; dieser Auffassung scheint *Raiser*, ZGR 1989, 44, 69 f., zu sein.

169 *Raiser*, AG 1989, 185, 189.

170 *Raiser*, ZGR 1989, 44, 69 f.

(d) Aktionäre und Dritte

Aktionäre oder Dritte werden nur im Einzelfall unter besonderen Umständen das erforderliche Feststellungsinteresse besitzen. Dies ist nur dann der Fall, wenn sie persönlich durch den Beschluss betroffen sind.[171]

(3) Frist

Da nach der hier vertretenen Auffassung die §§ 241 ff. AktG keine analoge Anwendung finden, ist auch die Frist des § 246 Abs. 1 AktG nicht anwendbar. Nach der Auffassung des *Bundesgerichtshofs* hat die Monatsfrist des § 246 Abs. 1 AktG noch nicht einmal Leitbildfunktion. Anderenfalls werde der von der drohenden Präklusionswirkung dieser Frist ausgehende Druck dazu führen, dass stets derjenige, der Bedenken gegen die Rechtmäßigkeit eines Beschlusses trage, einseitig in die Rolle des Klägers gedrängt werde und Meinungsverschiedenheiten innerhalb des Aufsichtsrats vor Erschöpfung sämtlicher interner Einigungsmöglichkeiten durch Klageerhebung in die Öffentlichkeit getragen würden.[172] Allerdings seien Einwendungen, die sich auf Verstöße gegen verzichtbare, lediglich der Sicherung der Teilhaberechte des einzelnen Aufsichtsratsmitglieds dienende (Verfahrens-)Vorschriften gründeten, regelmäßig mit aller unter den jeweils gegebenen Verhältnissen zumutbaren Beschleunigung geltend zu machen, um der Gesellschaft die mit dem anderenfalls entstehenden Schwebezustand verbundene Rechtsunsicherheit zu ersparen.[173]

Bei denjenigen, die zwischen anfechtbaren und nichtigen Beschlüssen unterscheiden, die aber dennoch eine analoge Anwendung der §§ 241 ff. AktG ablehnen, wird auch für die Geltendmachung von Beschlussmängeln zwischen nichtigen und bloß anfechtbaren Beschlüssen unterschieden. Während die Nichtigkeit grundsätzlich unbefristet geltend gemacht werden könne, habe die Geltendmachung der Anfechtbarkeit binnen angemessener Frist zu erfolgen.[174] Bei mangelhaften Aufsichtsratsbeschlüssen endet die angemessene Rügefrist nach Auffassung von *Hüffer* allerdings spätestens einen Monat

---

171 *Götz*, Festschrift für Lüke, 167, 187; *Lutter /Krieger*, Rn. 615.

172 BGHZ 122, 342, 350.

173 BGHZ 122, 342, 351 f.

174 *Baums*, ZGR 1983, 300, 342 f.; *Lutter/Krieger*, Rn. 615; Köln. Komm. AktG/*Mertens*, § 108 Rn. 94; *Kindl*, AG 1993, 153, 161; *Hoffmann/Preu*, Rn. 605; *Geßler*, in Geßler/Hefermehl, § 108 Rn. 71; Großkomm. AktG/*Meyer-Landrut*, § 108 Anm. 8, nach dem die verzögerte Geltendmachung der Nichtigkeit u.U. rechtsmissbräuchlich sein kann.

nach der nächsten Aufsichtsratssitzung.[175] Die exakte Dauer der angemessenen Frist kann jedoch nicht pauschal ermittelt werden. Sie richtet sich vielmehr nach den konkreten Umständen des Einzelfalls.[176]

In den von Variante b) des ersten Fallbeispiels erfassten Fällen gilt somit Folgendes: Sollte das korrekte Beschlussergebnis z.B. auf Grund von Protokollierungsmängeln nicht mehr ermittelbar sein, ist der Beschluss nichtig. Hier kommen die dargestellten Auffassungen zu demselben Ergebnis. Denn bei diesem Mangel handelt es sich nicht um einen minderschweren Mangel im Sinne der Rechtsprechung des *Bundesgerichtshofs*, so dass die Nichtigkeit des Beschlusses unbefristet geltend gemacht werden könnte.

Ist das Beschlussergebnis nachvollziehbar, ist es entsprechend zu korrigieren. Entgegen den dargestellten Auffassungen kann auch die Korrektur unbefristet verlangt werden. Da es sich um denselben (schweren) Mangel handelt, kann es im Hinblick auf die Geltendmachung dieses Mangels keinen Unterschied machen, ob das korrekte Beschlussergebnis nachvollzogen werden kann oder nicht.

(4) Urteilswirkungen

Gemäß § 325 Abs. 1 ZPO wirkt ein rechtskräftiges Urteil ausschließlich für und gegen die Parteien eines Rechtsstreits. Bei der Klage auf Feststellung der Nichtigkeit eines Vorstandsbeschlusses bzw. dessen Ergebnisses wären das die Gesellschaft als Beklagte auf der einen Seite und ein oder mehrere Vorstandsmitglieder oder der Aufsichtsrat als Kläger auf der anderen Seite.

Teilweise wird jedoch vorgeschlagen, die §§ 248, 249 AktG zum Zwecke der Gewährleistung von Rechtsklarheit und Rechtssicherheit hinsichtlich der Rechtskrafterstreckung analog auf Urteile anzuwenden, die die Nichtigkeit von Beschlüssen feststellen.[177]

Für eine analoge Anwendung von §§ 248, 249 AktG fehlt es jedoch an einer Regelungslücke. Bei der gerichtlichen Feststellung der Nichtigkeit oder des korrekten Ergebnisses eines Vorstandsbeschlusses handelt es sich um ein

---

175 *Hüffer*, § 108 Rn. 20, so auch: *Götz*, Festschrift für Lüke, 167, 186; *Kindl*, AG 1993, 153, 161.

176 Köln. Komm. AktG/*Mertens*, § 108 Rn. 94; *Hoffmann/Preu*, Rn. 605.

177 *Götz*, Festschrift für Lüke, S. 167, 188; Köln. Komm. AktG/*Mertens*, § 108 Rn. 91; *Meilicke*, Festschrift für W. Schmidt, S. 71, 112 f.; Großkomm. AktG/*Meyer-Landrut*, § 108 Anm. 8; *Geßler*, in Geßler/Hefermehl, § 108 Rn. 72, allerdings mit der Begründung, dass die Gültigkeit oder Nichtigkeit nur einheitlich, nicht aber unterschiedlich gegenüber verschiedenen Personen festgestellt werden könne.

Feststellungsurteil, für das die allgemeinen zivilprozessualen Regelungen gelten. Es ist kein Grund ersichtlich, aus dem die Rechtskraft eines solchen Urteils zwingend über den Kreis der Parteien des Gerichtsverfahrens hinaus erweitert werden müsste.[178]

11. Teilnahmeverbot

Grundsätzlich ist die Mitwirkung des vom Stimmrecht ausgeschlossenen Vorstandsmitglieds an der Vorstandssitzung, in der über das Vorhaben, aus dem die Interessenkollision des befangenen Vorstandsmitglieds folgt, beraten und beschlossen wird, zulässig.[179] Ein Ausschluss von dieser Sitzung wäre unzulässig. Im Rahmen des mitgliedschaftlichen Stimmverbots entspricht dies der allgemeinen Auffassung.[180]

Es ist kein Grund ersichtlich, das Teilnahmerecht des Vorstandsmitglieds anders zu beurteilen. Das organschaftliche Stimmverbot dient dazu, den gesellschaftsinternen Entscheidungsprozess von den Sonderinteressen des befangenen Vorstandsmitglieds freizuhalten. Es ist nicht zu befürchten, dass diese Sonderinteressen Einfluss auf den Entscheidungsprozess haben, wenn das Vorstandsmitglied lediglich an den Beratungen, nicht aber an der Beschlussfassung teilnimmt. Da den übrigen Vorstandsmitgliedern die Interessenkollision bekannt ist, kann von ihnen erwartet werden, dass sie diese bei den Beratungen und den Äußerungen des vom Stimmrecht ausgeschlossenen Vorstandsmitglieds berücksichtigen. Es könnte außerdem sein, dass die Teilnahme des befangenen Vorstandsmitglieds für die Beratung vorteilhaft ist, da es u.U. über Informationen verfügt, die den Vorstandsmitgliedern bei ihrer Entscheidung helfen könnten.[181]

Sollte im Einzelfall die Teilnahme des befangenen Vorstandsmitglieds wichtige Belange der Gesellschaft konkret gefährden, besteht jedoch die Möglichkeit des Ausschlusses von der betreffenden Sitzung des Vorstands.[182]

---

178 *Giesen*, S. 131; Großkomm. AktG/*Meyer-Landrut*, § 108 Anm. 8.

179 *Möllers*, Handbuch Corporate Governance, S. 405, 417.

180 BGH WM 1985, 567, 568; Erman/*Westermann*, § 34 Rn. 6; Soergel/*Hadding*, § 34 Rn. 9; *Engfer*, S. 123; Staudinger/*Weick*, § 34 Rn. 18; Hachenburg/*Hüffer*; § 47 Rn. 181; Baumbach/Hueck/*Zöllner*, § 48 Rn. 3; *Zöllner*, S. 187 f.

181 So auch: *Giesen*, S. 127; *Engfer*, S. 123; *Zöllner*, S. 188, allerdings zum Teilnahmerecht beim mitgliedschaftlichen Stimmverbot.

182 *Giesen*, S. 127; *Engfer*, S. 124.

12. Ergebnis zu IV.

In den von Variante b) des ersten Fallbeispiels erfassten Fällen besteht ein Stimmverbot analog §§ 28 Abs. 1, 34 BGB. Nimmt das Vorstandsmitglied unter Verstoß gegen das Stimmverbot an der Beschlussfassung teil, ist seine Stimme nichtig. Der Beschluss ist lediglich dann nichtig, wenn sich nicht feststellen lässt, welches Ergebnis der Beschluss gehabt hätte, wenn die nichtige Stimme nicht berücksichtigt worden wäre. Anderenfalls ist das Beschlussergebnis unter Abzug der nichtigen Stimme neu zu ermitteln.

Das befangene Vorstandsmitglied ist auch beim Bestehen eines Stimmverbots grundsätzlich zur Teilnahme an der Vorstandssitzung berechtigt, in der über den Vertragsabschluss beraten und beschlossen wird.

Streitigkeiten über das Bestehen eines Stimmverbots, die Wirksamkeit eines Vorstandsbeschlusses, der unter Verstoß gegen ein Stimmverbot zustande gekommen ist, und seines Ergebnisses sind im Wege der allgemeinen Feststellungsklage geltend zu machen. Das erforderliche Feststellungsinteresse besitzen die Vorstandsmitglieder und der Aufsichtsrat. Aktionäre und sonstige Dritte haben nur ausnahmsweise ein Interesse an einer entsprechenden Feststellung.

V. Schadensersatzverpflichtungen des Vorstandsmitglieds

1. Einleitung

Allein die Interessenkollision eines Vorstandsmitglieds kann, selbst wenn es zum Abschluss eines Vertrags kommt, nicht zu einem Schaden der Aktiengesellschaft, ihrer Aktionäre oder Dritter führen. Dazu wären weitere, schädigende Umstände erforderlich. Solche Umstände lägen beispielsweise vor, wenn das befangene Vorstandsmitglied durch das Verschweigen bestimmter Informationen oder das Vorspiegeln falscher Tatsachen dafür sorgen würde, dass dem Vertragspartner der Aktiengesellschaft unangemessen gute Vertragsbedingungen gewährt würden.

Die Prüfung von Schadensersatzansprüchen im Rahmen dieses Kapitels beschränkt sich jedoch auf Ansprüche, die in unmittelbarem Zusammenhang mit der pflichtwidrig unterlassenen Offenbarung der Interessenkollision durch das Vorstandsmitglied stehen. Es handelt sich dabei um Schadensersatzansprüche auf Grund der Verletzung der Pflicht zur Offenbarung von Interessenkollisionen beim Eingreifen eines Stimmverbots, bei unauflösbaren Interessenkollisionen und bei Anwendbarkeit des § 112 AktG. Es geht des Weiteren um Schadensersatzansprüche auf Grund des Verstoßes gegen ein Stimmverbot und die Verletzung der Sorgfaltspflicht durch Verstoß gegen Ziffer 4.3.4 Corporate Governance Kodex.

Es werden sowohl Schadensersatzansprüche der Aktiengesellschaft (sog. Innenhaftung) als auch Schadensersatzansprüche von Aktionären und sonstigen Dritten (sog. Außenhaftung) geprüft.

Nicht Gegenstand dieses Kapitels sind Schadensersatzansprüche, die im Zusammenhang mit der Verletzung der Wahrheits- oder Aktualisierungspflicht aus § 161 AktG stehen. Solche Schadensersatzansprüche kommen z.B. in Betracht in Fällen, in denen ein Vorstandsmitglied für die Abgabe der Entsprechenserklärung stimmt, obwohl es von Anfang beabsichtigte, die Kodex-Empfehlungen nicht zu befolgen, oder in Fällen, in denen das Vorstandsmitglied einen Verstoß gegen eine Kodex-Empfehlung nicht gemäß § 161 AktG bei der nächsten Entsprechenserklärung offen legt.

Ebenfalls nicht Gegenstand dieses Kapitels sind Ersatzansprüche wegen Schäden, die durch den Verstoß gegen die Aktualisierungspflicht verursacht werden, wenn sich die Absicht des Vorstandsmitglieds erst nach Abgabe der positiven Entsprechenserklärung geändert hat, ohne dass das Vorstandsmitglied dies gegenüber Vorstand und Aufsichtsrat erklärt hat.

Die durch diese Verhaltensweisen begangenen Verstöße gegen § 161 AktG betreffen nicht die unterlassene Offenlegung von Interessenkollisionen an sich, sondern die unterlassene Erklärung der fehlenden oder der geänderten Befolgungsabsicht sowie die unterlassene Offenlegung eines Verstoßes gegen Ziffer 4.3.4 Corporate Governance Kodex.[1]

Eine Prüfung der mit diesem Verstoß im Zusammenhang stehenden Schadensersatzansprüche würde über den Rahmen dieser Dissertation hinausgehen und wird deshalb ausgeschlossen.

2. Schadensersatzpflicht aus § 93 Abs. 2 AktG

a) Allgemeines

§ 93 Abs. 2 Satz 1 AktG sieht vor, dass Vorstandsmitglieder, die schuldhaft ihre Pflichten verletzen, der Aktiengesellschaft zum Ersatz des daraus entstehenden Schadens verpflichtet sind.

b) Pflichtverletzung

Es wurde bereits festgestellt, dass ein Vorstandsmitglied, das von einer Interessenkollision betroffen ist, diese dann offen legen muss, wenn sie wie in Variante b) des ersten Fallbeispiels zu einem Stimmverbot führt (vgl. Kapitel II. 4. a) bb)). Eine Offenbarungspflicht besteht des Weiteren, wenn das Vorstandsmitglied nicht in der Lage ist, eine bestehende Interessenkollision zu Gunsten der Aktiengesellschaft aufzulösen (vgl. Kapitel II. 4. a) bb)) sowie dann, wenn die Interessenkollision wie in Variante a) des ersten Fallbeispiels dazu führt, dass der Aufsichtsrat nach § 112 AktG zur Vertretung der Aktiengesellschaft berechtigt ist (vgl. Kapitel III. 3. b) aa)). Indem das Vorstandsmitglied in diesen Fällen die Offenlegung der Interessenkollision unterlässt, verletzt es eine ihm gegenüber der Aktiengesellschaft obliegende Pflicht.

Eine Pflichtverletzung begeht das Vorstandsmitglied außerdem in den von Variante b) des ersten Fallbeispiels erfassten Fällen durch den Verstoß gegen das Stimmverbot (vgl. IV. 5.). Denn das Vorstandsmitglied ist verpflichtet dafür zu sorgen, dass die internen Entscheidungsprozesse rechtmäßig organisiert sind und durchgeführt werden.

---

[1] Vgl. zu den Schadensersatzansprüchen bei Verstoß gegen § 161 AktG insbesondere: *Abram*, ZBB 2003, 41 ff.; *Ettinger/Grützediek*, AG 2003, 353 ff.; *Berg/Stöcker*, WM 2002, 1569 ff.

Legt das Vorstandsmitglied eine Interessenkollision nicht offen und verstößt es dadurch gegen Ziffer 4.3.4 Corporate Governance Kodex, kann dies einen Verstoß gegen die ihm obliegende Sorgfaltspflicht darstellen. Dies setzt voraus, dass das Vorstandsmitglied für die Abgabe einer positiven Entsprechenserklärung gestimmt hat oder bei eingeschränkter Zustimmung oder ablehnender Stimmabgabe nicht ausdrücklich erklärt hat, dass es sich entgegen des Mehrheitsbeschlusses nicht an Ziffer 4.3.4 Corporate Governance Kodex halten wird (vgl. Kapitel II. 4. b) bb)).

c) Verschulden

aa) Allgemeines

Wie bereits in Kapitel II. 2. a) dargestellt, hat die in § 93 Abs. 1 Satz 1 AktG umschriebene Sorgfaltspflicht nach h.M. eine Doppelfunktion: Sie stellt einerseits den objektiven Maßstab für die einem Vorstandsmitglied obliegenden materiellen Pflichten dar und andererseits einen typisierten Verschuldensmaßstab. Eine Verpflichtung zum Schadensersatz setzt deshalb zusätzlich ein Verschulden des Vorstandsmitglieds voraus.

Der Verschuldensmaßstab wird als typisiert bezeichnet, weil die Vorstandsmitglieder für diejenigen Fähigkeiten und Kenntnisse einzustehen haben, die für die ihnen anvertraute Leitungsaufgabe erforderlich sind. Auf die individuellen Fähigkeiten des Vorstandsmitglieds kommt es somit nicht an.[2] Maßgeblich ist allein, wie sich ein (idealer) pflichtbewusster Unternehmensleiter im konkreten Fall verhalten hätte.

bb) Verletzung der Offenbarungspflicht bei nicht auflösbarer Interessenkollision

Ist dem Vorstandsmitglied bewusst, dass es im konkreten Fall nicht in der Lage ist, eine Interessenkollision zu Gunsten der Aktiengesellschaft aufzulösen, verletzt es die ihm obliegende Pflicht, das Unternehmensinteresse zu wahren und ihm stets den Vorrang vor eigenen Interessen einzuräumen. Ein pflichtbewusster Unternehmensleiter hätte in diesem Fall die Interessenkollision gegenüber den Vorstandsmitgliedern und dem Aufsichtsrat offen gelegt. Das Vorstandsmitglied hätte daher in diesem Fall schuldhaft gehandelt.

---

2 Münch. Hdb. GesR IV/*Wiesner*, § 26 Rn. 7; *Hüffer*, § 93 Rn. 14.

cc) Verletzung der Offenbarungspflicht bei Bestehen eines Stimmverbots sowie bei Verstoß gegen das Stimmverbot

In den Kapiteln II. und IV. wurde dargestellt, dass es zu den von Variante b) des ersten Fallbeispiels erfassten Fällen keine Rechtsprechung gibt, die sich mit dem Bestehen einer Offenbarungspflicht oder eines Stimmverbots beschäftigt. Entsprechende Literatur speziell zu diesem Problemkreis ist ebenfalls kaum vorhanden. Dennoch ist davon auszugehen, dass ein pflichtbewusster Unternehmensleiter in einem solchen Fall eine Interessenkollision offen gelegt hätte. Ihm wäre bewusst gewesen, dass die Rechtslage nicht eindeutig geklärt ist und er womöglich seine Pflicht, für einen rechtmäßigen internen Entscheidungsprozess zu sorgen, verletzen würde. Er hätte deshalb versucht, sich mit dem Vorstand und ggfs. dem Aufsichtsrat auf ein Vorgehen zu einigen. Gerade in solchen Zweifelsfällen wäre eine Offenlegung die angemessene Reaktion gewesen. Ein Verschulden des Vorstandsmitglieds ist deshalb in diesem Fall zu bejahen.

dd) Verletzung der Offenbarungspflicht bei Anwendbarkeit des § 112 AktG

In diesem Fall ist ein Verschulden des Vorstandsmitglieds ebenfalls zu bejahen. Wie in Kapitel III. 2.b) aa) (1) dargestellt, haben bereits einige Gerichte die Anwendbarkeit von § 112 AktG in von Variante a) des ersten Fallbeispiels erfassten Fällen bejaht. Zwar ist auch die Gegenauffassung zumindest vertretbar. Es lässt sich jedoch nicht ausschließen, dass die Gerichte in einem Streitfall eine wirksame Vertretung durch den Vorstand verneinen würden. In einem solchen Fall hätte ein pflichtbewusster Unternehmensleiter eine bestehende Interessenkollision offen gelegt und sich mit dem Vorstand und dem Aufsichtsrat auf ein Vorgehen verständigt, um eine rechtmäßige Vertretung der Aktiengesellschaft sicherzustellen. Das für einen Schadensersatzanspruch erforderliche Verschulden liegt deshalb vor.

ee) Verletzung der Sorgfaltspflicht durch Verstoß gegen Ziffer 4.3.4 Corporate Governance Kodex

Auch in diesem Fall ist ein Verschulden des Vorstandsmitglieds zu bejahen. Zwar gibt es zu diesem Themenkomplex noch keine Gerichtsentscheidungen. Der Umfang an Literatur, die sich mit diesem Thema befasst, nimmt jedoch immer weiter zu. Es bestünde deshalb für das Vorstandsmitglied die Möglichkeit sich über die aktuellen Auffassungen zu diesem Themenkomplex zu informieren. In diesem Fall wäre es ihm auch bekannt, dass, wie in Kapitel II. 4. b) bb) dargestellt, vertreten wird, dass Vorstandsmitglieder die ihnen obliegende Sorgfaltspflicht verletzen, wenn sie die Kodex-

Empfehlungen nicht befolgen, obwohl Vorstand und Aufsichtsrat eine positive Entsprechenserklärung abgegeben und sie dem auch zugestimmt haben oder wenn sie bei ablehnender Stimmabgabe oder eingeschränkter Zustimmung eine entsprechende Abweichungsabsicht nicht offen gelegt haben. Ein pflichtbewusster Unternehmensleiter hätte deshalb eine Interessenkollision entsprechend Ziffer 4.3.4 Corporate Governance Kodex offen gelegt.

ff) Ergebnis zu c)

Bei jeder unter b) aufgeführten Pflichtverletzung ist ein Verschulden des betroffenen Vorstandsmitglieds zu bejahen.

d) Schaden

aa) Allgemeines

Ein Schadensersatzanspruch nach § 93 Abs. 2 Satz 1 AktG setzt voraus, dass das Vorstandsmitglied die Aktiengesellschaft durch eine schuldhafte Pflichtverletzung adäquat kausal geschädigt hat. Maßgeblich für die Beurteilung sind die §§ 249 ff. BGB.[3]

Ein Schaden liegt daher nur dann vor, wenn eine Minderung des Gesellschaftsvermögens eingetreten ist, ohne dass diese Vermögensminderung durch einen damit zusammenhängenden Vermögenszuwachs zumindest ausgeglichen wird.[4] Dabei ist umstritten, ob bereits jede Vermögensminderung einen Schaden darstellt[5] oder ob erforderlich ist, dass eine dem Unternehmenszweck widersprechende Vermögensminderung eingetreten ist.[6]

bb) Verletzung der Offenbarungspflicht bei nicht auflösbarer Interessenkollision

Allein die Nichtoffenlegung einer Interessenkollision ist nicht geeignet, die Aktiengesellschaft zu schädigen. Dazu wäre eine weitere pflichtwidrige Handlung oder Unterlassung des Vorstandsmitglieds erforderlich wie z.B.

---

3 *Hüffer*, § 93 Rn. 15, Großkomm. AktG/*Hopt*, § 93 Rn. 261.

4 Statt vieler: Großkomm. AktG/*Hopt*, § 93 Rn. 261.

5 So etwa: *Hüffer*, § 93 Rn. 15; Großkomm. AktG/*Hopt*, § 93 Rn. 263; *Heermann*, ZIP 1998, 761, 766.

6 So: Köln. Komm. AktG/*Mertens*, § 93 Rn. 23; Münch. Hdb. GesR IV/ *Wiesner*, § 26 Rn. 6, *Hefermehl*, in Geßler/Hefermehl, § 93 Rn. 28.

das Verschweigen entscheidungserheblicher Tatsachen, die zu einem für die Aktiengesellschaft nachteiligen Vertragsabschluss führen oder aber die sonstige Auflösung der Interessenkollision zum Nachteil der Aktiengesellschaft.

Aus diesem Grund führt allein die Nichtoffenlegung der Interessenkollision nicht zu einem Schadensersatzanspruch der Aktiengesellschaft gegen das befangene Vorstandsmitglied.

cc) Verletzung der Offenbarungspflicht bei Bestehen eines Stimmverbots sowie Verstoß gegen das Stimmverbot

Das unter bb) Gesagte gilt entsprechend für die Verletzung der Offenbarungspflicht bei Bestehen eines Stimmverbots. Auch in diesem Fall kann allein die Verletzung der Offenbarungspflicht nicht zu einer Schädigung der Aktiengesellschaft führen. Auch der Verstoß gegen das Stimmverbot allein ist nicht geeignet, das Vermögen der Aktiengesellschaft zu schädigen.

Dies gilt auch für den Fall, dass ein entsprechender Mehrheitsbeschluss des Vorstands Voraussetzung für den Abschluss des Vertrags war und die Stimme des vom Stimmrecht ausgeschlossenen Vorstandsmitglieds den Ausschlag gegeben hat. Denn ein Schaden i.S.d. §§ 93 AktG, 249 ff. BGB kann nicht allein darin gesehen werden, dass die Aktiengesellschaft den unter Verstoß gegen das Stimmverbot durch den Vertrag mit der Drittgesellschaft eingegangenen Verpflichtungen ausgesetzt ist.

Zwar wäre die Aktiengesellschaft durch den Abschluss eines Vertrags geschädigt, in dem Leistung und Gegenleistung nicht in einem angemessenen Verhältnis zueinander stehen. Ursache für eine derartige Schädigung wäre in diesem Fall jedoch nicht der Verstoß gegen das Stimmverbot, sondern die Stimmabgabe zu Gunsten des Vertragsabschlusses. Deshalb hätten bei einem offensichtlichen Missverhältnis von Leistung und Gegenleistung alle positiv abstimmenden Vorstandsmitglieder durch ihre pflichtwidrige Stimmabgabe adäquat kausal das Gesellschaftsvermögen geschädigt.

Auch die bloße Tatsache, dass der Vertragsschluss auf einem Vorstandsbeschluss beruht, der unter Verstoß gegen das Stimmverbot zustandegekommen ist, kann ohne Eintritt eines Vermögensschadens nicht als Schaden i.S.d. §§ 93 AktG, 249 ff. BGB qualifiziert werden. Denn es wird einhellig vertreten, dass ein Vermögensschaden nur dann gegeben ist, wenn der jetzige tatsächliche Wert des Vermögens des Geschädigten geringer ist als der Wert, den das Vermögen ohne das die Ersatzpflicht begründende Ereignis haben würde.[7]

Nach dieser sog. Differenzhypothese wird ein Schaden im Allgemeinen dadurch ausgeschlossen, dass das Gesamtvermögen des potenziell Geschädigten erhalten bleibt. Erhält er eine angemessene Gegenleistung für seinen Mittelabfluss, wäre demnach ein Schaden ausgeschlossen.

Der *Bundesgerichtshof* hat allerdings in einem Urteil, in dem es um die Prospekthaftung bei Anlagemodellen ging, zum Schaden ausgeführt:

> *„Ist der Vertragsschluß trotz der Abweichung von dem Prospekt für den Anleger insgesamt nicht nachteilig, weil der Wert der Gegenleistung seine eigene Leistung zumindest erreicht, kann allerdings ein Schaden zu verneinen sein...Die Gegenleistung bleibt aber unberücksichtigt, wenn es sich bei ihr um ein von dem im Prospekt beschriebenen Anlagenmodell grundlegend verschiedenes, mit ihm in keiner Weise austauschbares Investitionsmodell handelt...Sonst könnte dem Anleger ein Investitionsmodell gegen seinen Willen aufgedrängt werden.“*[8]

Diese Rechtsprechung kann jedoch nicht auf die von Variante b) des ersten Fallbeispiels erfassten Fälle übertragen werden. Zwar haben beide Fälle gemeinsam, dass es nur auf Grund einer pflichtwidrigen Handlung zum Abschluss eines Vertrags gekommen ist. Der wesentliche Unterschied besteht jedoch darin, dass die pflichtwidrige Handlung bei dem Sachverhalt, der dem Urteil des *Bundesgerichtshofs* zu Grunde lag, zu einem Irrtum im Hinblick auf den Vertragsgegenstand führte. Dieser Umstand rechtfertigt eine andere Beurteilung des Falls. Denn Eigenschaften, die den Vertragsgegenstand betreffen, können grundsätzlich Vertragsinhalt werden und zwar auch dann, wenn sie keinen Einfluss auf den Wert des Vertragsgegenstands haben. Dem Erwerber einer Sache oder dem Empfänger einer Leistung kann es aus persönlichen Gründen gerade auf das Vorhandensein bestimmter Eigenschaften ankommen. Sie haben für ihn einen u.U. nicht bezifferbaren Wert. Fehlen diese Eigenschaften trotz entsprechender Zusicherung, vermindert sich der individuelle Wert des Gegenstands. Es kann deshalb durchaus angemessen sein, im Fehlen dieser Eigenschaften einen Schaden zu sehen, für den der Käufer einer Sache oder der Empfänger einer Leistung entschädigt werden muss.

---

7 BGHZ 98, 212, 217; Palandt/*Heinrichs*, Vorb v § 249 Rn. 8; Münch. Komm. BGB/*Oetker*, § 249 Rn. 16 f.; Erman/*Kuckuk*, § 249 Rn. 50.

8 BGHZ 115, 213, 221; siehe auch Palandt/*Heinrichs*, Vorb v § 249 Rn. 19; a.A. wohl OLG Naumburg DB 1998, 2411 f.

Dieser Gedanke kann jedoch auf die von Variante b) des ersten Fallbeispiels erfassten Fälle nicht übertragen werden. Leistung und Gegenleistung stehen in einem angemessenen Verhältnis zueinander. Weder objektiver noch subjektiver Wert des Vertragsabschlusses noch sein Sinn und Zweck werden durch den Verstoß gegen das Stimmverbot vermindert. Dieses Ergebnis ist auch angemessen, wenn man folgenden Gedanken berücksichtigt. Dächte man sich die Interessenkollision weg, müsste man einen Schaden verneinen. Danach würde allein die Interessenkollision zu einem Schaden führen, obwohl die Stimmabgabe zu derselben tatsächlichen Konsequenz, nämlich dem Vertragsabschluss führen würde. Dieses Ergebnis erscheint widersinnig.

Durch die Nichtoffenlegung einer Interessenkollision trotz Eingreifen eines Stimmverbots sowie den Verstoß gegen dieses Stimmverbot wird das Gesellschaftsvermögen daher nicht geschädigt. Aus diesem Grund scheiden auch entsprechende Schadensersatzansprüche aus.

dd) Verletzung der Offenbarungspflicht bei Anwendbarkeit des § 112 AktG

Bei der Verletzung der Offenbarungspflicht in den von Variante a) des ersten Fallbeispiels erfassten Fällen ist eine Schädigung des Gesellschaftsvermögens grundsätzlich möglich. Denn nach der überwiegenden Auffassung sind unter Verstoß gegen § 112 AktG geschlossene Verträge nichtig und nach der im Rahmen dieser Dissertation vertretenen Auffassung zumindest schwebend unwirksam. Die Verweigerung der Genehmigung eines Vertrags durch den Aufsichtsrat würde ihn endgültig unwirksam machen (vgl. Kapitel III. 2. c)).

Ein Schaden könnte der Aktiengesellschaft wegen der Nichtigkeit bzw. Unwirksamkeit des Vertrags zunächst dadurch entstanden sein, dass ihr im Zusammenhang mit dem Vertragsabschluss Kosten entstanden sind (z.B. Kosten für Vertragsverhandlungen wie Reisekosten, Kosten für die rechtliche Beratung usw.), denen nunmehr kein Gegenwert in Form eines wirksamen Vertrags gegenübersteht.

Ein weiterer Schaden könnte ihr dadurch entstanden sein, dass die Aktiengesellschaft ein anderes günstiges Vertragsangebot zu Gunsten des Vertrags mit der Drittgesellschaft abgelehnt hatte und die Aktiengesellschaft nunmehr auf Grund der Nichtigkeit bzw. der Unwirksamkeit des Vertrags einen neuen Vertrag abschließen und dabei für dieselbe Leistung bei einem neuen Vertragspartner einen höheren Preis zahlen müsste. Diese Konsequenz träte jedoch nur dann ein, wenn der Aufsichtsrat die Genehmigung bzw. den Neuabschluss des Vertrags mit der Drittgesellschaft verweigerte. In der Regel würde jedoch der Aufsichtsrat dadurch seine Verpflichtung zur Schadensminderung verletzen, wenn er, anstatt den Vertrag mit der Drittgesellschaft zu genehmigen bzw. neu abzuschließen, einen Vertrag mit einem Dritten zu ungünstigeren Konditionen abschlösse. Nur in Ausnahmefällen wird es gerechtfertigt sein, den Vertrag mit einem dritten Vertragspartner neu abzuschließen.

Ein Schaden wird deshalb in der Regel nur in den nunmehr nutzlosen Aufwendungen der Aktiengesellschaft für den unwirksamen Vertragsschluss bestehen.

ee) Verletzung der Sorgfaltspflicht durch den Verstoß gegen Ziffer 4.3.4 Corporate Governance Kodex

Es ist nicht auszuschließen, dass die durch den Verstoß gegen Ziffer 4.3.4 Corporate Governance Kodex begangene Sorgfaltspflichtverletzung zu einem Imageverlust bei der Aktiengesellschaft führt. Allein der Imageverlust stellt jedoch keinen bezifferbaren Vermögensschaden i.S.d. § 93 Abs. 2 AktG dar. Das gilt auch dann, wenn die Sorgfaltspflichtverletzung zu einer negativen Berichterstattung der Presse und der Finanzanalysten führen sollte und es dadurch zu Kurseinbrüchen kommen sollte.[9]

Ein Vermögensschaden wäre lediglich in dem Sonderfall denkbar, dass der Aktiengesellschaft bei einer Neuemission das benötigte Kapital nicht oder zu ungünstigeren Konditionen zur Verfügung gestellt würde.[10] Ein Vermögensschaden könnte auch dann zu bejahen sein, wenn die Nichtbefolgung von Kodex-Empfehlungen in Zukunft als Kriterium in für die Kapitalbeschaffung maßgebliche Ratings oder Bewertungssysteme aufgenommen würde.[11] Selbst in diesen Sonderfällen wird es jedoch in der Praxis unmöglich sein, die Kausalität zwischen Sorgfaltspflichtverletzung und Schadenseintritt sowie die Höhe eines Schadens nachzuweisen.

---

9 *Ettinger/Grützediek*, AG 2003, 353, 362; *Seibt*, AG 2002, 249, 255; *Berg/Stöcker*, WM 2002, 1569, 1577, Fn. 133. Die Kursrelevanz des Kodex wird allerdings bezweifelt. Zwar liegen ausländische Studien über die kurssteigernde Wirkung von Corporate Governance vor. Diese seien jedoch auf Grund der andersartigen deutschen Kapitalmarktverhältnisse nicht voll beweiskräftig, vgl. dazu *Claussen/Bröcker*, DB 2002, 1199, 1205; *Kiethe*, NZG 2003, 559, 564; *Seibt* aaO. Aus diesem Grund kann auch die Kursrelevanz eines Kodex-Verstoßes nicht als wissenschaftlich gesichert angesehen werden.

10 *Ettinger/Grützediek*, AG 2003, 353, 362; *Seibt*, AG 2002, 249, 255.

11 So: *Ettinger/Grützediek*, AG 2003, 353, 362, die hier ausdrücklich auch auf den Verstoß gegen Kodex-Empfehlungen hinweisen, die die Offenlegung von Interessenkollisionen betreffen.

ff) Ergebnis zu d)

Ein durch die Pflichtverletzung adäquat kausal verursachter Schaden liegt in der Regel nur dann vor, wenn die Interessenkollision nicht offen gelegt wird und die Aktiengesellschaft deshalb nicht ordnungsgemäß durch den Aufsichtsrat nach § 112 AktG, sondern durch den Vorstand vertreten wird. Der Schaden wird in diesem Fall in der Regel allein aus nutzlosen Aufwendungen für den Abschluss des nichtigen bzw. unwirksamen Vertrags mit der Drittgesellschaft bestehen.

e) Anspruchsinhaber

§ 93 Abs. 2 Satz 1 AktG regelt ausschließlich die Haftung der Vorstandsmitglieder gegenüber der Aktiengesellschaft und damit die sog. Innenhaftung. Die Vorschrift ist deshalb keine geeignete Rechtsgrundlage für eine Haftung der Vorstandsmitglieder gegenüber Aktionären oder Dritten.[12]

Zwar können Aktionäre nach § 147 AktG die Geltendmachung von Ersatzansprüchen erzwingen. Aber auch in diesem Fall ist die Aktiengesellschaft Inhaberin des Schadensersatzanspruchs, nicht jedoch die Aktionäre. Gläubiger der Aktiengesellschaft können nach § 93 Abs. 5 AktG den Ersatzanspruch der Aktiengesellschaft geltend machen. Auch hier wird überwiegend davon ausgegangen, dass Inhaberin des Ersatzanspruchs die Aktiengesellschaft ist und die Gesellschaftsgläubiger diesen Anspruch im Wege der gesetzlichen Prozessstandschaft geltend machen.[13]

Die Deutsche Vereinigung für Finanzanalyse und Asset Management (DVFA) hat eine *Scorecard for German Corporate Governance* entwickelt, die Finanzanalysten und Investoren ein Instrument der Unternehmensanalyse bieten soll. Dadurch sollen insbesondere ausländische Kapitalmarktteilnehmer ein Bild der Selbstverpflichtung der Unternehmen zu guter Corporate Governance vor dem Hintergrund der relevanten gesetzlichen Bestimmungen in Deutschland gewinnen (weitere Informationen sowie die Scorecard sind abrufbar unter www.dvfa.de/scorecards.htm). Nach *Claussen/Bröcker*, DB 2002, 1199, 1205, fließt das mit Hilfe der Scorecard ermittelte Ergebnis in die Rechnungen der Analysten ein und soll neben der *price/earnings-ratio* die Empfehlung für den Kauf, das Halten oder den Verkauf beeinflussen.

12 *Hefermehl*, in Geßler/Hefermehl, § 93 Rn. 89; Köln. Komm. AktG/*Mertens*, § 93 Rn. 169, 177; Großkomm. AktG/*Hopt*, § 93 Rn. 469, 492.

13 LG Köln AG 1976, 105 f.; *Hefermehl*, in Geßler/Hefermehl, § 93 Rn. 68; Münch. Hdb. GesR IV/*Wiesner*, § 26 Rn. 23; *Habscheid*, Festschrift für Weber, S. 197, 200 ff.; a.A. und für ein eigenes Recht des Gläubigers: Köln. Komm. AktG/*Mertens*, § 93 Rn. 142; *Hüffer*, § 93 Rn. 32.

Die Aktiengesellschaft wird bei der Geltendmachung ihres Schadensersatzanspruchs gegenüber den Vorstandsmitgliedern durch den Aufsichtsrat vertreten (§ 112 AktG).

f) Beweislast

Macht die Aktiengesellschaft gegen ein Vorstandsmitglied einen Schadensersatzanspruch geltend, trägt sie nach den allgemeinen Regeln die Darlegungs- und Beweislast für den Eintritt und die Höhe ihres Schadens sowie für den Kausalzusammenhang zwischen ihrem Schaden und einem bestimmten Verhalten des in Anspruch genommenen Vorstandsmitglieds.[14]

§ 93 Abs. 2 Satz 2 AktG bestimmt in Abweichung von den allgemeinen Regeln zur Darlegungs- und Beweislast, dass dem Vorstandsmitglied die Darlegungs- und Beweislast dafür obliegt, dass es die Sorgfalt eines ordentlichen und gewissenhaften Geschäftsleiters angewendet hat. Auf Grund der Doppelfunktion der Sorgfaltspflicht bezieht sich die Beweislastregel zum einen auf die (objektive) Pflichtwidrigkeit und zum anderen auf das Verschulden des Vorstandsmitglieds (subjektive Pflichtwidrigkeit).[15]

Gelingt der Aktiengesellschaft die Darlegung und der Beweis von Eintritt und Höhe des Schadens sowie dem Kausalzusammenhang zwischen der Handlung des Vorstandsmitglieds und dem Schaden, hat das Vorstandsmitglied seinerseits darzulegen und zu beweisen, dass es entweder nicht pflichtwidrig oder nicht schuldhaft gehandelt hat.[16]

g) Ergebnis zu 2.

Ein Schadensersatzanspruch wird der Aktiengesellschaft nach § 93 Abs. 2 AktG in der Regel nur dann zustehen, wenn das Vorstandsmitglied eine bei ihm aufgetretene Interessenkollision nicht offen gelegt hat, die Aktiengesellschaft deshalb nicht ordnungsgemäß durch den Aufsichtsrat nach § 112 AktG vertreten wurde und ihr dadurch ein Schaden entstanden ist. Der Schaden wird in diesem Fall in der Regel allein aus nutzlosen Aufwendungen für den Abschluss des nichtigen bzw. unwirksamen Vertrags mit der Drittgesellschaft bestehen.

---

14 *Schaefer/Missling*, NZG 1998, 441, 444 f.; *Hüffer*, § 93 Rn. 16; *Heermann*, ZIP 1998, 761, 765.

15 Münch. Hdb. GesR IV/*Wiesner*, § 26 Rn. 9; *Hüffer*, § 93 Rn. 16; *Heermann*, ZIP 1998, 761, 765.

16 *Hüffer*, § 93 Rn. 16; Münch. Hdb. GesR IV/*Wiesner*, § 26 Rn. 9.

In den übrigen Fällen liegt zwar eine Pflichtverletzung vor. Ein Schadensersatzanspruch scheidet jedoch aus, da diese Pflichtverletzungen in der Regel keine Schäden im Sinne von §§ 249 ff. BGB verursachen können.

3. Schadensersatzanspruch der Aktionäre aus § 823 Abs. 1 und Abs. 2 BGB

a) Allgemeines

Als Verletzungshandlung mit unmittelbar negativen Auswirkungen auf den Aktionär kommt lediglich die Verletzung der dem Vorstandsmitglied obliegenden Sorgfaltspflicht durch Verstoß gegen Ziffer 4.3.4 Corporate Governance Kodex in Betracht. Auch wenn der wissenschaftliche Beweis noch aussteht (vgl. Fußnote 9), lässt sich zumindest nicht ausschließen, dass der durch die öffentlich bekannt gewordene Pflichtverletzung verursachte Imageschaden zu einem Kursverlust führen könnte.

Einen Kursverlust vorausgesetzt, wird im Folgenden geprüft, ob der Aktionär von dem pflichtwidrig handelnden Vorstandsmitglied Ersatz für die bei ihm durch den Kursverlust eingetretene Vermögensminderung verlangen kann. Da § 93 Abs. 2 AktG keine Grundlage für einen Schadensersatzanspruch eines Aktionärs gegen ein Vorstandsmitglied darstellt, wird im Folgenden geprüft, ob sich ein solcher Anspruch aus § 823 Abs. 1 (b)) oder Abs. 2 BGB (c)) ergeben könnte.

b) § 823 Abs. 1 BGB

Da eine Verletzung der übrigen Schutzgüter des § 823 Abs. 1 BGB ausscheidet, kann ein Aktionär gegen ein Vorstandsmitglied nur dann einen Schadensersatzanspruch gemäß § 823 Abs. 1 BGB haben, wenn das Vorstandsmitglied ein sonstiges Recht des Aktionärs widerrechtlich verletzt hat.

Sonstige Rechte im Sinne des § 823 Abs. 1 BGB sind Rechte, die denselben rechtlichen Charakter wie das Eigentum haben und die ebenso wie Leben, Gesundheit und Freiheit von jedermann zu beachten sind.[17] Das Mitgliedschaftsrecht des Aktionärs stellt nach allgemeiner Meinung ein solches Recht dar.[18]

---

17 Palandt/*Thomas*, § 823 Rn. 11.

18 Palandt/*Thomas*, § 823 Rn. 27; Großkomm. AktG/*Hopt*, § 93 Rn. 470; Köln. Komm. AktG/*Mertens*, § 93 Rn. 173; *Seibt*, AG 2002, 249, 255; *Berg/Stöcker*, WM 2002, 1569, 1578; *Kiethe*, NZG 2003, 559, 565; *Ettinger/Grützediek*, AG 2003, 353, 358; *Abram*, ZBB 2003, 41, 44.

Der eventuell durch die Pflichtverletzung des Vorstandsmitglieds verursachte Rückgang des Aktienkurses stellt jedoch nur eine Entwertung und keine Verletzung des Mitgliedschaftsrechts dar.[19] Denn durch eine Entwertung wird nicht das Mitgliedschaftsrecht verletzt, sondern nur das durch die Aktie verkörperte Vermögen des Aktionärs.[20] Das Vermögen als solches ist jedoch kein absolutes Recht im Sinne des § 823 Abs. 1 BGB.[21] Die Schadensersatzpflicht nach § 823 Abs. 1 BGB setzt vielmehr voraus, dass das Mitgliedschaftsrecht des Aktionärs durch die Verletzungshandlung in ihrem rechtlichen Bestand getroffen wird oder dass sich die Verletzungshandlung gegen den Kernbestand der mit dem Mitgliedschaftsrecht verknüpften Rechte richtet.[22] Dies ist bei einem Kursrückgang jedoch nicht der Fall, da dem Aktionär auch weiterhin alle aus der Mitgliedstellung resultierenden Rechte zustehen. Lediglich die Verwertung des Mitgliedschaftsrechts durch Verkauf der Aktie ist durch den Kursrückgang betroffen, da der Aktionär nun für den Verkauf seiner Aktien eine geringere Gegenleistung erhielte.

Zu demselben Ergebnis würde man gelangen, wenn man der Gegenauffassung folgte, nach der für einen Schaden des Aktionärs, der nicht auch Bestandteil des Schadens der Aktiengesellschaft ist, nur dann ein eigener Schadensersatzanspruch zu bejahen ist, wenn die Verwaltungsmitglieder rechtswidrig und schuldhaft in das Substrat der durch Gesetz und Satzung ausgeformten Mitgliedstellung eingegriffen haben.[23] Ein derartiger Eingriff kann jedoch in dem Verstoß gegen die Kodex-Empfehlung zur Interessenkollision auch nicht bei vorheriger Abgabe einer positiven Entsprechenserklärung gesehen werden. Denn diese Kodex-Empfehlung betrifft nicht die Mitgliedstellung des Aktionärs. Außerdem stellt sie weder eine gesetzliche noch eine Satzungsregelung dar, welche die Mitgliedstellung des Aktionärs ausformt.[24] Eine Entscheidung zwischen den beiden dargestellten Auffassungen ist auf Grund desselben Ergebnisses nicht erforderlich.

Ein Schadensersatzanspruch aus § 823 Abs. 1 BGB scheidet demnach aus, weil das Vorstandsmitglied durch die genannte Pflichtverletzung kein sonstiges Recht i.S.d. § 823 Abs. 1 BGB des Aktionärs verletzt hat.

---

19 *Seibt*, AG 2002, 249, 255.

20 Großkomm. AktG/*Hopt*, § 93 Rn. 471; *Berg/Stöcker*, WM 2002, 1569, 1578; *Kiethe*, NZG 2003, 559, 565.

21 BGHZ 41, 123, 126 f.; Palandt/*Thomas*, § 823 Rn. 31; *Berg/Stöcker*, WM 2002, 1569, 1578.

22 Großkomm. AktG/*Hopt*, § 93 Rn. 471; *Berg/Stöcker*, WM 2002, 1569, 1578; Palandt/*Thomas*, § 823 Rn. 27.

23 Köln. Komm. AktG/*Mertens*, § 93 Rn. 172.

24 *Berg/Stöcker*, WM 2002, 1569, 1578, *Abram*, ZBB 2003, 41, 45.

c) § 823 Abs. 2 BGB

Eine Schadensersatzverpflichtung nach § 823 Abs. 2 BGB setzt voraus, dass das Vorstandsmitglied gegen ein Gesetz verstoßen hat, das den Schutz eines anderen bezweckt. Auch hier kommt als Verletzungshandlung mit negativen Auswirkungen auf den Aktionär lediglich die Verletzung der Sorgfaltspflicht durch den Verstoß gegen Ziffer 4.3.4 Corporate Governance Kodex in Betracht.

Wie in Kapitel II. 3 d) erläutert, stellt allein der Verstoß gegen die Kodex-Empfehlung keine Verletzung des § 161 AktG dar.[25] Aus diesem Grund muss an dieser Stelle nicht geprüft werden, ob § 161 AktG ein Schutzgesetz im Sinne des § 823 Abs. 2 BGB darstellt. Dasselbe gilt für die §§ 15 Abs. 1 Satz 1, 20a Abs. 1 WpHG, 331 Nr. 1, 2 HGB, 400 Abs. 1 Nr. 1 AktG, 263 Abs. 1, 264a Abs. 1 StGB. Ihr Schutzgesetzcharakter und ein Verstoß gegen diese Vorschriften werden in der Regel bei der Abgabe einer unrichtigen Entsprechenserklärung geprüft. Bei der Untersuchung im Rahmen dieses Kapitels geht es jedoch nicht um mit einer unrichtigen Entsprechenserklärung im Zusammenhang stehende Schadensersatzansprüche. Es geht allein um die Verletzung der Sorgfaltspflicht durch den Verstoß gegen Ziffer 4.3.4 Corporate Governance Kodex. Eine Verletzung der zuvor genannten Vorschriften durch die bloße unterlassene Offenlegung einer Interessenkollision kommt jedoch unabhängig von ihrer Qualifizierung als Schutzgesetze nicht in Betracht.

Als Schutzgesetze käme im vorliegenden Fall zunächst § 93 Abs. 1 AktG in Betracht, aus dem sich die Sorgfaltspflicht ergibt, die das Vorstandsmitglied durch den Verstoß gegen Ziffer 4.3.4 Corporate Governance Kodex verletzt hat. Als Schutzgesetz käme des Weiteren Ziffer 4.3.4 Corporate Governance Kodex selbst in Betracht.

Eine Rechtsnorm kann dann als Schutzgesetz qualifiziert werden, wenn sie gerade dazu dienen soll, den Einzelnen oder einzelne Personenkreise vor der Verletzung eines Rechtsguts zu schützen. Maßgeblich sind dabei Inhalt und Zweck des Gesetzes nach der Intention des Gesetzgebers.[26] Nach dieser Definition kann § 93 Abs. 1 AktG nicht als Schutzgesetz qualifiziert werden, da

---

25 Ein solcher Verstoß läge nur dann vor, wenn das Vorstandsmitglied den Verstoß gegen die Kodex-Empfehlung über die Offenlegung von Interessenkollisionen nicht bei der nächsten Entsprechenserklärung offen legen würde sowie dann, wenn es eine Änderung seiner Absicht zur Befolgung dieser Kodex-Empfehlung nicht offen gelegt hat. Schadensersatzansprüche auf Grund dieser Verstöße sind jedoch von der Prüfung im Rahmen dieses Kapitels ausdrücklich ausgenommen.

26 Palandt/*Thomas*, § 823 Rn. 141; *Ettinger/Grützediek*, AG 2003,353, 359; *Abram*, ZBB 2003, 41, 45; *Berg/Stöcker*, WM 2002, 1569, 1578.

er lediglich dem Schutz der Aktiengesellschaft vor unsorgfältiger Geschäftsführung durch den Vorstand dient und zu diesem Zweck die Pflichten von Organmitgliedern aus ihrem durch die Bestellung begründeten Rechtsverhältnis zur Aktiengesellschaft festlegt.[27] Der Schutz der Aktionäre, insbesondere die Schaffung eines Schadensersatzanspruchs für diese bei einer Pflichtverletzung durch die Vorstandsmitglieder war vom Gesetzgeber nicht beabsichtigt.

Auch Ziffer 4.3.4 Corporate Governance Kodex ist kein Schutzgesetz. Gegen ihre Qualifizierung als Schutzgesetz spricht zunächst, dass die Kodex-Empfehlungen keine Rechtsnormen im Sinne des § 823 Abs. 2 BGB darstellen. Zwar gehören dazu nicht nur formelle Gesetze, sondern auch Verordnungen, polizeiliche Vorschriften und behördliche Einzelfallregelungen in Verbindung mit der ihnen zu Grunde liegenden Ermächtigungsnorm.[28] Wie jedoch bereits oben dargestellt, sind die Kodex-Empfehlungen nicht geeignet, Bindungen für die Vorstandsmitglieder zu schaffen. Auch aus § 161 AktG ergibt sich, dass von den Kodex-Empfehlungen abgewichen werden kann. Dies widerspricht jedoch dem Schutzgesetzcharakter.[29]

Durch die Nichtoffenlegung der Interessenkollision hat das Vorstandsmitglied somit nicht gegen ein Schutzgesetz verstoßen. Ein Schadensersatzanspruch des Aktionärs gegen das Vorstandsmitglied aus § 823 Abs. 2 BGB scheidet deshalb ebenfalls aus.

d) Ergebnis zu 3.

Weder aus § 823 Abs. 1 noch aus § 823 Abs. 2 BGB lässt sich ein Schadensersatzanspruch des Aktionärs gegen das Vorstandsmitglied herleiten, auf dessen Grundlage er Ersatz für die bei ihm durch etwaige Kursverluste eingetretene Vermögensminderung verlangen könnte.

---

27 Münch. Hdb. GesR IV/*Wiesner*, § 26 Rn. 28, der sich nur zum fehlenden Schutzgesetzcharakter des § 93 Abs. 2 AktG äußert; ebenfalls nur zu § 93 Abs. 2: *Hefermehl*, in Geßler/Hefermehl, § 93 Rn. 90; Köln. Komm. AktG/*Mertens*, § 93 Rn. 169; allgemein zu § 93 AktG: BGH NJW 1979, 1829; Großkomm. AktG/*Hopt*, § 93 Rn. 478. Die Untersuchung des Schutzgesetzcharakters des § 93 Abs. 2 AktG ist in diesem Zusammenhang verfehlt, da das Vorstandsmitglied bei einer Pflichtverletzung nicht gegen diese Vorschrift sondern gegen § 93 Abs. 1 AktG verstößt, aus dem sich die ihm obliegenden Pflichten ergeben.

28 Palandt/*Thomas*, § 823 Rn. 140.

29 *Ettinger/Grützediek*, AG 2003,353, 359; *Abram*, ZBB 2003, 41, 45; *Berg/Stöcker*, WM 2002, 1569, 1578.

4. Schadensersatzanspruch der Aktionäre aus § 826 BGB

Im Folgenden wird geprüft, ob sich aus § 826 BGB wegen des durch einen Kursverlust beim Aktionär verursachten Vermögensschadens ein Schadensersatzanspruch für den Aktionär ergibt. Dazu müsste jedoch das Vorstandsmitglied dem Aktionär in einer gegen die guten Sitten verstoßenden Weise vorsätzlich Schaden zugefügt haben. § 826 BGB gewährt auch ohne Verletzung eines bestimmten Lebensguts oder Rechts einen Schadensersatzanspruch bei bloßer Vermögensbeschädigung.[30]

Der Verstoß gegen die Sorgfaltspflicht, den das Vorstandsmitglied durch die unterlassene Offenlegung der Interessenkollision begeht, stellt als solches jedoch noch kein sittenwidriges Handeln dar. Hinzukommen müsste, dass dieser Pflichtverstoß im Sinne einer wertenden Betrachtung den Grundanschauungen über den loyalen Umgang der Rechtsgenossen untereinander in signifikanter Weise widerspricht.[31] Der *Bundesgerichtshof* hat für den Fall des Eingriffs in fremde Vertragsbeziehungen entschieden, dass die Schwelle, ab der ein Verhalten als sittenwidrig einzuschätzen ist, nicht zu niedrig angesehen werden darf.[32]
Zunächst ist zu berücksichtigen, dass sich die Pflichtwidrigkeit der unterlassenen Offenlegung der Interessenkollision aus einer Pflicht ergibt, die dem Vorstandsmitglied lediglich im Verhältnis zur Gesellschaft obliegt (vgl. 3.c)). Außerdem wird der mögliche Vermögensschaden durch ein Unterlassen verursacht. Eine Unterlassung ist jedoch nur dann als sittenwidrig zu beurteilen, wenn das Handeln, hier also die Offenlegung der Interessenkollision, einem sittlichen Gebot entspräche. Die bloße Nichterfüllung einer allgemeinen Rechtspflicht oder einer vertraglichen Pflicht genügt dafür nicht.[33]

Die Erfüllung dieser Voraussetzung ist jedoch bereits zweifelhaft. Zwar hat das Vorstandsmitglied auf Grund seiner Zustimmung zur Abgabe einer positiven Entsprechenserklärung und der nicht erklärten Abweichungsabsicht auch bei den Aktionären den Eindruck erweckt, es werde sich an die Kodex-Empfehlungen zur Offenlegung von Interessenkollisionen halten. Das Vorstandsmitglied setzt sich somit mit seinem Verhalten in Widerspruch zu dem von ihm durch die unterlassene Erklärung verursachten Eindruck. Dieser Widerspruch zwischen verursachtem Eindruck und tatsächlichem Verhalten rechtfertigt jedoch nicht allein die Qualifikation des Verhaltens des Vorstandsmitglieds als sittenwidrig.

---

30 Palandt/*Thomas*, § 826 Rn. 1.

31 BGH ZIP 1981, 872, 873; *Abram*, ZBB 2003, 41, 47 f.; Staudinger/*Oechsler*, § 826 Rn. 38.

32 BGH ZIP 1981, 872, 873.

33 Palandt/*Thomas*, § 826 Rn. 7, BGH NJW 1963, 148, 149; NJW 2001, 3702.

Abgesehen davon wird es in der Regel am erforderlichen Vorsatz fehlen. Vorsätzlich würde das Vorstandsmitglied nur dann handeln, wenn es bei der Unterlassung der Offenbarung der Interessenkollision im Bewusstsein handelte, dass diese Unterlassung den schädlichen Erfolg haben wird. Der Vorsatz muss die gesamten Schadensfolgen umfassen, so dass eine nur allgemeine Vorstellung über etwa mögliche Schädigungen nicht genügt.[34] Allerdings genügt ein bedingter Vorsatz, so dass es ausreichen würde, wenn das Vorstandsmitglied den als möglich erkannten Schaden billigend in Kauf nähme.

Es wurde jedoch bereits darauf hingewiesen, dass wissenschaftlich noch nicht bewiesen wurde, dass die Befolgung oder Nichtbefolgung des Corporate Governance Kodexes Einfluss auf den Aktienkurs der jeweiligen Aktiengesellschaft hat. Dies gilt erst recht für den Fall, dass sich herausstellt, dass ein Vorstandsmitglied (einmalig) gegen eine Kodex-Empfehlung verstoßen hat. Aus diesem Grund wird bei einem Vorstandsmitglied nicht von einem entsprechenden Schädigungsvorsatz ausgegangen werden können.

5. Sonstige Schadensersatzansprüche der Aktionäre

Bei Abgabe unrichtiger Entsprechenserklärungen und den dadurch begangenen Verstößen gegen die aus § 161 AktG folgende Wahrheits- und Aktualisierungspflicht werden in der Regel auch Schadensersatzansprüche der Aktionäre gegen das jeweilige Vorstandsmitglied auf der Grundlage der §§ 280 Abs. 1, 311 BGB, nach den Grundsätzen der bürgerlich-rechtlichen sowie der kapitalmarktrechtlichen Prospekthaftung geprüft. Diese Vorschriften bilden jedoch keine geeignete Anspruchsgrundlage für den Ersatz von Schäden, die ausschließlich durch die unterlassene Offenlegung von Interessenkollisionen verursacht wurden. Aus diesem Grund scheiden auch sonstige Schadensersatzansprüche der Aktionäre gegen das befangene Vorstandsmitglied aus.

6. Ergebnis zu V.

Die unterlassene Offenlegung der Interessenkollision kann dazu führen, dass die Aktiengesellschaft beim Abschluss eines Vertrags nicht ordnungsgemäß vertreten wurde. Entsteht ihr dadurch ein Schaden z.B. durch nutzlose Aufwendungen, ist das Vorstandsmitglied gegenüber der Aktiengesellschaft im Rahmen der Innenhaftung nach § 93 Abs. 2 AktG schadensersatzpflichtig. Die weiteren unter 2. b) aufgeführten Pflichtverletzungen wären zwar grundsätzlich ebenfalls geeignet auf Grundlage des § 93 Abs. 2 AktG Schadensersatzansprüche zu Gunsten der Aktiengesellschaft zu schaffen. In diesen Fäl-

34 Palandt/*Thomas*, § 826 Rn. 10.

len fehlt es jedoch an dem erforderlichen, durch die Pflichtverletzung kausal verursachten Schaden.

Gegenüber den Aktionären bestehen aus verschiedenen Gründen ebenfalls keine Schadensersatzverpflichtungen. Für einen Schadensersatzanspruch aus § 823 Abs. 1 BGB fehlt es an der Verletzung eines sonstigen Rechts. Ein Schadensersatzanspruch aus § 823 Abs. 2 BGB scheitert daran, dass kein Verstoß gegen ein Schutzgesetz vorliegt. Ein Anspruch aus § 826 BGB scheidet aus, da die Pflichtverletzung durch das Vorstandsmitglied nicht als sittenwidrig beurteilt werden kann.

Kapitel VI.: Regelungen zu Interessenkollisionen in anderen Rechtsordnungen

Im Rahmen dieses Kapitels wird einem kurzen Überblick dargestellt, ob andere Rechtsordnungen im Gegensatz zum deutschen Recht ausdrückliche Regelungen enthalten, welche die Konsequenzen von Interessenkollisionen bei Vorstandsmitgliedern einer Aktiengesellschaft betreffen, die auf Grund eines von der Aktiengesellschaft beabsichtigten Vertragsabschlusses entstehen. Dabei beschränkt sich dieses Kapitel auf das Recht der Europäischen Union (1.), Frankreichs (2.) und der USA (3.).

1. Regelungen auf der Ebene der Europäischen Union

Das Recht der Europäischen Union enthält derzeit keine Regelungen, welche die Konsequenzen von Interessenkollisionen bei Vorstandsmitgliedern einer Aktiengesellschaft auf Grund eines von der Aktiengesellschaft beabsichtigten Vertragsabschlusses betreffen. Solche Regelungen waren in der Vergangenheit zwar geplant. Sie wurden jedoch nicht in geltendes Recht umgesetzt.

a) Strukturrichtlinie

Die dritte Änderung des Vorschlags für eine fünfte gesellschaftsrechtliche EG-Richtlinie über die Struktur der Aktiengesellschaft sowie die Befugnisse und Verpflichtungen ihrer Organe vom 20. November 1991 (sog. Strukturrichtlinie)[1] enthielt in Art. 10 folgende Regelung:

> „*(1) Jeder Vertrag, an dem die Gesellschaft beteiligt ist und der auch nur mittelbar die Interessen eines Mitglieds des Leitungs- oder des Aufsichtsorgans berührt, bedarf zumindest der Genehmigung des Aufsichtsorgans.*
>
> *(2) Wenn ein Mitglied des Leitungs- oder Aufsichtsorgans erfährt, daß die Voraussetzungen des Absatzes 1 vorliegen, muß es davon beide Organe unterrichten. Es hat das Recht gehört zu werden; es darf jedoch an der Beratung und Beschlußfassung des Leitungsorgans über den Vertrag sowie der Beratung und Beschlußfassung des Aufsichtsorgans über die Erteilung der Genehmigung nach Absatz 1 nicht teilnehmen.*
>
> *(3) Über die nach Absatz 1 erteilten Genehmigungen ist die Hauptversammlung zu unterrichten.*

1 ABl.EG Nr. C 321 vom 12.12.1991, S. 9 ff.

(4) Das Fehlen der Genehmigung des Aufsichtsorgans oder die Unrechtmäßigkeit des Beschlusses über die Erteilung der Genehmigung kann Dritten nur entgegengehalten werden, wenn die Gesellschaft beweist, daß dem Dritten das Fehlen der Genehmigung oder die Unrechtmäßigkeit des Beschlusses bekannt war, oder daß er darüber nach den Umständen nicht in Unkenntnis sein konnte."

Das Vorhaben der Strukturrichtlinie gilt jedoch in dieser Form als gescheitert und wird nicht mehr weiter verfolgt.[2]

b) Statut der Europäischen Aktiengesellschaft

Auch der Vorschlag der Kommission für eine Verordnung (EWG) des Rates über das Statut der Europäischen Aktiengesellschaft vom 25. August 1989[3] enthielt eine vergleichbare Regelung:

„Artikel 73
(Interessenkonflikt)

1. *Jedes Geschäft, an dem ein Mitglied[4] ein Interesse hat, das dem der SE[5] entgegensteht, bedarf der Zustimmung des Aufsichts- oder Verwaltungsorgans.*
2. *Die Satzung der SE kann bestimmen, daß Absatz 1 nicht für laufende Geschäfte gilt, die zu den üblichen Bedingungen vereinbart wurden.*
3. *Ein Mitglied, auf das Absatz 1 Anwendung findet, hat das Recht, vor der Entscheidung über die Zustimmung gehört zu werden; es darf an der Beratung des für die Zustimmung zuständigen Organs nicht teilnehmen.*

---

2 *Krebs*, S. 125, Fn. 92; *Wiesner*, BB 2001, Beilage 8 zu Heft 44/2001, 1, 12 (I.A.5d) der Tabelle); das Scheitern manifestiert sich auch darin, dass der Richtlinienvorschlag in offiziellen Dokumenten nicht mehr bei den vorgeschlagenen Rechtsakten aufgeführt wird: Vgl. u.a. den Bericht der Hochrangigen Gruppe von Experten, Anhang 4, S. 3; Mitteilung der Kommission an den Rat und das Europäische Parlament vom 21.5.2003, KOM(2003) 284 endg., Anhang 2, S. 33, abrufbar unter http://europa.eu.int/eur-lex/pri/de/dpi/cnc/ doc/2003/com2003_0284de01.doc.

3 ABl.EG Nr. C 263 vom 16.10.1989, S. 41 ff.

4 Gemeint ist hier ein *Organ*mitglied.

5 Gemeint ist damit die Europäische Aktiengesellschaft.

4. *Die im Laufe eines Geschäftsjahres gemäß Absatz 1 erteilten Zustimmungen werden spätestens in der ersten Hauptversammlung nach Abschluß des Geschäftsjahres mitgeteilt.*
5. *Die fehlende Zustimmung kann Dritten nicht entgegengehalten werden, es sei denn, die SE weist nach, daß der Dritte von dem Erfordernis einer Zustimmung und von ihrem Fehlen Kenntnis hatte."*

Eine ähnliche Regelung für Vorstandsmitglieder war bereits im ersten Kommissionsvorschlag vom 30. Juni 1970 enthalten.[6] Begründet wurde die Regelung damit, dass die Vorstandsmitglieder nur dann ganz im Dienste der Gesellschaft stehen könnten, wenn es zwischen ihnen und der Gesellschaft keinen Interessenkonflikt gebe.[7]

Die Regelung des Art. 73 wurde allerdings im geänderten Vorschlag der Kommission vom 16. Mai 1991[8] ersatzlos gestrichen. Die Streichung der Vorschrift wurde damit begründet, dass Interessenkonflikte zwischen Organmitgliedern und der Europäischen Aktiengesellschaft entsprechend Art. 7 des Verordnungsvorschlags von 1991 im Rahmen des geltenden einzelstaatlichen Rechts geregelt werden sollten.[9]

---

6 ABl.EG Nr. C 124 vom 10.10.1970, S. 1 ff. Die Regelung in Art. 69 lautete: „...*3. Vorstandsmitgliedern ist es untersagt, Kredite in irgendeiner Form bei der Gesellschaft oder bei den von ihr abhängigen Gesellschaften aufzunehmen, sich Kontoüberziehungen auf Kontokorrent oder in anderer Weise gewähren oder eigene Verpflichtungen Dritten gegenüber durch die genannten Gesellschaften verbürgen oder avalieren zu lassen. Dieses Verbot gilt auch für den Ehegatten und für Verwandte der Vorstandsmitglieder in aufsteigender und absteigender Linie sowie für jede vorgeschobene Person. 4. Jede Vereinbarung, an der die Gesellschaft beteiligt ist und die auch nur mittelbar die Interessen eines Vorstandsmitglieds berührt, bedarf der Zustimmung des Aufsichtsrats. Das betreffende Vorstandsmitglied hat zu diesem Zweck die beabsichtigte Vereinbarung dem Aufsichtsrat schriftlich anzuzeigen. Das Fehlen der Zustimmung kann Dritten nicht entgegenhalten werden, es sei denn, die Gesellschaft weist nach, daß dem Dritten das Fehlen der Zustimmung bekannt war.*"

7 Begründung der Kommission zu Art. 69, Sonderbeilage zum Bulletin 8 - 1970 der Europäischen Gemeinschaften, S. 59.

8 ABl.EG Nr. C 176 vom 8.7.1991, S. 1, 41 ff.

9 Begründung der Kommission zum Verordnungsvorschlag von 1991, zu Art. 73, KOM(91) 174 endg., zitiert nach: *Krebs*, S. 126, Fn. 96.

Die am 8. Oktober 2001 vom Rat beschlossene Verordnung über das Statut der Europäischen Gesellschaft[10] enthält auf Grund der Änderung von 1991 keine Regelung mehr zu Interessenkonflikten bei Organmitgliedern.

c) Aktueller Stand

Das Recht der Europäischen Union enthält über die ursprünglich geplanten Regelungen hinaus zum derzeitigen Zeitpunkt keine Regelungen, welche Interessenkollisionen bei Vorstandsmitgliedern betreffen. Es ist auch nicht zu erwarten, dass entsprechende Regelungen in einen Europäischen Corporate Governance Kodex aufgenommen werden. Denn zum derzeitigen Zeitpunkt herrscht die Auffassung vor, dass ein solcher Kodex nicht erforderlich ist.[11]

2. Regelungen in Frankreich

Im Unterschied zum deutschen Recht und zum Recht der Europäischen Union enthält das französische Recht ausdrückliche Regelungen, welche Verträge betreffen, auf Grund derer u.a. bei Leitungs- und Aufsichtsorganen Interessenkollisionen entstehen können.

a) Grundzüge der geltenden Regelungen

Der französische Code de Commerce enthält in Art. L. 225-38 Abs. 1 und Art. L. 225-86 Abs. 1 die Bestimmung, dass jede Vereinbarung (*convention*), die unmittelbar oder mittelbar zwischen der Gesellschaft (*société anonyme*[12]) und u.a. einzeln aufgeführten Mitgliedern der Leitungs- und Aufsichtsorgane

---

10 ABl.EG Nr. L 294 vom 10.11.2001, S. 1 ff.; die Verordnung tritt am 8. Oktober 2004 in Kraft.

11 Vgl. dazu ausführlich Comparative Study, S. 81; Mitteilung der Kommission an den Rat und das Europäische Parlament vom 21.5.2003, KOM(2003) 284 endg., S. 13 f.; Synthesis, S. 7; Konsultationspapier der Hochrangigen Expertengruppe, S. 19 f.

12 Die *société anonyme* entspricht im Wesentlichen der deutschen Aktiengesellschaft.

geschlossen wird, zuvor vom Verwaltungsrat bzw. Aufsichtsrat genehmigt werden muss.[13]

Dasselbe gilt nach dem jeweiligen Abs. 2 dieser Vorschriften für Vereinbarungen, an denen die zuvor genannten Personen ein indirektes Interesse haben. Einer vorherigen Genehmigung bedürfen nach Abs. 3 der genannten Vorschriften außerdem Vereinbarungen zwischen der Gesellschaft und einem anderen Unternehmen, wenn die genannten Personen zu diesem Unternehmen eine besondere Beziehung unterhalten.

Einer Genehmigung bedarf es nach Art. L. 225-39 Abs. 1 und Art. L. 225-87 Abs. 1 Code de Commerce allerdings nicht, wenn es sich bei den Vereinbarungen um Vereinbarungen über laufende Geschäfte handelt, die zu allgemein üblichen Konditionen abgeschlossen werden.

b) Einzelheiten

aa) Definition der *convention*

Die Regelungen in Art. L. 225-38 ff. und Art. L. 225-86 ff. Code de Commerce knüpfen an den Begriff der *convention* an. Darunter wird allgemein die Übereinstimmung des Willens Mehrerer verstanden mit dem Ziel, einen rechtlichen Effekt herbeizuführen.[14] Verträge (sowohl einseitige als auch synallagmatische Verträge) unterfallen somit eindeutig dem Begriff der *convention*.

Einseitige Akte, für die der Wille einer einzigen Person zur Herbeiführung einer bestimmten Rechtsfolge ausreicht, würden nach der oben aufgeführten allgemeinen Definition nicht vom Begriff der *convention* erfasst. Da jedoch auch einseitige Akte die Gesellschaft ebenso wie Verträge möglicherweise schädigen könnten, wurde zumindest im Hinblick auf die Vorläuferregelun-

---

13 Art. L. 225-38 Code de Commerce betrifft die *société anonyme*, die nach dem monistischen System organisiert ist. Das bedeutet, dass die Gesellschaft durch einen Verwaltungsrat (*conseil d'administration*) geleitet wird. Oberstes Exekutivorgan ist der Präsident des Verwaltungsrats (*président-directeur général*), der von einem oder zwei Generaldirektoren (*directeur général*) unterstützt werden kann. Vgl. zu den Einzelheiten: *Giesen*, S. 18 ff. Art. L. 225-86 Code de Commerce hingegen betrifft die *société anonyme*, die nach dem dualistischen System organisiert ist. Das bedeutet, dass die Gesellschaft durch ein Direktorium (*directoire*) geleitet wird. Dem Aufsichtsrat (*conseil de surveillance*) obliegt die Kontrolle der Recht- und Zweckmäßigkeit der Geschäftsleitung durch das Direktorium. Vgl. zu den Einzelheiten ebenfalls: *Giesen*, S. 21 ff.

14 *Balensi*, Rn. 28; *Giesen*, S. 36.

gen der Loi n°66-537 vom 24. Juli 1966 sur les sociétés commerciales (Art. L. 101 und Art. L. 143) vertreten, dass der Begriff im Hinblick auf Sinn und Zweck der Regelungen weit ausgelegt werden müsse und deshalb auch solche einseitigen Akte erfasst würden.[15] Im Gegensatz dazu wurde die Anwendung der Regelungen auf Verträge ausgeschlossen, die allein den Vertragspartner der Gesellschaft verpflichteten und durch die der Gesellschaft keine Nachteile drohten.[16] Diese Auslegung scheint auch im Hinblick auf Sinn und Zweck der geltenden Regelungen zutreffend.

bb) Erfasste Vereinbarungen

Die Genehmigungspflicht betrifft drei Kategorien von Vereinbarungen: Vereinbarungen, die unmittelbar zwischen der Gesellschaft und den vom Gesetz bestimmten Personen geschlossen werden (1), Vereinbarungen, die zwar nicht mit diesen Personen geschlossen werden, an denen diese jedoch ein indirektes Interesse haben (2) sowie Vereinbarungen mit Unternehmen, zu denen diese Personen eine im Gesetz näher definierte besondere Beziehung haben (3).

(1) Vereinbarungen mit Mitgliedern der Leitungs- und Aufsichtsorgane

Die Genehmigungspflicht erfasst nach Art. L. 225-38 Abs. 1 und Art. L. 225-86 Abs. 1 Code de Commerce u.a. Vereinbarungen zwischen der Gesellschaft und ihrem Generaldirektor sowie zwischen der Gesellschaft und einem Mitglied des Verwaltungsrats bzw. des Direktoriums oder des Aufsichtsrats. Aus Art. L. 225-20 und Art. L. 225-76 Abs. 1 Code de Commerce ergibt sich, dass diese Regelung auch für natürliche Personen gilt, die als Repräsentanten juristischer Personen entsprechende Mandate ausüben.[17]

Eine Vereinbarung bedarf außerdem der Genehmigung, wenn sie zwischen der Gesellschaft und einer von den genannten Personen zwischengeschalteten Person (*personne interposée*) geschlossen wird. Diese Voraussetzung ist erfüllt, wenn das Organmitglied über eine Person eine Vereinbarung schließt, die ihm ausschließlich als Strohmann dient.[18]

---

15 *Balensi*, Rn. 35; *Giesen*, S. 37.

16 *Balensi*, Rn. 35; *Giesen*, S. 37.

17 In Frankreich ist es möglich, dass auch juristische Personen Mitglieder des Leitungs- oder Aufsichtsorgans sein können, vgl. Art. L. 225-20 Code de Commerce für den Verwaltungsrat und Art. L. 225-76 Code de Commerce für den Aufsichtsrat. Nach Art. L. 225-59 Code de Commerce gilt jedoch für das Direktorium, dass nur natürliche Personen zu Mitgliedern bestellt werden können.

18 *Balensi*, Rn. 81.

Bei den Vorläuferregelungen[19] war diese Konstellation als Sonderfall des indirekten Interesses ausgestaltet und nicht als Variante der Vereinbarungen zwischen der Gesellschaft und bestimmten Personen. Der französische Gesetzgeber ging aber bei der Gesetzesänderung anscheinend davon aus, dass die genannten Personen an solchen Verträgen nicht nur ein indirektes, sondern ein unmittelbar eigenes Interesse haben und die Zuordnung deshalb zu ändern war.

Bei der Anwendung von Art. L. 225-38 Abs. 1 und Art. L. 225-86 Abs. 1 Code de Commerce ist zu beachten, dass sie die Vertragsfreiheit einschränken und die Regelungen deshalb grundsätzlich restriktiv ausgelegt werden müssen.[20]

(2) Vereinbarungen, an denen Mitglieder der Leitungs- und Aufsichtsorgane ein indirektes Interesse haben

Vereinbarungen sind nach Art. L. 225-38 Abs. 2 und Art. L. 225-86 Abs. 2 Code de Commerce auch dann genehmigungsbedürftig, wenn eine der im jeweiligen Abs. 1 der Vorschriften genannten Personen an der Vereinbarung ein indirektes Interesse hat. Ein solch indirektes Interesse wird angenommen, wenn das betreffende Organmitglied aus der Vereinbarung einen Vorteil ziehen kann. Es kann, muss sich dabei jedoch nicht um einen pekuniären Vorteil handeln.[21] Der Vorteil muss allerdings von gewisser Bedeutung und geeignet sein, die Bedingungen der Vereinbarung zu beeinflussen.[22]

(3) Vereinbarungen mit Unternehmen, zu denen die Organmitglieder besondere Beziehungen unterhalten

Der Genehmigungspflicht unterfallen nach Art. L. 225-38 Abs. 3 und Art. L. 225-86 Abs. 3 Code de Commerce außerdem Vereinbarungen der Gesellschaft mit bestimmten Unternehmen. Die Genehmigungsbedürftigkeit setzt voraus, dass die im jeweiligen Abs. 1 der Vorschriften genannten Organmitglieder Eigentümer, persönlich haftende Gesellschafter, Geschäftsführer, Mitglieder des Verwaltungs- oder des Aufsichtsrats dieses Unternehmens sind oder es sonst irgendwie leiten.

---

19 Vgl. unter aa).

20 *Balensi*, Rn. 62; *Giesen*, S. 35.

21 *Hémard/Terré/Mabilat*, Rn. 1021.

22 *Balensi*, Rn. 80.

cc) Nicht erfasste Vereinbarungen

Von der Genehmigungspflicht nach Art. L. 225-39 Abs. 1 und Art. L. 225-87 Abs. 1 Code de Commerce ausgenommen sind Vereinbarungen über laufende Geschäfte (*opérations courantes*), die zu üblichen Konditionen (*conditions normales*) abgeschlossen werden.

Die Qualifikation als laufende Geschäfte setzt voraus, dass es sich um Geschäfte handelt, die die Gesellschaft im Rahmen ihrer üblichen Tätigkeiten gewöhnlicherweise ausführt.[23] Dafür genügt es nicht, dass die Tätigkeit den Unternehmenszweck lediglich betrifft. Darüber hinaus muss eine Verbindung zu den gewöhnlichen Aktivitäten der Gesellschaft bestehen.[24]

Um beurteilen zu können, ob es sich bei den vereinbarten Konditionen um übliche Konditionen im Sinne der gesetzlichen Regelung handelt, muss berücksichtigt werden, zu welchen Konditionen vergleichbare Vereinbarungen im Allgemeinen geschlossen werden. Dabei ist nicht nur auf die betreffende Gesellschaft abzustellen, sondern zusätzlich auf andere Unternehmen, die in demselben Sektor tätig sind.[25]

Aber auch wenn in diesen Fällen keine Genehmigung eingeholt werden muss, besteht nach dem jeweiligen Abs. 2 der Vorschriften die Verpflichtung, die Vereinbarung dem Präsidenten des Verwaltungs- bzw. Aufsichtsrats anzuzeigen. Eine Ausnahme von dieser Anzeigepflicht besteht nur für Vereinbarungen, die im Hinblick auf ihren Gegenstand und ihre finanziellen Folgen für keine der Parteien von besonderer Bedeutung sind.[26]

dd) Verfahrensablauf

Handelt es sich um eine Vereinbarung im Sinne der Art. L. 225-38 oder Art. L. 225-86 Code de Commerce, sieht das Gesetz ein komplexes Verfahren vor, das aus fünf Phasen besteht.

Zunächst haben die betroffenen Mitglieder der Leitungs- und Aufsichtsorgane, sobald sie Kenntnis von der Genehmigungsbedürftigkeit einer Vereinbarung erlangen, nach Art. L. 225-40 den Verwaltungsrat bzw. nach Art. L. 225-88 Code de Commerce den Aufsichtsrat zu informieren.

---

[23] *Balensi*, Rn. 87; *Merle*, Rn. 398; *Vidal*, Rn. 1024.

[24] *Vidal*, Rn. 1024.

[25] *Merle*, Rn. 398.

[26] Diese Ausnahme wurde erst durch ein Gesetz vom 1. August 2003 in den Code de Commerce eingefügt (Loi n°2003-706 de sécurité financière).

Der Verwaltungs- bzw. Aufsichtsrat hat dann über die Erteilung der Genehmigung zu entscheiden. Sind die betroffenen Organmitglieder zugleich Mitglieder des für die Genehmigung zuständigen Organs, dürfen sie an der Entscheidung über die Genehmigungserteilung jedoch nicht teilnehmen. Nach Art. L. 225-88 Abs. 1 und Art. L. 225-40 Abs. 1 Code de Commerce unterliegen sie insoweit einem Stimmverbot. Darüber hinaus darf die Stimme des Organmitglieds nach allgemeiner Auffassung, obwohl der Gesetzestext keine entsprechende Regelung enthält, weder bei der Berechnung des für die Beschlussfassung erforderlichen Quorums noch der Mehrheit berücksichtigt werden.[27]

Genehmigt der Verwaltungs- bzw. der Aufsichtsrat entsprechende Vereinbarungen, hat der jeweilige Präsident nach Art. L. 225-40 Abs. 2 bzw. Art. L. 225-88 Abs. 2 Code de Commerce den Abschlussprüfer über alle genehmigten Vereinbarungen zu informieren und sie der Hauptversammlung zum Zwecke der Zustimmung vorzulegen. Über Vereinbarungen, die der Verwaltungs- oder Aufsichtsrat nicht genehmigt hat, sind weder der Abschlussprüfer noch die Hauptversammlung zu informieren.[28] Das betroffene Organmitglied ist in diesem Fall auch nicht berechtigt, eine entsprechende Vorlage zu verlangen, wenn es z.B. der Auffassung ist, dass ihm die Genehmigung durch Verwaltungs- oder Aufsichtsrat zu Unrecht verweigert wurde.[29]

Der Abschlussprüfer hat nach Art. L. 225-40 Abs. 3 und Art. L. 225-88 Abs. 3 Code de Commerce für die Hauptversammlung einen Sonderbericht über die genehmigten Vereinbarungen zu erstellen und ihr vorzulegen. Dieser Sonderbericht hat alle Informationen zu enthalten, die für eine sachgerechte Entscheidung der Hauptversammlung erforderlich sind. Deshalb sind darin die Namen der betroffenen Organmitglieder und der (weiteren) Vertragsparteien zu nennen sowie die wesentlichen Modalitäten der Vereinbarungen (Preise und Tarife, Rückvergütungen und Provisionen, Zahlungsfristen, Zinsen, gestellte Sicherheiten etc.) darzustellen.[30]

Nach Vorlage des Sonderberichts entscheidet die Hauptversammlung darüber, ob sie den vom Verwaltungs- oder Aufsichtsrat genehmigten Vereinbarungen zustimmt. Die betroffenen Mitglieder der Leitungs- und Aufsichtsorgane sind nach Art. L. 225-40 Abs. 4 und Art. L. 225-88 Abs. 4 Code de Commerce nicht berechtigt, an der Abstimmung über die Erteilung der Zu-

---

27 *Merle*, Rn. 401; *Balensi*, Rn. 162; *Hémard/Terré/Mabilat*, Rn. 1029; *Giesen*, S. 49.

28 *Giesen*, S. 54; *Hémard/Terré/Mabilat*, Rn. 1033.

29 *Hémard/Terré/Mabilat*, Rn. 1030.

30 *Merle*, Rn. 401; *Vidal*, Rn. 1025.

stimmung teilzunehmen. Außerdem werden ihre Aktien bei der Berechnung des für die Beschlussfassung erforderlichen Quorums sowie der Mehrheit nicht berücksichtigt. Im Gegensatz zu der Abstimmung im Verwaltungs- und Aufsichtsrat sieht dies das Gesetz für die Abstimmung in der Hauptversammlung ausdrücklich vor.

Auch wenn die Hauptversammlung ihre Zustimmung verweigert, sind die Vereinbarungen nach Art. L. 225-41 Abs. 1 bzw. Art. L. 225-89 Abs. 1 Code de Commerce im Verhältnis zu Dritten weiterhin wirksam. Etwas anderes gilt nur, wenn sie auf Grund von betrügerischen Handlungen (*fraude*) für nichtig erklärt wurden. Aber auch wenn keine betrügerischen Handlungen vorliegen, kann dem betroffenen Organmitglied und eventuell sogar den anderen Mitgliedern des Verwaltungs- und Aufsichtsrats aufgegeben werden, die Konsequenzen der Vereinbarungen zu tragen, denen die Hauptversammlung nicht zugestimmt hat. Voraussetzung dafür ist allerdings, dass diese Konsequenzen für die Gesellschaft nachteilhaft sind.

Auch die Vereinbarungen, die geschlossen wurden, ohne zuvor die Genehmigung des Verwaltungs- bzw. Aufsichtsrats einzuholen, sind nicht automatisch nichtig. Art. L. 225-42 Abs. 1 und Art. L. 225-90 Abs. 1 Code de Commerce bestimmen allerdings, dass Vereinbarungen für nichtig erklärt werden können, wenn sie schädigende Auswirkungen auf die Gesellschaft hatten.

3. Regelungen in den USA

a) Allgemeines

In den USA liegt die Gesetzgebungskompetenz für das Gesellschaftsrecht und damit auch für das *corporation law* bei den einzelnen Bundesstaaten.[31] Im Rahmen dieser Dissertation ist es jedoch nicht möglich, die gesellschaftsrechtlichen Regelungen zu Interessenkollisionen in allen Bundesstaaten darzustellen. Deshalb wird beispielhaft auf die entsprechenden Regelungen in den Bundesstaaten Delaware, New York und Kalifornien eingegangen (b)). Diese Bundesstaaten sind als Inkorporationsstaaten besonders beliebt, so dass dort die meisten *business corporations* gegründet werden.[32]

---

[31] *Merkt*, Rn. 132 ff., 147 ff mit dem Hinweis darauf, dass die US-amerikanische Bundesverfassung zur Frage der Gesetzgebungskompetenz im Bereich des *corporation law* schweigt.

[32] Die *business corporation* kann als die amerikanische Grundform der Kapitalgesellschaft bezeichnet werden und ist der deutschen Aktiengesellschaft (insbesondere in der Form der *publicly held corporation*) wohl am ähnlichsten. Vgl. zu den Einzelheiten *Merkt*, Rn. 130 ff., 167 ff.

Im Anschluss daran werden die vom *American Law Institute* (ALI) verabschiedeten *Principles of Corporate Governance* dargestellt (c)). Denn sie sind auf Grund ihres Einflusses auf die Rechtsprechung für die Weiterentwicklung des US-amerikanischen Gesellschaftsrechts von Bedeutung.[33]

Auch auf Bundesebene bestehen gesetzliche Regelungen, die das Gesellschaftsrecht berühren. Dazu gehören z.B. Regelungen im Bereich des *antitrust law*, des *bankruptcy law*, des *corporate reorganization law*, des *tax law* und vor allem des *security law* (hier insbesondere der *Securities Act of 1933* und der *Securities Exchange Act of 1934)*. Auch der international viel beachtete *Sarbanes-Oxley Act* von 2000 enthält Regelungen zu Interessenkollisionen. Diese Regelungen werden in einem kurzen Überblick ebenfalls dargestellt (d)).

b) Regelungen zu Interessenkollisionen in den Bundesstaaten

aa) Geschichtliche Entwicklung

Bevor in den Bundesstaaten gesetzliche Regelungen für die Behandlung von Verträgen geschaffen wurden, auf Grund derer Interessenkollisionen bei den Mitgliedern des Leitungsorgans (*board of directors*) bestanden, hatte die Rechtsprechung Grundsätze entwickelt, welche die sog. *self-dealing transactions* betrafen.[34] Darunter werden Geschäfte verstanden, bei denen *board*-Mitglieder (*interested directors*) auf beiden Seiten des Geschäfts beteiligt sind.

In der Rechtsprechung wurde noch um 1880 die Auffassung vertreten, dass *self-dealing transactions* ausnahmslos anfechtbar seien, unabhängig davon, ob das konkrete Geschäft im Verhältnis zur Gesellschaft fair oder unfair war. Die Anwendung dieser Grundregel wurde jedoch auf Grund ihrer Unflexibilität von der Rechtsprechung um die Jahrhundertwende abgelehnt, wenn es sich um Geschäfte zwischen Gesellschaften handelte, deren *boards* zumindest teilweise mit denselben Personen besetzt waren (sog. *interlocking directorates*).

Bis 1910 herrschte dann die Auffassung vor, dass *self-dealing transactions* unter zwei Bedingungen nicht mehr anfechtbar sein sollten: Zunächst musste

33 *Merkt*, Rn. 710; American Law Institute, Principles of Corporate Governance, § 5.02, S. 212.

34 Vgl. zu den Einzelheiten: *Merkt* Rn. 703; *Hamilton*, Corporations, S. 311 f.; *Beveridge*, Loyola of Los Angeles Law Review, Vol. 33:97, S. 97 ff. mit Hinweisen auf einzelne Gerichtsentscheidungen.

die betreffende Transaktion von der Mehrheit der nicht befangenen (*disinterested*) *board*-Mitglieder nach der Offenlegung aller relevanten Umstände genehmigt worden sein. Außerdem durfte die Transaktion die Gesellschaft nicht unfair benachteiligen oder musste ihr einen Vorteil bringen. Beide Voraussetzungen waren kumulativ zu erfüllen.

In den sechziger Jahren setzte sich dann die Auffassung durch, dass *self-dealing transactions* immer dann Bestand hatten, wenn sie fair waren, und zwar unabhängig davon, ob sie vom *board* genehmigt wurden.

In den siebziger Jahren kodifizierten die meisten Bundesstaaten das auf *business corporations* anwendbare und damit auch das für *self-dealing transactions* geltende Recht. Dabei gehen die *corporation*-Gesetze der Bundesstaaten im Wesentlichen zurück auf den sog. *Model Business Corporation Act* (M.B.C.A.).[35] Der M.B.C.A. wurde von vielen Bundesstaaten in jeweils verschiedenen Fassungen und in teilweise sehr unterschiedlichem Umfang übernommen. Aus diesem Grund kann auch nicht von einem einheitlichen US-amerikanischen *corporation law* gesprochen werden, auch wenn die Regelungen in den verschiedenen Bundesstaaten teilweise große Ähnlichkeiten aufweisen. Die Regelungen in den einzelnen Bundesstaaten unterscheiden sich jedoch gerade bei den Einzelheiten.[36] Verschiedene Aspekte, die im Rahmen des *case law* entwickelt wurden, wurden von den einzelstaatlichen Gesetzen teilweise gar nicht berücksichtigt.[37] Die Rechtsprechung ist deshalb nach wie vor von großer Bedeutung für die Auslegung und Weiterentwicklung des *corporation law* in den USA.[38]

bb) Gemeinsamkeiten der einzelstaatlichen Regelungen

Fast alle auf *business corporations* anwendbaren Gesetze in den einzelnen Bundesstaaten enthalten Regelungen, die *self-dealing transactions* betreffen. Sie enthalten im Wesentlichen drei Grundsätze:

---

35 Vgl. zur geschichtlichen Entwicklung ausführlich: *Merkt*, Rn. 132, Fn. 111, Rn. 174 ff.

36 Vgl. hierzu die ausführliche Darstellung der Unterschiede in den einzelnen Bundesstaaten in: American Law Institute, Principles of Corporate Governance, § 5.02, S. 235 ff.

37 *Folk*, S. 75.

38 Vgl. hierzu *Black*, S. 3 ff., der einen Überblick über die Treupflichten gibt, die den *directors* neben den in den *corporation laws* der einzelnen Bundesstaaten festgelegten Pflichten bei *self-dealing transactions* obliegen und von der Rechtsprechung entwickelt wurden.

(1) Ist das Geschäft im Verhältnis zur Gesellschaft fair, dann hat es unabhängig von einer Genehmigung durch die Anteilseigner oder den *board* Bestand.[39]

(2) Stellt das Geschäft hingegen eine Verschwendung von Gesellschaftsvermögen dar oder steht es im Zusammenhang mit Betrug und benachteiligt es die Gesellschaft einseitig, kann es angefochten werden.[40] Nach dem Wortlaut der gesetzlichen Regelungen in den meisten Bundesstaaten können solche Geschäfte auch bei offensichtlichem Verstoß gegen das Fairnessgebot aufrecht erhalten werden, wenn der *board* dem fraglichen Geschäft zugestimmt hat. Nach der Rechtsprechung der Gerichte in vielen Bundesstaaten werden in diesem Fall aber auch solche Geschäfte aufgehoben, die vom *board* genehmigt wurden.[41]

(3) Lässt sich nicht eindeutig feststellen, ob das Geschäft fair ist bzw. ob Betrug oder Verschwendung vorliegt, kann das Geschäft aufrechterhalten werden, wenn entweder eine Mehrheit der *disinterested board*-Mitglieder oder der Anteilseigner dem Geschäft in Kenntnis der Interessenkollision zustimmt.[42]

Es ist anerkannt, dass die oben dargestellten Grundsätze nicht nur dann gelten, wenn ein *board*-Mitglied unmittelbar Partei eines Vertrags oder einer Transaktion ist, sondern darüber hinaus, wenn bei vernünftiger Betrachtung davon ausgegangen werden kann, dass seine Entscheidung durch sein finanzielles Interesse beeinflusst wird.[43] Gerichte haben außerdem bereits entschieden, dass die dargestellten Grundsätze auch auf solche Geschäfte anwendbar sind, die von der Ehefrau oder einem unmittelbaren Familienangehörigen eines *board*-Mitglieds geschlossen wurden.[44]

---

39 *Hamilton*, Cases and Materials, S. 737.

40 *Hamilton*, Cases and Materials, S. 737.

41 *Merkt*, Rn. 713; Remillard Brick Co. v. Remillard-Dandini Co., 109 Cal.App.2d 405, 241 P.2d 66 (1952), abgedruckt in: *Jennings*, S. 453 ff.

42 *Merkt*, Rn. 705; *Hamilton*, Corporations, S. 314.

43 *Merkt*, Rn. 716.

44 Vgl. die zitierten Gerichtsentscheidungen in: American Law Institute, Principles of Corporate Governance, § 5.02, S. 241 sowie *Merkt*, Rn. 712.

cc) Regelungen in Delaware, New York und Kalifornien

Die auf *corporations* anwendbaren Gesetze der Bundesstaaten Delaware, New York und Kalifornien[45] enthalten spezielle Regelungen zu Verträgen, auf Grund derer Interessenkollisionen bei *board*-Mitgliedern bestehen.[46]

(1) Delaware

Nach Section 144 Del. Gen. Corp. Law sind Verträge oder Transaktionen zwischen einer Gesellschaft und einem oder mehreren ihrer *directors* oder *officers*[47] oder zwischen der Gesellschaft und einer anderen Gesellschaft, einer Gesellschaft in Form einer *partnership*, einer Vereinigung oder einer anderen Organisation, an der einer oder mehrere ihrer *directors* oder *officers* ein finanzielles Interesse haben, nicht alleine aus diesem Grund nichtig oder anfechtbar. Sie sind auch nicht alleine deshalb nichtig, weil der *director* oder *officer* auf der *board*- oder Ausschusssitzung anwesend war, auf welcher dem Vertrag oder der Transaktion zugestimmt wurde oder weil seine Stimme bei der entsprechenden Abstimmung berücksichtigt wurde.

Section 144 Del. Gen. Corp. Law ist bewusst weit gefasst und erfasst deshalb nicht nur Verträge, sondern auch sonstige Geschäfte und Transaktionen zwischen der Gesellschaft und den betroffenen *directors* und *officers*. Die Vorschrift ist insofern allumfassend.[48] Voraussetzung für die Aufrechterhaltung der genannten Verträge und Transaktionen ist jedoch die Erfüllung einer von drei gesetzlich vorgesehenen, im Folgenden dargestellten weiteren Voraussetzungen:

(1) Dem Organ (*board of directors* oder Ausschuss), das dem Vertrag oder der Transaktion in gutem Glauben (*good faith*) zustimmt, wurden die wesentlichen Tatsachen über die Beziehung oder das Interesse des betreffenden *directors* oder *officers* sowie die wesentlichen Tatsachen über den Vertrag oder die Transaktion gegenüber offen gelegt. Eine Offenlegung ist nicht erforderlich, wenn diese Tatsachen dem Organ bereits bekannt waren.

---

45 Das Delaware General Corporation Law (Del. Gen. Corp. Law) als Teil des Delaware Code ist abrufbar unter http://www.delcode.state.de.us/index.htm, das New York Business Corporation Law (N.Y. Bus. Corp. Law) unter http://assembly.state.ny.us/leg/?cl=13, der California Corporations Code (Cal. Corp. Code) unter http://www.ss.ca.gov/business/ corp/corporate.htm.

46 Subchapter IV Section 144 Del. Gen. Corp. Law, Art. 7 Section 713 N.Y. Bus. Corp. Law, Title 1 Division 1 Chapter 3 Section 310 Cal. Corp. Code.

47 Ein *officer* ist ein leitender Angestellter, der in der Praxis oft zugleich Mitglied des *board of directors* ist.

48 *Folk*, S. 82.

Die Zustimmung zu dem Vertrag oder der Transaktion bedarf einer Mehrheit der *disinterested directors*, auch wenn die Anzahl dieser *directors* weniger beträgt als für einen Beschluss erforderlich ist (Section 144 (a) (1) Del. Gen. Corp. Law). Die Stimmen der *interested directors* dürfen jedoch berücksichtigt werden, wenn es um die Feststellung der Beschlussfähigkeit des *board of directors* oder des Ausschusses geht, der über die Erteilung der Zustimmung zu dem Vertrag oder der Transaktion entscheidet (Section 144 (b) Del. Gen. Corp. Law). Diese Regelung kann allerdings durch die *articles of incorporation* oder die *bylaws*[49] geändert werden.[50]

(2) Der Vertrag oder die Transaktion ist außerdem dann weder nichtig noch anfechtbar, wenn Anteilseigner für die Erteilung der Zustimmung zuständig sind und diese dem Vertrag oder der Transaktion nach Offenlegung oder in Kenntnis der wesentlichen Tatsachen in gutem Glauben zustimmen (Section 144 (a) (2) Del. Gen. Corp. Law). Dafür genügt allerdings nicht, dass z.B. auf Grund von während der Versammlung einsehbaren Büchern lediglich die Möglichkeit der Kenntnisnahme bestand. Ebenfalls nicht ausreichend ist die Zustimmung zum Versammlungsprotokoll, welches über die Offenlegung berichtet. Derjenige, der sich auf die Genehmigung durch die Anteilseigner beruft, hat vielmehr zu beweisen, dass die Genehmigung in voller Kenntnis aller wesentlichen Tatsachen erfolgte.[51] Im Gegensatz zu der Zustimmung des *board of directors* oder des Ausschusses fordert das Gesetz nicht, dass die Zustimmung von nicht befangenen Anteilseignern erteilt wird.[52]

(3) Verträge und Transaktionen sind außerdem auch dann weder nichtig noch anfechtbar, wenn sie im Hinblick auf die Gesellschaft und den Zeitpunkt der Zustimmung, Einwilligung oder Genehmigung durch das zuständige Organ *fair* sind (Section 144 (a) (3) Del. Gen. Corp. Law). Dabei kann von Fairness gesprochen werden, wenn ein vollständig unabhängiger *board of directors* auf der Basis der Informationen, welche die *interested directors* zur Verfügung gestellt haben, dieselbe Entscheidung getroffen hätte.[53]

Neben der dargestellten Regelung zu Verträgen und Transaktionen beschränkt § 143 Del. Gen. Corp. Law darüber hinaus die Möglichkeit für die Gesellschaft, ihren Angestellten und *officers*, und zwar unabhängig davon, ob sie zusätzlich das Amt eines *directors* ausüben, Darlehen zu gewähren,

---

49 Die *articles of incorporation* sind mit der Satzung der Aktiengesellschaft, die *bylaws* mit einer Geschäftsordnung vergleichbar, vgl. dazu *Merkt*, Rn. 269 ff.

50 *Folk*, S. 89.

51 *Folk*, S. 84.

52 *Folk*, S. 86.

53 Vgl. *Folk*, S. 82, und die dort zitierten Urteile.

Leistungen zu garantieren oder sie auf andere Art zu unterstützen. Die Vorschrift verlangt für die Zulässigkeit solcher Leistungen, dass vernünftigerweise erwartet werden kann, dass die Gesellschaft davon profitieren kann. Die Vorschrift ist nicht nur auf eigene Angestellte und *officers* anzuwenden, sondern auch auf solche von Tochtergesellschaften.

(2) Kalifornien

Section 310 Cal. Corp. Code entspricht im Wesentlichen der Regelung im Delaware General Corporation Law. Es bestehen jedoch einige erhebliche Unterschiede:

So betrifft Section 310 Cal. Corp. Code z.B. nur *directors*, nicht jedoch *officers*. Im Unterschied zur Regelung in Delaware ist außerdem ausdrücklich die nachträgliche Genehmigung (*ratification*) der Verträge und Transaktionen durch den *board* und einen Ausschuss vorgesehen. Die kalifornische Regelung bestimmt des Weiteren ausdrücklich, dass bei der Zustimmung durch die Anteilseigner die Aktien der *interested directors* nicht berücksichtigt werden (Section 310 (a) (1) Cal. Corp. Code).

Section 310 Cal. Corp. Code unterscheidet außerdem bei den zu erfüllenden Voraussetzungen für die Aufrechterhaltung von Verträgen und Transaktionen einerseits zwischen Verträgen und Transaktionen zwischen der Gesellschaft und dem *director* sowie zwischen der Gesellschaft und einer anderen Gesellschaft, einem Unternehmen oder einer Vereinigung, an welcher der *director* ein wesentliches finanzielles Interesse hat (Section 310 (a) Cal. Corp. Code), und andererseits zwischen Verträgen und Transaktionen zwischen der Gesellschaft und einer anderen Gesellschaft oder Vereinigung, bei denen einer ihrer *directors* ebenfalls die Funktion eines *directors* ausübt (Section 310 (b) Cal. Corp. Code).

Bei der Zustimmung, Einwilligung oder nachträglichen Genehmigung durch den *board* oder einen Ausschuss ist außerdem erforderlich, dass der Vertrag oder die Transaktion zum Zeitpunkt der Zustimmung, Einwilligung bzw. Genehmigung gerecht (*just*) und vernünftig (*reasonable*) ist (Section 310 (a) (2) Cal. Corp. Code). Diese strengere Voraussetzung ist jedoch nur bei Verträgen und Transaktionen zwischen der Gesellschaft und dem *director* zu erfüllen sowie bei Verträgen und Transaktionen zwischen der Gesellschaft und einer anderen Gesellschaft, einem Unternehmen oder einer Vereinigung, an welcher der *director* ein wesentliches finanzielles Interesse hat. Für Verträge und Transaktionen zwischen der Gesellschaft und einer anderen Gesellschaft oder Vereinigung, von denen einer ihrer *directors* ebenfalls die Funktion eines *directors* ausübt, genügt die Zustimmung des *board*, des Ausschusses bzw. der Anteilseigner.

Section 310 (a) (3) Cal. Corp. Code enthält zudem eine ausdrückliche Regelung der Beweislast. Danach trägt für den Fall, dass einem Vertrag oder einer Transaktion nicht nach den vorhergehenden Regelungen zugestimmt wurde, derjenige, der sich auf die Wirksamkeit des Vertrags oder der Transaktion beruft, die Beweislast dafür, dass der Vertrag oder die Transaktion zum Zeitpunkt der Zustimmung, Einwilligung oder Genehmigung *just* und *reasonable* ist.

Neben § 310 Cal. Corp. Code besteht noch eine weitere Regelung, die bestimmte Handlungen der Gesellschaft gegenüber ihren *directors* und *officers* einschränkt.

Nach § 315 (a) Cal. Corp. Code darf die Gesellschaft einem *director* oder *officer* grundsätzlich kein Geld oder sonstiges Vermögen als Darlehen zur Verfügung stellen oder ihm Leistungen garantieren. Dies ist jedoch dann zulässig, wenn einer entsprechenden Transaktion von der Mehrheit der Anteilseigner zugestimmt wurde. Entsprechende Transaktionen sind außerdem zulässig, wenn sie im betrieblichen Sozialzulagewesen (*employee benefit plan*) vorgesehen sind und diesem nach Offenlegung der daraus folgenden Rechte von der Mehrheit der Anteilseigner zugestimmt wurde. Die Stimmen der von der Transaktion bzw. dem betrieblichen Sozialzulagewesen betroffenen *directors* und *officers* bleiben bei der diesbezüglichen Abstimmung unberücksichtigt (Section 315 (g) (1), (2) Cal. Corp. Code). Die Einschränkung der genannten Leistungen gelten nicht nur für *directors* und *officers* der Gesellschaft, sondern auch solcher der Muttergesellschaft.

Unter bestimmten, gesetzlich näher definierten Voraussetzungen kann auch der *board* nach § 315 (b) Cal. Corp. Code einem solchen Darlehen oder einer Garantie zu Gunsten eines *officers* (unabhängig davon, ob er zusätzlich das Amt eines *directors* ausübt) oder dem betrieblichen Sozialzulagewesen zustimmen. In diesem Fall dürfen jedoch die Stimmen von *interested directors* nicht berücksichtigt werden, wenn der *board* entscheidet, dass vernünftigerweise erwartet werden kann, dass ein solches Darlehen, eine Garantie oder das betriebliche Sozialzulagewesen der Gesellschaft nützen wird.

(3) New York

Auch Section 713 des N.Y. Bus. Corp. Law entspricht im Wesentlichen der Regelung des Delaware General Corporation Law. Die Regelung betrifft allerdings wie der California Corporations Code nur *directors* und nicht *officers*. Sie enthält außerdem keinen ausdrücklichen Hinweis darauf, ob eine nachträgliche Genehmigung des Vertrags oder der Transaktion möglich ist. Section 713 N.Y. Bus. Corp. Law greift u.a. dann, wenn ein *director* an einer anderen Gesellschaft, die Vertragspartner oder Partner einer Transaktion ist, ein Interesse hat. Wie schon die kalifornische Regelung fordert auch Section 713 (a) N.Y. Bus. Corp. Law jedoch ein wesentliches finanzielles Interesse.

Im Gegensatz sowohl zur Regelung in Delaware als auch zur kalifornischen Regelung ist aber nach dem Wortlaut der Regelung nur die Offenlegung der wesentlichen Tatsachen über das Interesse des *directors* oder *officers* am Vertrag oder an der Transaktion, die Offenlegung der doppelten Eigenschaft als *director* oder *officer* sowie des finanziellen Interesses erforderlich. Es ist hingegen nicht erforderlich, dass alle übrigen wesentlichen Umstände des Vertrags oder der Transaktion offen zu legen sind. Diese können jedoch für die Entscheidung über die Zustimmung von erheblicher Bedeutung sein. Deshalb haben Gerichte bereits entschieden, dass über den Gesetzeswortlaut hinaus auch solche Umstände offen gelegt werden müssen.[54]

Ein weiterer wesentlicher Unterschied besteht bei der Zustimmung durch den *board* oder einen Ausschuss: Genügen die Stimmen der *disinterested directors* nicht für eine Zustimmung (z.B. weil die Mehrheit der *directors* zu den *interested directors* zählt), kann die Zustimmung nur einstimmig durch alle *disinterested directors* erteilt werden.

Section 714 des N.Y. Bus. Corp. Law beschränkt die Gesellschaft ebenfalls in der Möglichkeit ihren *directors* Geld als Darlehen zu gewähren oder ihnen sonstige Leistungen zu garantieren. Dies ist nur zulässig, wenn entweder eine Mehrheit der Anteilseigner dem zugestimmt hat, die Gründungsurkunde der Gesellschaft dies ausdrücklich zulässt oder der *board* entscheidet, dass ein derartiges Darlehen oder eine Garantie der Gesellschaft nützt und er dem Darlehen oder der Garantie oder einem allgemeinen Plan zustimmt, der solche Darlehen und Garantien zulässt. Das Gesetz regelt ausdrücklich, dass bei der Abstimmung durch die Anteilseigner die Aktien von durch das Darlehen oder die Garantie begünstigten *directors* nicht berücksichtigt werden dürfen.

c) Principles of Corporate Governance

Die Empfehlungen des ALI enthalten ebenfalls eine Regelung, welche Transaktionen betreffen, bei denen Interessenkollisionen bei *directors* und *officers* auftreten.[55] Nach § 5.02 der ALI Principles of Corporate Governance

---

54 *Merkt*, Rn. 712.

55 Eine solche Interessenkollision liegt nach § 1.23 der ALI Principles of Corporate Governance nicht nur dann vor, wenn der *director* oder *officer* Partei einer Transaktion ist, sondern auch dann, wenn eine Person, zu der er eine geschäftliche, finanzielle oder familiäre Beziehung hat, Partei der Transaktion ist oder eine solche Person an der Transaktion ein wesentliches pekuniäres Interesse hat.

sind der Interessenkonflikt sowie die betreffende Transaktion gegenüber dem Organ offen zu legen, das die Transaktion entweder im Voraus oder nachträglich genehmigt.

Es muss außerdem zusätzlich eine der folgenden Voraussetzungen erfüllt sein: (1) Die Transaktion ist zum Zeitpunkt der entsprechenden Vereinbarung im Verhältnis zur Gesellschaft fair. (2) Die Transaktion wurde nach entsprechender Offenlegung im Vorhinein von *disinterested directors* genehmigt. Im Fall eines leitenden Angestellten muss die Transaktion von einem nicht befangenen Vorgesetzten genehmigt worden sein, der vernünftigerweise davon ausgehen durfte, dass die Transaktion zum Zeitpunkt der Genehmigung fair war. (3) Die Transaktion wurde im Nachhinein nach entsprechender Offenlegung durch *disinterested directors* genehmigt, die vernünftigerweise davon ausgehen durften, dass die Transaktion zum Zeitpunkt ihrer Vereinbarung fair war. (4) Die Transaktion wurde im Vorhinein oder nachträglich nach einer entsprechenden Offenlegung von nicht interessierten Anteilseignern genehmigt und stellt zum Zeitpunkt der Entscheidung durch die Anteilseigner keine Verschwendung von Gesellschaftsvermögen dar.

Die ALI Principles of Corporate Governance enthalten darüber hinaus eine Regelung zur Beweislast. Danach soll derjenige die Beweislast tragen, der die Wirksamkeit einer Transaktion zwischen der Gesellschaft und einem *director* oder leitenden Angestellten angreift. Eine Ausnahme gilt für den Fall, dass derjenige, der die Gültigkeit angreift, darlegen kann, dass die erforderliche Genehmigung durch die *board*-Mitglieder oder die Anteilseigner fehlt. In diesem Fall muss derjenige, der sich auf die Wirksamkeit beruft, darlegen, dass die Transaktion im Verhältnis zur Gesellschaft fair war.

Im Unterschied zu den oben dargestellten Regelungen der einzelnen Bundesstaaten ist nach den ALI Principles of Corporate Governance eine Transaktion damit auch dann anfechtbar, wenn sie aus Sicht der Gesellschaft fair war. Voraussetzung dafür ist lediglich, dass die Offenlegung der Interessenkollision und der sonstigen relevanten Umstände unterlassen wurde. Außerdem stellen die ALI Principles of Corporate Governance teilweise auf einen subjektivierten Fairnesstest ab, indem zu prüfen ist, ob die Transaktion nach der vernünftigen Überzeugung der jeweils maßgeblichen Person als fair betrachtet werden konnte. Es käme insofern nicht mehr auf die nachträgliche Beurteilung der Transaktion durch das Gericht an.[56]

---

[56] *Merkt*, Rn. 710.

d) Regelungen zu Interessenkollisionen nach dem Sarbanes-Oxley Act

Als gesetzgeberische Reaktion auf die Skandale um Enron und WorldCom verabschiedeten der US-amerikanische Kongress und der Senat Ende Juli 2002 den sog. Sarbanes-Oxley Act. Er trat zumindest in Teilen mit dem Erlass durch den US-Präsidenten am 30. Juli 2002 in Kraft. Der Sarbanes-Oxley Act soll das verlorene Vertrauen der Anleger in den US-amerikanischen Wertpapiermarkt zurückgewinnen und stärken.[57] Er ist auf US-Prüfungsgesellschaften und US-amerikanische börsennotierte Gesellschaften anwendbar. Darüber hinaus werden aber auch ausländische Prüfungsgesellschaften sowie ausländische Unternehmen von dem Sarbanes-Oxley Act erfasst, die an einer US-amerikanischen Börse notiert sind.[58]

Der Sarbanes-Oxley Act enthält zahlreiche Regelungen, welche die Corporate Governance Regeln und Bestimmungen über die Verantwortlichkeit von *directors* und *officers* verschärfen.

Er erweitert außerdem die Berichterstattungspflichten und ändert die Regelungen für die damit zusammenhängende Durchsetzung und Verfolgung im Wertpapierhandelsrecht. Er führt darüber hinaus ein neues aufsichtsrechtliches System für Wirtschaftsprüfungsgesellschaften ein, welche Unternehmen prüfen, die gesetzlich verpflichtet sind, Abschlüsse und sonstige Berichte bei der *Securities and Exchange Commission* (SEC), der US-Börsenaufsichtsbehörde, einzureichen. In diesem Zusammenhang werden u.a. neue Standards für die Beurteilung der Unabhängigkeit von Wirtschaftsprüfern eingeführt.

Der Sarbanes-Oxley Act erweitert zudem die Offenlegungspflichten im Hinblick auf potenzielle Interessenkonflikte in den Berichten von Wertpapieranalysten. Erweitert wird auch die aufsichtsrechtliche Prüfung der von den Unternehmen offen gelegten Informationen durch die SEC und deren Durchsetzungs- und Ahndungsrechte. Es werden außerdem höhere zivil- und strafrechtliche Strafen für Verstöße gegen Wertpapierhandelsgesetze eingeführt.

Im Rahmen der erweiterten Berichterstattungspflichten sind nach Section 403 bestimmte Transaktionen offen zu legen, an denen das Management sowie wesentliche Anteilseigner beteiligt sind. Nach Section 402 sind persönliche Kredite an *directors* und *executive officers* nur unter bestimmten Voraussetzungen zulässig.

---

57 *Hütten/Stromann*, BB 2003, 2223.

58 *Hütten/Stromann*, BB 2003, 2223.

Nach Section 406 ist die Schaffung eines Ethik-Kodexes (*code of ethics*) für *senior financial officers* vorgesehen[59], der u.a. Regelungen zum Umgang mit Interessenkonflikten auf Grund persönlicher und professioneller Beziehungen enthalten soll. Die SEC definiert diesen *code of ethics* in einer Ausführungsregelung[60] als schriftlich niedergelegte Standards zur Abwendung von Fehlverhalten.

Nach Section 406 Abs. (a) hat die SEC Regelungen zu erlassen, die einen Emittenten, wie er in Section 2 Abs. (a) Unterabsatz (7) des Sarbanes-Oxley Act näher definiert ist, dazu verpflichten, offen zu legen, ob er einen *code of ethics* für die oben genannten Personen erlassen hat.[61]

4. Zusammenfassung zu Kapitel VI.

Auf der Ebene der Europäischen Union bestehen keine Regelungen, die Verträge oder sonstige Transaktionen betreffen, bei denen Interessenkonflikte bei den Mitgliedern der Leitungsorgane von Aktiengesellschaften auftreten. Die Schaffung solcher Regelungen ist zur Zeit auch nicht vorgesehen.

Sowohl in Frankreich als auch in den USA bestehen ausführliche Regelungen, die ein spezielles Verfahren vorsehen, das durchlaufen werden muss, wenn Mitglieder der Leitungsorgane an einem Geschäft ein besonderes Interesse haben.

---

59 Dazu gehören nach dem Sarbanes-Oxley Act der Finanzvorstand, die Leiter Controlling und Externes Rechnungswesen sowie Personen mit vergleichbaren Funktionen.

60 SEC Final Rule: Disclosure Required by Sections 406 and 407 of the Sarbanes-Oxley Act of 2002, Release Nos. 33-8177; 34-47235; File No. S7-40-02, abrufbar unter http://www.sec.gov/rules/final/33-8177.htm.

61 In der oben genannten Ausführungsregelung erweitert die SEC diese Offenlegungsverpflichtung dahin gehend, dass die Gesellschaft zusätzlich offen legen muss, ob der *code of ethics* auch für den Vorstandsvorsitzenden gilt.

Kapitel VII.: Thesen

1. Pflicht zur Offenbarung von Interessenkonflikten

a) Es besteht keine allgemeine Verpflichtung, nach der Vorstandsmitglieder bei ihnen im Rahmen der Ausübung ihres Vorstandsmandats auftretende Interessenkollisionen immer und ohne Weiteres gegenüber dem Aufsichtsrat oder den übrigen Vorstandsmitgliedern offen legen müssten.

b) Vorstandsmitglieder sind jedoch zur Offenbarung von Interessenkollisionen verpflichtet,

aa) wenn die Aktiengesellschaft anderenfalls nicht ordnungsgemäß nach § 112 AktG vom Aufsichtsrat vertreten würde,

bb) wenn der Vorstand über den Abschluss eines Vertrags mit einer Drittgesellschaft berät und abstimmt und für das befangene Vorstandsmitglied ein Stimmverbot besteht,

cc) wenn die Kodex-Empfehlung zur Offenlegung von Interessenkollisionen durch Anstellungsvertrag, Satzung oder einstimmigen Beschluss in eine verbindliche Verhaltenspflicht umgewandelt wurde,

dd) wenn ein Vorstandsmitglied für die Abgabe der Entsprechenserklärung gestimmt oder bei ablehnender Stimmabgabe nicht ausdrücklich erklärt hat, dass es sich entgegen des Mehrheitsbeschlusses nicht an die Kodex-Empfehlung zur Offenlegung von Interessenkollisionen halten wird,

ee) wenn das Vorstandsmitglied es unterlässt, eine spätere Änderung seiner ursprünglichen Befolgungsabsicht gegenüber Vorstand und Aufsichtsrat zu erklären,

ff) wenn die Interessenkollision so schwer wiegt, dass das Vorstandsmitglied nicht mehr in der Lage ist, seinen Verpflichtungen gegenüber der Aktiengesellschaft nachzukommen oder

gg) wenn sonstige Umstände vorliegen, welche die Offenlegung von Interessenkollisionen im konkreten Fall erfordern, um einen anderenfalls drohenden Schaden von der Gesellschaft abzuwenden.

2. Vertretung der Aktiengesellschaft beim Vorliegen von Interessenkollisionen

a) Allein das Vorliegen einer Interessenkollision bei einem Vorstandsmitglied führt nicht dazu, dass der Aufsichtsrat gemäß § 112 AktG zur Vertretung der Aktiengesellschaft befugt ist.

b) § 112 AktG greift nicht erst ein, wenn die Aktiengesellschaft einen Vertrag mit einem Vorstandsmitglied schließt. Die Vorschrift ist bereits dann anwendbar, wenn die Aktiengesellschaft einen Vertrag mit einer Gesellschaft schließt, deren Alleingesellschafter ein Vorstandsmitglied ist.

3. Bestehen eines Stimmrechtsausschlusses sowie eines Teilnahmeverbots beim Vorliegen einer Interessenkollision

a) Ein Vorstandsmitglied ist analog §§ 28 Abs. 1, 34 BGB in der Regel dann vom Stimmrecht ausgeschlossen, wenn im Vorstand darüber beschlossen wird, ob die Aktiengesellschaft einen Vertrag mit einer Gesellschaft abschließt, deren Mehrheitsgesellschafter das Vorstandsmitglied ist. Hat das Vorstandsmitglied die Stellung eines Minderheitsgesellschafters ist ein Stimmverbot nur dann zu bejahen, wenn das Vorstandsmitglied die Gesellschaft auf Grund spezieller Regelungen wie ein Mehrheitsgesellschafter beherrschen kann. Darüber hinaus genügt die bloße persönliche Beziehung zu einem potenziellen Vertragspartner oder dem Alleingesellschafter desselben nicht, um ein Stimmverbot zu bejahen.

b) Der Verstoß gegen das Stimmverbot macht den Vorstandsbeschluss nur dann nichtig, wenn sich nicht feststellen lässt, welches Ergebnis der Beschluss ohne Berücksichtigung der Stimme des befangenen Vorstandsmitglieds gehabt hätte. Im Übrigen ist das Beschlussergebnis unter Abzug der Stimme des befangenen Vorstandsmitglieds zu korrigieren.

c) Eine Interessenkollision, die zu einem Stimmverbot führt, führt nicht dazu, dass das Vorstandsmitglied auch von der Sitzung ausgeschlossen ist, in welcher der Vorstand über den Vertragsabschluss berät und beschließt.

4. Schadensersatzverpflichtungen des befangenen Vorstandsmitglieds

a) Das Vorstandsmitglied macht sich durch die unterlassene Offenlegung der Interessenkollision schadensersatzpflichtig nach § 93 Abs. 2 AktG, wenn diese Unterlassung dazu führt, dass die Aktiengesellschaft beim Abschluss eines Vertrages nicht ordnungsgemäß vertreten wird und ihr dadurch ein Schaden entsteht.

b) Den Aktionären stehen allein wegen der unterlassenen Offenlegung von Interessenkollisionen gegen das Vorstandsmitglied keine Schadensersatzansprüche zu.

Kolibri 360 GmbH
Ferdinand-Jühlke-Straße 7
99095 Erfurt, Deutschland
produktsicherheit@kolibri360.de

Druck:
CPI Druckdienstleistungen GmbH
im Auftrag der
Kolibri 360 GmbH
Ferdinand-Jühlke-Str. 7
99095 Erfurt